MATHIAS SCHUBERT

Unternehmensmitbestimmung und internationale Wirtschaftsverflechtung

Schriften zum Internationalen Recht

Band 33

Unternehmensmitbestimmung und internationale Wirtschaftsverflechtung

Von

Dr. Mathias Schubert

DUNCKER & HUMBLOT / BERLIN

CIP-Kurztitelaufnahme der Deutschen Bibliothek

Schubert, Mathias:
Unternehmensmitbestimmung und internationale Wirtschaftsverflechtung / von Mathias Schubert. –
Berlin: Duncker und Humblot, 1984.
(Schriften zum Internationalen Recht; Bd. 33)
ISBN 3-428-05724-4
NE: GT

Gedruckt 1984 bei Buchdruckerei A. Sayffaerth - E. L. Krohn, Berlin 61
Printed in Germany

ISBN 3-428-05724-4

Vorwort

Die vorliegende Arbeit hat im Wintersemester 1983/84 der Fakultät für Rechtswissenschaften an der Universität Mannheim als Dissertation vorgelegen. Die Kommentarliteratur wurde jedoch bis Sommer 1984 berücksichtigt.

Für die Praxis scheint der eine Aspekt der Fragestellung — Teilnahme oder Nichtteilnahme der Arbeitnehmer von ausländischen Zweigniederlassungen und Tochtergesellschaften an der Mitbestimmung im deutschen Unternehmen — einstweilen geklärt zu sein. Denn nach der bisherigen Rechtsprechung sind die Mitbestimmungsrechte auf die in den inländischen Unternehmensteilen beschäftigten Arbeitnehmer begrenzt. Es ist jedoch zumindest zweifelhaft, ob sich dieser — von mir nicht geteilte — Grundsatz auf lange Sicht wird behaupten können. Wird aufgrund einer künftigen Strukturrichtlinie der Europäischen Wirtschaftsgemeinschaft die Unternehmensmitbestimmung in allen Mitgliedsstaaten eingeführt, verliert die bundesdeutsche Unternehmensverfassung ihren Sondercharakter des „Vorreiters". Das Argument, daß die Verhältnisse im Ausland anders seien, wird dann in dieser Allgemeinheit kein Gewicht mehr haben.

Herrn Prof. Dr. Egon Lorenz, der meine Arbeit betreut hat, bin ich für seine tatkräftige Förderung zu Dank verpflichtet. Mein herzlicher Dank gilt auch dem Inhaber des Verlages, Herrn Prof. Dr. Dr. h. c. J. Broermann, der die Arbeit in die „Schriften zum Internationalen Recht" aufgenommen hat.

Hamburg, im September 1984

M. S.

Inhaltsverzeichnis

Teil 1

Problemstellung

Teil 2

Beteiligung der Arbeitnehmer am wirtschaftlichen Entscheidungsprozeß nach deutschem und nach US-amerikanischem Recht

Teil 4

Der internationale Anwendungsbereich des deutschen Mitbestimmungsrechts: Würdigung des Meinungsstandes

Schlußbetrachtung

Abkürzungsverzeichnis

a. A.	= anderer Ansicht
Abs.	= Absatz
AbzG	= Abzahlungsgesetz
AcP	= Archiv für die civilistische Praxis
a. E.	= am Ende
AFL-CIO	= American Federation of Labor — Congress of Industrial Organizations
AG	= Aktiengesellschaft; Die Aktiengesellschaft
AGBG	= Gesetz zur Regelung des Rechts der allgemeinen Geschäftsbedingungen
AHK	= Alliierte Hohe Kommission in Deutschland
AHKBl	= Amtsblatt der Alliierten Hohen Kommission
AktG	= Aktiengesetz
Am.J.Com.L.	= The American journal of comparative law
Anm.	= Anmerkung
AöR	= Archiv des öffentlichen Rechts
AP	= Arbeitsrechtliche Praxis (Entscheidungssammlung)
ArbGG	= Arbeitsgerichtsgesetz
Art.	= Artikel; article
Aufl.	= Auflage
AuR	= Arbeit und Recht
AVG	= Angestelltenversicherungsgesetz
BB	= Der Betriebsberater
BBergG	= Bundesberggesetz
Bd.	= Band
BerDGesVR	= Berichte der Deutschen Gesellschaft für Völkerrecht
bes.	= besonders
BetrV	= Betriebsverfassungsgesetz
BGBl	= Bundesgesetzblatt
BGH	= Bundesgerichtshof
BGHZ	= Entscheidungen des Bundesgerichtshofes in Zivilsachen
Boston U.L.Rev.	= Boston University law review
BRD	= Bundesrepublik Deutschland
BR-Drucks.	= Bundesrats-Drucksache
BT-Drucks.	= Bundestags-Drucksache
BVerfGE	= Entscheidungen des Bundesverfassungsgerichtes
bzw.	= beziehungsweise
Cal. App. 2d	= California Appelate Reports, Second Series
Cal.L.Rev.	= California law review
Cal.Rptr.	= California Reporter
cert. denied	= certiorari denied
Cir.	= Circuit
Co.	= Company
Corp.	= Corporation
Corp.L.Rev.	= The corporation law review
DB	= Der Betrieb
D.C.	= District of Columbia

DDR	= Deutsche Demokratische Republik
ders.	= derselbe
DGB	= Deutscher Gewerkschaftsbund
d. h.	= das heißt
DVBl	= Deutsches Verwaltungsblatt
EG	= Europäische Gemeinschaften
EGBGB	= Einführungsgesetz zum Bürgerlichen Gesetzbuch
Einl.	= Einleitung
ENA	= Experimental Negotiation Agreement
ESOP	= Employees' Stock Option Plan
EStG	= Einkommensteuergesetz
et seq.	= et sequentes
EuGH	= Gerichtshof der Europäischen Gemeinschaften
EWG	= Europäische Wirtschaftsgemeinschaft
EWGV	= Vertrag zur Gründung der Europäischen Wirtschaftsgemeinschaft
f., ff.	= folgend, folgende
F.2d	= Federal Reporter, Second Series
FernunterrichtsG	= Fernunterrichtsgesetz
Fn.	= Fußnote
GATT	= General Agreement on Tarriffs and Trade
GesR	= Gesellschaftsrecht
GewO	= Gewerbeordnung
GG	= Grundgesetz
GmbH	= Gesellschaft mit beschränkter Haftung
GmbHRdSch	= GmbH-Rundschau
GWB	= Gesetz gegen Wettbewerbsbeschränkungen
h. M.	= herrschende Meinung
Hastings L.J.	= Hastings law journal
Hrsg.	= Herausgeber
Inc.	= Incorporated
Int.	= International
IPR	= Internationales Privatrecht
IPRax	= Praxis des internationalen Privat- und Verfahrensrechts
i. S.	= im Sinne
i. V. m.	= in Verbindung mit
J.comp.corp.Law	= Journal of comparative corporate law and securities regulation
JR	= Juristische Rundschau
JZ	= Juristenzeitung
KG	= Kommanditgesellschaft
KGaA	= Kommanditgesellschaft auf Aktien
L.Cont.Probl.	= Law and contemporary problems
LG	= Landgericht
L.R.R.M.	= Labor Relations Reference Manual
MDR	= Monatsschrift für deutsches Recht
Mfg.	= Manufacturing
Mich.L.Rev.	= Michigan Law Review
MitbestG	= Mitbestimmungsgesetz

MitbestErgG	=	Mitbestimmungsergänzungsgesetz
MontanMitbestG	=	Montanmitbestimmungsgesetz
m. w. N.	=	mit weiteren Nachweisen
N.E. 2d	=	North Eastern Reporter, Second Series
NJW	=	Neue Juristische Wochenschrift
NLRA	=	National Labor Relations Act
NLRB	=	National Labor Relations Board
N.L.R.B.	=	National Labor Relations Board Reports
Nr.	=	Nummer
OECD	=	Organization for Economic Cooperation and Development
RabelsZ	=	Rabels Zeitschrift für ausländisches und internationales Privatrecht
RAG	=	Entscheidungen des Reichsarbeitsgerichtes
Rec. des Cours	=	Academie de Droit International, Recueil des Cours
RdA	=	Recht der Arbeit
Rev.crit.dr.i.p.	=	Revue critique de droit international privé
RGBl	=	Reichsgesetzblatt
RGZ	=	Entscheidungen des Reichsgerichtes in Zivilsachen
Riv.dir.int.priv.proc.	=	Rivista di diritto internazionale privato e processuale
RIW/AWD	=	Recht der internationalen Wirtschaft, Außenwirtschaftsdienst des Betriebsberaters
RN	=	Randnummer
S.	=	Satz; Seite
SchwJbIntR	=	Schweizerisches Jahrbuch für internationales Recht
S.Ct.	=	Supreme Court Reporter
Stat.	=	Statute
SteueranpassungsG	=	Steueranpassungsgesetz
StGB	=	Strafgesetzbuch
st. Rspr.	=	ständige Rechtsprechung
TVG	=	Tarifvertragsgesetz
u. a.	=	unter anderem
UAW	=	United Automobile Workers of America
UCLA L.Rev.	=	UCLA law review
U.S.	=	United States Supreme Court Reports
USA	=	United States of America
U.S.C.	=	United States Code
U.S. Const.	=	Constitution of the United States
usw.	=	undsoweiter
v.	=	versus; von
VAG	=	Versicherungsaufsichtsgesetz
vgl.	=	vergleiche
Vol.	=	Volume
Vorbem.	=	Vorbemerkung
VVaG	=	Versicherungsverein auf Gegenseitigkeit
WahlO	=	Wahlordnung (zum Mitbestimmungsgesetz)
WRV	=	Weimarer Reichsverfassung
Yale L.J.	=	Yale law journal

z. B.	= zum Beispiel
ZGR	= Zeitschrift für Unternehmens- und Gesellschaftsrecht
ZHR	= Zeitschrift für das gesamte Handelsrecht und Wirtschaftsrecht
ZRP	= Zeitschrift für Rechtspolitik

TEIL 1

Problemstellung

§ 1. Die Unternehmensmitbestimmung in der Bundesrepublik Deutschland

Die sogenannte Unternehmensmitbestimmung, d. h. die Beteiligung von Arbeitnehmer- und Gewerkschaftsvertretern an den Aufsichts- und gegebenenfalls Geschäftsführungsgremien von Wirtschaftsunternehmen, ist heute ein nicht mehr wegzudenkender Bestandteil der Rechtsordnung in der Bundesrepublik Deutschland. Die zur Begründung der Unternehmensmitbestimmung vorgebrachten Argumente sind sozialpolitischer, wirtschaftspolitischer, gesellschaftspolitischer, verfassungsrechtlicher, religiöser, sozialethischer Art[1], wobei die Übergänge fließend sind und sich die Argumente vielfach nicht klar trennen lassen.

Zunächst als Provisorium der Nachkriegszeit unter der englischen Besatzungsmacht im Bereich der Eisen- und Stahlindustrie eingeführt, vom Bundesgesetzgeber dann unter Einbeziehung auch des Bergbaus übernommen (Montanmitbestimmungsgesetz 1951 und Mitbestimmungsergänzungsgesetz 1956) und in abgeschwächter Form allgemein für Gesellschaften mit eigener Rechtspersönlichkeit eingeführt (§§ 76 ff. Betriebsverfassungsgesetz 1952), setzte sich die Unternehmensmitbestimmung im Jahre 1976 mit der Verabschiedung des Mitbestimmungsgesetzes als (formell) paritätische Teilhabe von Arbeitnehmer- und Gewerkschaftsvertretern im Aufsichtsrat aller rechtlich selbständigen Gesellschaften mit mehr als 2000 Beschäftigten durch[2].

Die siebziger Jahre, ein Jahrzehnt des „Abschneidens von alten Zöpfen" und der ehrgeizigen Reformen, waren u. a. von der außerordentlich kontrovers geführten Diskussion um die Unternehmensmitbestimmung geprägt. In der Debatte um die verschiedenen Gesetzentwürfe wurden von beiden Seiten häufig zu leeren Worthülsen degradierte

---

[1] Siehe hierzu die Übersichten bei *Rittner*, § 9 A II., S. 150 ff. und bei *Wiedemann*, GesR § 11 I. 2., S. 592 ff.

[2] Zur Geschichte der Unternehmensmitbestimmung sogleich, § 4 I.; zum Inhalt der einzelnen Mitbestimmungsregelungen unten § 4 II., III. und IV.

(Rechts-)Begriffe mit politischem und ideologischem Zündstoff gefüllt und als Argumente ins Feld geführt, wurde (seitens der Arbeitnehmer und Gewerkschaften) die Durchsetzung bzw. (seitens der Unternehmer) die Wahrung der eigenen Interessen in den Deckmantel des de constitutione lata Gebotenen gehüllt[3]. Die Aufteilung der Sitze im Aufsichtsrat der Gesellschaften schien bisweilen zur „Lebensfrage der Nation"[4] geworden zu sein. Nach Inkrafttreten des Mitbestimmungsgesetzes wurde der Kampf vor dem Bundesverfassungsgericht fortgesetzt. Mit dem Verlust dieses Kampfes durch die Arbeitgeberseite im Jahre 1979[5] hat sich die Lage beruhigt. Das geltende Mitbestimmungsrecht wird beiderseits mit einer gewissen Unzufriedenheit hingenommen — aus der einen Sicht als zu weitgehend, aus der anderen Sicht als nicht weitgehend genug. Die Gewerkschaften erheben freilich nach wie vor, jüngst wieder verstärkt im Rahmen der im Oktober 1982 initiierten Mitbestimmungskampagne[6], die Forderung nach materiell paritätischer Mitbestimmung. Vermutlich werden allerdings bis auf weiteres Fragen wie Massenarbeitslosigkeit, Weltwirtschaftskrise, Staatsverschuldung, Kriegsgefahr, Zerstörung der natürlichen Umwelt in der Politik ungeteilte Aufmerksamkeit auf sich ziehen. Ob die nähere Zukunft eine Änderung der Mitbestimmungsgesetzgebung bringen wird, erscheint daher eher zweifelhaft.

§ 2. Deutsche Unternehmensmitbestimmung und internationale Wirtschaftsverflechtung: das Problem und seine juristische Aufarbeitung

I. Das Problem

Die Unternehmensmitbestimmung hat dem — in der öffentlichen Diskussion gemeinhin mit dem emotionalen Schlagwort „multinationale Unternehmen" angedeuteten — Spannungsverhältnis zwischen nationaler (Wirtschafts-, Steuer-, Sozial- und sonstiger) Politik und internationaler Wirtschaftsverflechtung ein weiteres Problem hinzugefügt. Im Vordergrund des (nationalen) Interesses steht dabei der Umstand,

[3] Zu Recht beklagt *Duden*, Mitbestimmung S. 181, das zur Einengung der Entscheidungsfreiheit des Gesetzgebers führende zu schnelle Anrufen der Verfassung.

[4] So *Wiedemann*, § 11 I. 1. b), S. 591.

[5] BVerfGE 50, S. 290; Urteil vom 1. 3. 1979.

[6] Vgl. „DGB startet Kampagne zur Ausweitung der Mitbestimmung", *Die Welt*, 13. Oktober 1982, S. 9; siehe auch den vom DGB-Bundesvorstand am 5. Oktober 1982 beschlossenen „Entwurf eines Gesetzes über die Mitbestimmung der Arbeitnehmer in Großunternehmen und Großkonzernen", abgedruckt in RdA 1983, S. 41 ff.

daß naturgemäß das gewünschte Funktionieren des mit großem Aufwand und viel Liebe zum Detail konstruierten „nationalen Treibhauses" nicht (mehr) gewährleistet ist, wenn die Sträucher und Bäume über seine Wände hinauswachsen oder aber von außen hereinragen. Es stellt sich dann die Frage, ob und wie die dadurch drohende oder bereits bewirkte Klimaveränderung zu verhindern oder rückgängig zu machen oder wenigstens gering zu halten ist. Die Schwierigkeiten dieser Aufgabe verschärfen sich, wenn der Gesetzgeber diese (ihm wohlmöglich gut bekannte) Problematik schlechthin übergeht — und so ist die Sachlage bei den internationalen Aspekten der Unternehmensmitbestimmung[7].

Das hier zu untersuchende Problem zerfällt aber in zwei Komplexe. Zum einen stellt sich die Frage, ob und inwieweit an der Mitbestimmung in deutschen Gesellschaften, die im Ausland Zweigniederlassungen und/oder Tochtergesellschaften unterhalten, die dort beschäftigten Arbeitnehmer zu beteiligen sind — also ob die im Ausland tätigen Arbeitnehmer bei der Ermittlung der Beschäftigtenzahl (bzw. die im Ausland erzielten Umsätze bei der Ermittlung der für die Montanmitbestimmung maßgeblichen Umsatzverhältnisse) zu berücksichtigen sind, ob sie das aktive und passive Wahlrecht genießen[8]. Zum anderen fragt sich, was zu geschehen hat, wenn ausländische Gesellschaften im Inland Zweigniederlassungen oder Tochtergesellschaften unterhalten und die im Inland tätigen Arbeitnehmer mitbestimmungsrechtlich schlechter gestellt werden als im reinen Inlandsfall. Und eine solche Schlechterstellung, eine solche „Ausdünnung"[9] der Mitbestimmung ist in der Tat häufig zu konstatieren. Denn es ist unstreitig, daß bei einer ausländischen Gesellschaft die (deutsche) Mitbestimmung nicht stattfindet[10], und soweit das für die ausländische Gesellschaft maßgebliche Recht selbst eine Unternehmensmitbestimmung kennt[11] (was selten der Fall ist), gewährt es im (von dem jeweiligen Staat aus gesehen) Ausland tätigen Arbeitnehmern die Mitwirkungsrechte nicht oder sieht für internationale Unternehmen eine Ausnahme von der Mitbestimmungspflicht vor[12]. Demzufolge haben die in inländischen Zweigniederlassungen ausländischer Gesellschaften beschäftigten Arbeitnehmer keinerlei Mitbestimmungsrecht auf Unternehmensebene; die Mitbestimmung in der

[7] Vgl. *Lutter*, Mitbestimmungsprobleme, S. 251 f.

[8] Hierzu unten § 7.

[9] *Lutter*, Mitbestimmungsprobleme, S. 252.

[10] Siehe unten § 8 I.

[11] Etwa das niederländische Recht, welches zwar nicht die Entsendung von Arbeitnehmervertretern in den Aufsichtsrat, sondern eine faktische Parität garantierendes Kooptationsverfahren vorsieht, vgl. *Hoffmann / Lehmann / Weinmann* Einl. RN 104.

[12] So das niederländische Recht, *Lutter*, Mitbestimmungsprobleme, S. 264.

inländischen Tochtergesellschaft — die ja dem deutschen Recht unterliegt — wird besonders dann entwertet, wenn ein Beherrschungsvertrag besteht und die Organe der deutschen Gesellschaft so ihre Funktionen weitestgehend eingebüßt haben. Die Fragestellung konkretisiert sich dann dahin, ob die zu einem solchen „Leerlaufen" der Unternehmensmitbestimmung führenden Tatbestände von der lex lata hingenommen werden bzw. de lege ferenda hinzunehmen sind[13].

II. Der Entwicklungsstand der juristischen Aufarbeitung

Die geschilderten internationalrechtlichen Probleme der Unternehmensmitbestimmung haben selbstverständlich in der einschlägigen Kommentarliteratur Niederschlag gefunden. Sie waren weiterhin Gegenstand zahlreicher Beiträge in Zeitschriften, Festschriften usw., kaum jedoch monographischer Darstellungen[14]. Erfreulicherweise ist in der Diskussion der internationalrechtlichen Probleme der Unternehmensmitbestimmung der messianische Eifer nicht anzutreffen, der in der unnötig scharf geführten Reformdebatte eine so beherrschende Rolle gespielt hat und mitunter auch noch bei Auslegungsstreitigkeiten durchscheint. Anscheinend hat aber der der Unternehmensmitbestimmung beigemessene — außerordentlich hohe — Stellenwert zwei teilweise zu diametral entgegengesetzten Ergebnissen führende Ansätze zumindest gefördert. So wird einerseits das Mitbestimmungsrecht des Arbeitnehmers als Grundrecht angesehen, was sowohl bei der Frage nach der Einbeziehung im Ausland tätiger Arbeitnehmer in die Mitbestimmung im deutschen Unternehmen[15] im Wege des (seit der Spanier-Entscheidung des Bundesverfassungsgerichts[16] nicht mehr abzuleugnenden) „Verfassungskollisionsrechts" als auch bei der Frage nach der Reaktion auf die „Ausdünnung" der Mitbestimmung bei ausländischer Konzernspitze[17] weitreichende Folgen hat. Andererseits werden die Mitbestimmungsgesetze als „sozialpolitische Gesetze", als „Sozialordnungsrecht" bezeichnet und mit oder auch ohne Hinweis auf das sogenannte Territorialitätsprinzip in ihrer Bedeutung im internationalen Bereich einschränkend behandelt[18]. Die rechtspolitische Aufladung des Themas Mitbestimmung hat offenbar auch bewirkt, daß mancher (deutsche)

---

[13] Hierzu unten § 8.

[14] Zu nennen ist die (knappe) Arbeit von *Prager* sowie die Schrift von *v. Zitzewitz*, die sich jedoch ausschließlich mit der Problematik des internationalen Beherrschungsvertrages beschäftigt.

[15] Vgl. unten § 7 III.

[16] BVerfGE 31, S. 58 = RabelsZ 36 (1972), S. 145; Beschluß vom 4. 6. 1971.

[17] Vgl. unten § 8 III. 1. und 2.

[18] Vgl. unten § 7 II.

Jurist trotz der Internationalität der einschlägigen Konstellationen sein Augenmerk nur noch auf das deutsche Mitbestimmungsrecht richtet und „kollisionsrechtliches Denken" weitgehend in den Hintergrund rückt. Dementsprechend herrschen mitunter tatsächlich oder vermeintlich einschlägige Plausibilitäts- und Praktikabilitätserwägungen vor; auf das üblicherweise benutzte methodische Instrumentarium des Kollisionsrechts und auch des Sachrechts wird häufig verzichtet.

Die der Darstellung des Meinungsstandes (Teil 3) folgende Würdigung (Teil 4) versucht daher vor allem zweierlei: zum einen, die hier nur angedeuteten methodischen Defizite eines erheblichen Teiles der bisherigen Äußerungen aufzudecken und die erörterten Probleme methodisch zutreffend einzuordnen; zum anderen, nicht überzeugende oder gar schlicht irrelevante Argumente auszuscheiden. Dabei geht es natürlich nicht um ein methodisches „Glasperlenspiel". Denn wie sich herausstellen wird, ist die manchmal diffus erscheinende rechtliche Problematik in Wahrheit transparent; bei der Entscheidung der verschiedenen Rechtsfragen sind nur wenige, aber schwierig zu beurteilende Gesichtspunkte maßgeblich.

§ 3. Deutsche Unternehmensmitbestimmung und internationale Wirtschaftsverflechtung: Illustrationsbeispiel Bundesrepublik Deutschland / USA

I. Einleitung

Die praktische Bedeutung der Frage nach dem Schicksal der deutschen Unternehmensmitbestimmung in transnationalen Wirtschaftsgebilden soll am Beispiel der Wirtschaftsverflechtung zwischen der Bundesrepublik Deutschland und den Vereinigten Staaten von Amerika illustriert werden. Dieses Vorgehen wurde weniger deshalb gewählt, weil die gegenseitige wirtschaftliche Durchdringung dieser beiden Länder besonders intensiv ist. Denn zur Darstellung der praktischen Bedeutung des hier behandelten Gegenstandes würde es genügen, allgemein die internationale Wirtschaftsverflechtung zu skizzieren. Ausschlaggebend war vielmehr der Umstand, daß in der Diskussion um den Anwendungsbereich des deutschen Mitbestimmungsrechts in transnationalen Wirtschaftsgebilden häufig der Ausgestaltung von ausländischen „Arbeits- und Unternehmensverfassungen" (bei den einzelnen Autoren freilich unterschiedliche) Bedeutung zukommt. Dies rechtfertigt es, ein bestimmtes Land, zu dem intensive Wirtschaftsbeziehungen bestehen, als Beispiel herauszugreifen und nicht nur die Wirtschaftsverflechtung zwischen den beiden Ländern, sondern auch die

„Arbeits- und Unternehmensverfassung“ des gewählten Landes darzustellen[19]. Das Verhältnis Bundesrepublik Deutschland/USA erscheint als Illustrationsbeispiel deshalb reizvoll, weil in beiden Ländern zwar die Grundvorstellungen über die Wirtschaftsverfassung gleichartig oder doch zumindest sehr ähnlich, die „Arbeits- und Unternehmensverfassungen“ aber sehr unterschiedlich sind[20].

II. Amerikanische Direktinvestitionen in der Bundesrepublik Deutschland

Die amerikanischen Direktinvestitionen in der Bundesrepublik leiten die wirtschaftliche Verflechtung dieser beiden Länder ein. Eine besonders kräftige Investitionstätigkeit fällt in die Aufbauphase nach dem Zweiten Weltkrieg und die Zeit des beginnenden „Wirtschaftswunders“. Beruhigung und Konsolidierung dagegen kennzeichnen die siebziger Jahre. Zwar nehmen die amerikanischen Investitionen nach wie vor zu. Aber das Wachstum ist gemächlich und entspricht etwa dem Wachstum der gesamten amerikanischen Auslandsinvestitionen. Tabelle 1 erläutert die Entwicklung von 1976 bis 1980:

Tabelle 1

Amerikanische Direktinvestitionen in der Bundesrepublik Deutschland[21]

Stand zum Jahresende	Direktinvestitionen in Mio. DM		Zahl der Investitionsobjekte		Zahl der betroffenen AN in Tsd.	
		(Direktinvestitionen aus aller Welt)	rechtlich selbständige Unternehmen	rechtlich unselbständige Unternehmensteile	in rechtlich selbständigen Unternehmen	in rechtlich unselbständigen Unternehmensteilen
1976	26,011	(63,531)	1,099	71	446,8	13,0
1980	29,460	(71,672)	1,204	81	447,2	14,4

Die amerikanischen Direktinvestitionen machen also etwas mehr als 40 % aller ausländischen Direktinvestitionen in der Bundesrepublik aus. Sie konzentrieren sich, wie die Übersicht zeigt, auf das rechtlich selbständige Unternehmen, also auf Beteiligungen und Tochtergesellschaften. In den rechtlich unselbständigen Zweigniederlassungen und Betriebsstätten sind im Durchschnitt 175 Arbeitnehmer beschäftigt. In

19 Hierzu unten § 5.

20 Vgl. unten § 6.

21 Die Daten beruhen auf dem Bericht „Die Entwicklung der Kapitalverflechtung der Unternehmen mit dem Ausland von 1976 bis 1980“, Monatsberichte der Deutschen Bundesbank, 34. Jg. Nr. 8, August 1982, S. 42 ff. sowie auf Auskünften der Deutschen Bundesbank.

diesem Bereich wird also die vom Mitbestimmungsgesetz 1976 gesteckte Grenze von 2000 Arbeitnehmern in aller Regel nicht erreicht. Eine Ausnahme im industriellen Bereich macht etwa der Land- und Baumaschinenhersteller Deere & Company, der in der Bundesrepublik über mehrere Zweigniederlassungen mit zum Teil über 2000 Beschäftigten verfügt.

III. Deutsche Direktinvestitionen in den USA

Die deutschen Direktinvestitionen in den Vereinigten Staaten von Amerika bilden gewissermaßen die „zweite Welle" der gegenseitigen Verflechtung. Hauptmotive für die deutschen Unternehmen, in den USA — überhaupt: im Ausland — zu investieren, waren und sind Nähe zum Absatzmarkt, Umgehung von Importbeschränkungen und Kostenvorteile[22]. Diese „zweite Welle" begann Ende der sechziger Jahre zunächst langsam, nahm dann aber besonders in der zweiten Hälfte der siebziger Jahre immer mehr zu. Tabelle 2 bezieht sich wiederum auf die Zeit von 1976 bis 1980:

Tabelle 2

Deutsche Direktinvestitionen in den USA[23]

Stand zum Jahresende	Direktinvestitionen in Mio. DM		Zahl der Investitionsobjekte		Zahl der betroffenen AN in Tsd.	
			rechtlich		in rechtlich	
		(Direktinvestitionen aus aller Welt)	selbständige Unternehmen	unselbständige Unternehmensteile	selbständigen Unternehmen	unselbständigen Unternehmensteilen
1976	5,319	(43,103)	516	34	47,1	1,8
1980	15,329	(73,672)	1,086	60	201,5	3,9

Die deutschen Direktinvestitionen in den Vereinigten Staaten haben sich von Ende 1976 bis Ende 1980 fast verdreifacht. Sie sind damit überproportional gewachsen: Betrug ihr Anteil an den gesamten deutschen Auslandsinvestitionen Ende 1976 noch 12,3 %, lag er Ende 1980 bei 20,8 %. Rund ein Fünftel aller deutschen Auslandsinvestitionen gehen also heute in die USA. Als Zielland deutscher Auslandsinvestitionen verdrängten die USA bereits im Jahre 1975 Frankreich von der ersten Stelle[24].

---

[22] Vgl. *Froemer*, S. 47.

[23] Zu den Quellen siehe Fn. 21.

[24] *Froemer*, S. 47.

TEIL 2

Beteiligung der Arbeitnehmer am wirtschaftlichen Entscheidungsprozeß nach deutschem und nach US-amerikanischem Recht

§ 4. Beteiligung der Arbeitnehmer am wirtschaftlichen Entscheidungsprozeß nach deutschem Recht

I. Geschichtliche Grundlagen

Während der Gedanke der betrieblichen Mitbestimmung bis in die Zeit des Vormärz zurückgeht — erinnert sei nur an Namen wie *von Baader, von Mohl, Pernthaler* —, im Jahre 1891 in der sogenannten lex *Berlepsch*[1] erstmals rechtlichen Niederschlag findet und seit der Weimarer Zeit (Art. 165 WRV und Betriebsrätegesetz[2] 1920) Gemeingut ist[3], hat die Idee der Unternehmensmitbestimmung eine weitaus kürzere Geschichte.

Erstmals eingeführt wurde die Unternehmensmitbestimmung im Jahre 1922 durch das Aufsichtsratsgesetz[4]. Danach waren im Aufsichtsrat solcher Gesellschaften, die bereits einen Aufsichtsrat hatten, ein bis zwei Mitglieder des Betriebsrates vertreten. Freilich verschwand dieser erste Ansatz zu einer Mitbestimmung auf Unternehmensebene nach 1933.

Die eigentliche Geschichte der Unternehmensmitbestimmung beginnt nach dem deutschen Zusammenbruch im Jahre 1945, und zwar im Bereich der Eisen- und Stahlindustrie. Die Unternehmen der Eisen- und Stahlindustrie waren von den Besatzungsmächten beschlagnahmt worden und unterlagen der Kontrolle der North German Iron and Steel

---

[1] Arbeitsschutzgesetz vom 1. 6. 1891, RGBl, S. 261.

[2] Gesetz vom 4. 2. 1920, RGBl I, S. 147.

[3] Zur Geschichte der Betriebsverfassung in Deutschland vgl. *Dietz / Richardi* Vorbem. § 1 BetrVG RN 5 ff.

[4] Gesetz über die Entsendung von Betriebsratsmitgliedern in den Aufsichtsrat vom 15. 2. 1922, RGBl I, S. 209 nebst Wahlordnung vom 23. 3. 1922, RGBl I, S. 307. Programmatisch war diese Form der Unternehmensmitbestimmung schon in § 70 des Betriebsrätegesetzes von 1920 vorgesehen.

Control, so daß die Aktionäre kaum mehr Einfluß auf ihre Unternehmen hatten. Die Gewerkschaften forderten damals die Überführung der Eisen- und Stahlunternehmen (sowie der Bergbauunternehmen) in Gemeineigentum. In dieser schwierigen und unklaren Situation einigten sich die North German Iron and Steel Control und der Gewerkschaftsbund der britischen Zone dahin, daß die Aufsichtsräte der zu gründenden Betriebsführungsgesellschaften paritätisch mit Arbeitnehmer- und Gewerkschaftsvertretern einerseits, Aktionärsvertretern andererseits zu besetzen waren und in den Vorstand ein von den Gewerkschaften vorzuschlagender Arbeitsdirektor aufgenommen werden mußte, der für Personal- und Sozialangelegenheiten zuständig sein sollte.

Dieses im Jahre 1947 als provisorische Lösung auf freiwilliger Basis eingeführte Mitbestimmungsmodell bestimmte die gesamte rechtspolitische Diskussion in der Folgezeit. Die Gewerkschaften kämpfen seitdem für die Ausweitung der paritätischen Mitbestimmung im Aufsichtsrat auf die gesamte Wirtschaft, ohne andere Modi der Arbeitnehmerbeteiligung[5] zu erwägen.

Ein erster Erfolg für die Gewerkschaften fällt in das Jahr 1950/51, als das Besatzungsrecht wegfiel und der Bundesgesetzgeber — auf massive Streikdrohungen hin — das besatzungsrechtliche Mitbestimmungsmodell übernahm. Das sogenannte Montanmitbestimmungsgesetz[6] führte die in der Eisen- und Stahlindustrie unter den Besatzungsmächten praktizierte Mitbestimmung mit geringen Modifikationen fort und erstreckte ihren Geltungsbereich auf den Bergbau.

Demgegenüber blieb der Versuch der Gewerkschaften erfolglos, durch einen bundesweiten Zeitungsstreik die allgemeine Einführung des im Montanbereich geltenden Mitbestimmungsregimes zu erzwingen[7]. Das im Jahre 1952 erlassene Betriebsverfassungsgesetz[8] (BetrVG 1952), welches Betriebsverfassung und Unternehmensmitbestimmung zugleich regelte (was der Klarheit wegen vielleicht besser unterblieben wäre), führte lediglich eine nur aus Belegschaftsvertretern, nicht aus Gewerkschaftsvertretern bestehende Drittelrepräsentanz (mitunter „Drittelparität" genannt, ein Paradoxon) im Aufsichtsrat ein und sah keine Arbeitnehmervertretung im Vorstand vor[9].

---

[5] Etwa die Vermögensbeteiligung; hierzu näher *Wiedemann*, S. 637 ff.

[6] Gesetz über die Mitbestimmung der Arbeitnehmer in den Aufsichtsräten und Vorständen der Unternehmen des Bergbaus und der Eisen und Stahl erzeugenden Industrie vom 21. 5. 1951, BGBl I, S. 347.

[7] Zur Rechtmäßigkeit dieses Streiks BGHZ 14, S. 354 = AP Nr. 2 zu § 2 ArbGG 1953.

[8] Gesetz vom 11. 10. 1952, BGBl I, S. 681.

[9] §§ 76 ff.

Vier Jahre später mußte im Montanbereich der Gesetzgeber erneut eingreifen. Bei der Einführung des Montanmitbestimmungsgesetzes war bewußt die Konzernproblematik ausgespart worden, um die weitere Entwicklung abwarten zu können. Es wurde jedoch recht bald Wirklichkeit, daß montanmitbestimmte Gesellschaften von anderen, ihrerseits nicht montanmitbestimmten Gesellschaften (z. B., aber nicht notwendig Holding-Gesellschaften) beherrscht wurden und die Mitbestimmung in den so ihrer Eigenständigkeit entkleideten Gesellschaften „leerlief". Daher erging im Jahre 1956 das (häufig ungenau als Holding-Novelle bezeichnete) Mitbestimmungsergänzungsgesetz[10]. Nunmehr unterlag eine Konzernobergesellschaft, die nicht vom Montanmitbestimmungsgesetz erfaßt war, aber eine (oder mehrere) montanmitbestimmte Gesellschaft(en) beherrschte, der Montanmitbestimmung, wobei die Arbeitnehmer der Untergesellschaft(en) der Konzernobergesellschaft zugerechnet und in deren Aufsichtsrat repräsentiert wurden. In einem Konzern mit vielen Unternehmen kam es darauf an, ob der Konzernunternehmenszweck schwerpunktmäßig im Montansektor lag.

Im Laufe der Zeit verminderte sich die Zahl der Montanobergesellschaften ständig. Um die Gefährdung früherer Besitzstände zu verhindern, wurde im Jahre 1967 das sogenannte Mitbestimmungssicherungsgesetz[11] — in Anspielung auf die politischen Hintergründe auch lex Rheinstahl genannt — erlassen. Es sicherte die Montanmitbestimmung in bestimmten Konzernobergesellschaften, die im Zuge einer Verlagerung des Konzernschwerpunkts aus dem Montansektor aus der Montanmitbestimmung „herauszufallen" drohten, durch Verlängerung der Übergangsfrist von zwei auf fünf Jahre[12]. 1971 wurde die Montanmitbestimmung nochmals durch das Mitbestimmungsfortgeltungsgesetz[13] verlängert.

Auch das vorläufig letzte Stadium der Entwicklung, die in das Mitbestimmungsgesetz von 1976 mündete, war von der Forderung der Gewerkschaften nach Ausdehnung der paritätischen Mitbestimmung auf alle größeren Unternehmen geprägt. Dieses seit 1966 wieder verstärkt vorgetragene Anliegen (Stichwort: Mitbestimmung — eine Forderung

---

[10] Gesetz zur Ergänzung des Gesetzes über die Mitbestimmung der Arbeitnehmer in den Aufsichtsräten und Vorständen der Unternehmen des Bergbaus und der Eisen und Stahl erzeugenden Industrie vom 7. 8. 1956, BGBl I, S. 707.

[11] Gesetz zur Änderung des Gesetzes zur Ergänzung des Gesetzes über die Mitbestimmung der Arbeitnehmer in den Aufsichtsräten und Vorständen der Unternehmen des Bergbaus und der Eisen und Stahl erzeugenden Industrie vom 27. 4. 1967, BGBl I, S. 505.

[12] Zur Verfassungsmäßigkeit dieser Regelung BVerfGE 25, S. 371.

[13] Gesetz vom 29. 11. 1971, BGBl I, S. 1875, außer Kraft getreten zum 31. 12. 1975.

unserer Zeit, Titel einer vom Deutschen Gewerkschaftsbund herausgegebenen Schrift) führte im Jahre 1968 unter der von der Großen Koalition getragenen Bundesregierung zur Einsetzung einer Sachverständigenkommission zur Prüfung der Mitbestimmungsfrage. Die aus neun Professoren bestehende und von Prof. *Biedenkopf* geleitete Kommission legte 1970 ihren Bericht vor[14]. Dieser Bericht wertete die Erfahrungen mit der Mitbestimmung, insbesondere mit der Montanmitbestimmung aus und empfahl die Einführung eines allgemeinen Mitbestimmungsregimes, wonach in Unternehmen mit mindestens 1000 bis 2000 Beschäftigten der Aufsichtsrat unter Wahrung eines geringen Übergewichtes der Kapitalseite mit Arbeitnehmervertretern und Anteilseignervertretern zu besetzen wäre.

Unter der sozial-liberalen Koalition, welche die Weiterentwicklung der Mitbestimmung als eine ihrer Hauptaufgaben betrachtete, übernahm die reformpolitische Debatte den Vorschlag der Mitbestimmungskommission als Mindestforderung. Parteien, Gewerkschaften und andere Organisationen erarbeiteten immer neue, meist weitergehende Entwürfe, die sich vorzüglich mit der Verteilung der Aufsichtsratssitze beschäftigten. Bei der Verabschiedung des neuen Betriebsverfassungsgesetzes[15] im Jahre 1972 wurde zwar die betriebliche Mitbestimmung erheblich ausgebaut, das „heiße Eisen“ Unternehmensmitbestimmung jedoch angesichts der äußerst kontroversen Diskussion beiseitegelassen, so daß das allgemeine Mitbestimmungsregime des BetrVG 1952 fortgalt.

Ihren Höhepunkt erreichte die Debatte dann mit dem Regierungsentwurf für ein Mitbestimmungsgesetz vom 20. 2. 1974[16], der eine vollparitätische Besetzung der Aufsichtsräte in Unternehmen mit über 2000 Beschäftigten vorsah. Die von *Scholz*[17] und *Raiser*[18] im Auftrag des Bundesministeriums der Justiz verfaßten Gutachten äußerten erhebliche verfassungsrechtliche Zweifel, die sich in mehreren vom Bundestagsausschuß für Arbeit und Sozialordnung abgehaltenen Sachverständigenanhörungen[19] weitgehend bestätigten. Nach weiteren Verhandlungen zwischen den Regierungsparteien wurde der Entwurf in abgeschwächter Form am 4. 5. 1976 als Mitbestimmungsgesetz[20] erlassen.

---

[14] BT-Drucks. VI/334.

[15] Gesetz vom 15. 1. 1972, BGBl I, S. 13.

[16] BT-Drucks. 200/74.

[17] Paritätische Mitbestimmung und Grundgesetz.

[18] Grundgesetz und paritätische Mitbestimmung.

[19] Vgl. die stenographierten Protokolle der 51., 56., 55. und 62. Sitzung des Bundestagsausschusses für Arbeit und Sozialordnung (vom 16. 10. - 19. 12. 1974).

[20] Gesetz über die Mitbestimmung der Arbeitnehmer, BGBl 1976 I, S. 1153.

Das Mitbestimmungsgesetz, dessen Verfassungsmäßigkeit vom Bundesverfassungsgericht in einer Entscheidung[21] vom 1. 3. 1979 bestätigt wurde, sieht eine formell paritätische Besetzung des Aufsichtsrates sowie die Einsetzung eines Arbeitsdirektors als Vorstandsmitglied für alle Unternehmen mit mehr als 2000 Arbeitnehmern vor. Materiell ist indessen keine Parität hergestellt: Die Kapitalseite kann sich in bestimmten Verfahren gegenüber der Arbeitnehmerseite durchsetzen; und die nicht typische Arbeitnehmerinteressen hegenden sogenannten leitenden Angestellten sind an der Arbeitnehmervertretung im Aufsichtsrat zu beteiligen.

Das Mitbestimmungsgesetz baut weitgehend auf dem herkömmlichen Gesellschaftsrecht auf und trägt einen vorläufigen, provisorischen Charakter. In der Begründung zum Regierungsentwurf[22] heißt es hierzu:

> „Es ist nicht beabsichtigt, schon im Zusammenhang mit der neuen Mitbestimmungsregelung auch das Unternehmensrecht umfassend neu zu gestalten. Das Gesellschaftsrecht zu einem modernen, den wirtschaftlichen und sozialen Entwicklungen unserer Zeit gerecht werdenden Unternehmensrecht fortzuentwickeln, ist vielmehr eine längerfristige Aufgabe. Die Lösung dieser Aufgabe setzt grundsätzliche rechts- und wirtschaftspolitische Überlegungen voraus. Damit befaßt sich eine beim Bundesministerium der Justiz gebildete Kommission unabhängiger Sachverständiger (Unternehmensrechtskommission). Es wird auch eine Aufgabe dieser Kommission sein, die Einfügung der neuen Mitbestimmungsregelung in das künftige Unternehmensrecht vorzubereiten."

Allerdings liegt das „künftige Unternehmensrecht", welches mit der Mitbestimmung eine erste Andeutung gefunden hat, auch heute noch völlig im dunkeln. Viel Klarheit hat auch der im Jahre 1980 veröffentlichte Bericht der Unternehmensrechtskommission[23] nicht gebracht. Es erscheint keineswegs als abwegig, daß der mitunter als Provisorium empfundene gegenwärtige Rechtszustand — ähnlich wie die seinerzeit als Provisorium empfundene Montanmitbestimmung — länger andauern wird, als die so Empfindenden annehmen.

Welchen (rechts-)politischen Sprengstoff das Nebeneinander von drei unterschiedlich weitgehenden Mitbestimmungsregimen in sich birgt, zeigte sich bei Bekanntwerden von beabsichtigten Umorganisationen im Mannesmann-Konzern. Der Konzern drohte aus der Mon-

---

21 BVerfGE 50, S. 290 = NJW 1979, S. 699; Anlaß war eine Verfassungsbeschwerde von 9 Unternehmen, 29 Arbeitgeberverbänden und der Deutschen Schutzvereinigung für Wertpapierbesitz sowie ein Vorlagebeschluß des LG Hamburg (AG 1978, S. 267). Der Vorbereitung des Verfahrens dienten die Gutachten von *Badura / Rittner / Rütters* und *Kübler / Schmidt / Simitis.*

22 BT-Drucks. 7/2171, S. 16.

23 Vgl. insbesondere den Abschnitt „Organisation von großen Unternehmen unabhängig von der Rechtsform", S. 504 - 581.

tanmitbestimmung herauszufallen, um dann „nur“ noch der Mitbestimmung nach dem Mitbestimmungsgesetz 1976 zu unterliegen. Im Frühsommer 1981 — ein Jahr nach Bekanntwerden der Pläne des Mannesmann-Konzerns und nach hitziger Diskussion über die zu ergreifenden Maßnahmen — erging dann das Gesetz zur Änderung des Montanmitbestimmungsgesetzes und des Mitbestimmungsergänzungsgesetzes[24]. Diese bisher wichtigste Änderung im Montanmitbestimmungsrecht hat den rechtlichen Streit, ob die sogenannte Warmverarbeitung von Rohstahl und Roheisen — bei Mannesmann ging es um die Erzeugung von Röhren — als Eisen- und Stahlerzeugung im Sinne des Gesetzes anzusehen ist, zugunsten der Montanmitbestimmung entschieden, die Übergangsfrist, während der trotz Wegfalls der gesetzlichen Voraussetzungen die Montanmitbestimmung beizubehalten ist, auf nunmehr sechs Jahre festgesetzt und einige andere Modifikationen eingeführt. Neben Sicherungsmaßnahmen des Gesetzgebers stehen eine Reihe von Vereinbarungen zwischen Unternehmen und Gewerkschaften, die bei weggefallenen oder zweifelhaft gewordenen gesetzlichen Voraussetzungen die Fortgeltung der Mitbestimmung garantieren (bekannt ist das Lüdenscheider Abkommen von 1959). Erreicht werden kann dieses Ergebnis durch organisatorische Maßnahmen in der Konzernstruktur oder durch Schaffung von der Montanmitbestimmung entsprechenden (Macht-)Positionen. Die Zulässigkeit solcher Vereinbarungen und ihre Handhabung im einzelnen ist sehr umstritten[25]. Zweifelsfrei ist ihre Bedeutung in der Praxis.

II. Die einfache Mitbestimmung nach den §§ 76 ff. Betriebsverfassungsgesetz 1952

1. Geltungsbereich

Die §§ 76 ff. BetrVG 1952 sind den Vorschriften des Mitbestimmungsgesetzes 1976 und des Montanmitbestimmungsgesetzes subsidiär, kommen also nur zur Anwendung, wenn die jeweilige Gesellschaft nicht von den genannten Gesetzen erfaßt wird[26].

Die einfache Mitbestimmung ist anzuwenden auf Aktiengesellschaften (AGs), Kommanditgesellschaften auf Aktien (KGaAs), Gesellschaften mit beschränkter Haftung (GmbHs), bergrechtliche Gewerkschaften mit eigener Rechtspersönlichkeit[27], Genossenschaften und Versiche-

---

[24] Gesetz vom 21. 5. 1981, BGBl I, S. 441.

[25] Dazu *Hoffmann / Lehmann / Weinmann* § 7 MitbestG RN 39 ff.

[26] § 85 Abs. 2 BetrVG 1952 und § 1 Abs. 3 MitbestG.

[27] Die Rechtsform der bergrechtlichen Gesellschaft wurde durch das Bundesberggesetz (BBergG vom 13. 8. 1980, BGBl I, S. 1310) abgeschafft. Die

rungsvereine auf Gegenseitigkeit (VVaGs)[28]. Für AG und KGaA gilt die Mitbestimmung unabhängig von der Anzahl der Arbeitnehmer[29]. Ausgenommen sind jedoch Familiengesellschaften mit weniger als 500 Beschäftigten[30]. Bei den anderen Gesellschaften findet die Mitbestimmung Anwendung, wenn eine Beschäftigtenzahl von 500 überschritten wird[31]. Arbeitnehmer einer Gesellschaft, die kraft eines Beherrschungsvertrages den Weisungen einer anderen Gesellschaft unterliegt, sind der herrschenden Gesellschaft bei der Berechnung der Arbeitnehmer zuzurechnen[32].

Generell ausgenommen von der Mitbestimmung sind Tendenzunternehmen und Religionsgemeinschaften[33].

2. *Das Mitbestimmungsregime*

Die §§ 76 ff. BetrVG 1952 sehen die Besetzung von einem Drittel der Aufsichtsratssitze des betroffenen Unternehmens durch Arbeitnehmervertreter vor. Vorstand bzw. Geschäftsführung sind von der Mitbestimmung nicht betroffen.

Die Arbeitnehmervertreter werden unmittelbar durch die Belegschaft gewählt, im Konzern fakultativ auch durch Wahlmänner[34]. Ist nur ein Arbeitnehmer zu wählen, muß er Arbeitnehmer eines der Betriebe des Unternehmens sein; sind zwei oder mehr Arbeitnehmervertreter zu wählen, müssen zwei von ihnen Arbeitnehmer des Unternehmens sein, darunter ein Arbeiter und ein Angestellter[35]. Wahlvorschläge können von Arbeitnehmern und Betriebsräten unterbreitet werden[36].

Die einfache Mitbestimmung ist also in erster Linie als Vertretung der Belegschaft anzusehen. Eine Beteiligung von Gewerkschaftsfunktionären kommt nur bei Aufsichtsräten mit mehr als zwei Arbeitnehmervertretern und auf Vorschlag der Belegschaft in Betracht. Bei der Konzernmitbestimmung[37] ist nach der Rechtsprechung des Bundesar-

(zwei) noch bestehenden bergrechtlichen Gewerkschaften müssen gemäß § 163 BBergG bis zum 1. 1. 1986 umgewandelt werden.

28 §§ 76, 77 BetrVG 1952.

29 § 76 Abs. 1 BetrVG 1952.

30 § 76 Abs. 6 BetrVG 1952.

31 § 77 BetrVG 1952.

32 § 77 a BetrVG 1952.

33 § 81 BetrVG 1952.

34 § 76 Abs. 2 und 4 BetrVG 1952.

35 § 76 Abs. 2 BetrVG 1952.

36 § 76 Abs. 3 BetrVG 1952.

37 § 76 Abs. 4 BetrVG 1952.

beitsgerichts[38] die Besetzung der den Arbeitnehmervertretern zustehenden Aufsichtsratssitze so zu gestalten, daß die Interessen der Arbeitnehmer der herrschenden und der abhängigen Gesellschaften spiegelbildlich berücksichtigt werden[39].

Für Gesellschaftsformen, die — wie etwa die GmbH — nicht zwingend einen Aufsichtsrat haben, ist die Bildung eines Aufsichtsrates vorgeschrieben[40]. Allerdings erfährt die gesellschaftsrechtliche Ordnung — von der Besetzung des Aufsichtsrates abgesehen — keine Modifikationen. Dies bedeutet, daß z. B. in der GmbH die Arbeitnehmer auf die Besetzung der Geschäftsführung keinerlei Einfluß haben; denn in der GmbH entscheidet hierüber die Gesellschafterversammlung, nicht der Aufsichtsrat.

III. Die quasiparitätische Mitbestimmung nach dem Mitbestimmungsgesetz 1976

1. Geltungsbereich

Betroffen sind solche Unternehmen, die nicht dem Montanmitbestimmungsgesetz 1951 oder dem Mitbestimmungsergänzungsgesetz 1965 unterfallen[41]. Das Mitbestimmungsgesetz erfaßt Aktiengesellschaften, Kommanditgesellschaften auf Aktien, Gesellschaften mit beschränkter Haftung, bergrechtliche Gewerkschaften mit eigener Rechtspersönlichkeit und Genossenschaften (nicht aber, wie die §§ 76 ff. BetrVG 1952, die Versicherungsvereine auf Gegenseitigkeit — eine erstaunliche Aussparung) mit mehr als 2000 Arbeitnehmern[42]. Einer Konzernobergesellschaft werden die Arbeitnehmer der abhängigen Unternehmen zugerechnet[43]. Weiterhin müssen sich GmbHs und AGs, die als einzige persönlich haftende Gesellschafter an einer KG beteiligt sind, die Arbeitnehmer der KG zurechnen lassen, wenn die Mehrheit der Kommanditisten auch die Mehrheit in der GmbH oder AG hält und diese nicht selbst einen Betrieb mit über 500 Beschäftigten unterhält[44]. Hier wird also die Mitbestimmung nicht bei der KG als solcher durchgeführt, sondern bei dem persönlich haftenden Gesellschafter, welcher der Mitbestimmung aufgrund seiner Rechtsform besser zugänglich ist als die KG.

---

[38] Vgl. AP Nr. 22 und 23 zu § 76 BetrVG 1952.

[39] Kritisch hierzu *Dietz / Richardi* § 76 BetrVG 1952 RN 192 m. w. N.

[40] § 77 Abs. 1 BetrVG 1952.

[41] § 1 Abs. 2 MitbestG.

[42] § 1 Abs. 1 MitbestG.

[43] § 5 Abs. 1 MitbestG; für den Teilkonzern § 5 Abs. 3 MitbestG.

[44] § 4 MitbestG.

Auch das Mitbestimmungsgesetz findet keine Anwendung auf Tendenzunternehmen und Religionsgemeinschaften[45].

2. Das Mitbestimmungsregime

Nach dem Mitbestimmungsgesetz sind die — je nach Größe des Unternehmens: 12 bis 20 — Aufsichtsratssitze zur Hälfte mit Arbeitnehmervertretern zu besetzen[46]. Für das „gesetzliche Vertretungsorgan" (Vorstand bzw. Geschäftsführung) wird als gleichwertiges Mitglied ein Arbeitsdirektor bestellt[47].

Soweit die Belegschaft keinen abweichenden Beschluß faßt, erfolgt die Wahl der die Arbeitnehmer vertretenden Aufsichtsratsmitglieder in Unternehmen mit bis zu 8000 Beschäftigten als unmittelbare Wahl, in Unternehmen mit über 8000 Beschäftigten indirekt durch Wahlmänner[48]. Das Wahlverfahren ist im einzelnen außerordentlich kompliziert. Dem Aufsichtsrat müssen mindestens ein Arbeiter, ein Angestellter und ein leitender Angestellter angehören; ansonsten muß die Zahl der Vertreter dieser drei Gruppen dem im Unternehmen gegebenen zahlenmäßigen Verhältnis entsprechen[49]. Weiterhin werden je nach Größe des Aufsichtsrates zwei bis drei Sitze mit Funktionären der im Unternehmen oder im Konzern vertretenen Gewerkschaften besetzt[50]. Die Gewerkschaftsvertreter werden auf Vorschlag der Gewerkschaften von der Belegschaft gewählt[51].

Der Aufsichtsrat wählt aus seiner Mitte mit einer Mehrheit von zwei Dritteln einen Aufsichtsratsvorsitzenden und einen Stellvertreter. Kommt die nötige Mehrheit nicht zustande, wählen in einem zweiten Wahlgang die Vertreter der Kapitalseite aus ihrer Mitte mit einfacher Mehrheit einen Aufsichtsratsvorsitzenden, die Vertreter der Arbeitnehmer den Stellvertreter[52]. Dieses leichte Übergewicht der Anteilseigner wirkt sich erst bei der Arbeit des Aufsichtsrates aus: In einer Situation der Stimmengleichheit, also einer Pattsituation, kann sich die Kapitalseite durch Ausübung des dann zum Zuge kommenden Zweitstimmrechts des Aufsichtsratsvorsitzenden durchsetzen[53]. Anscheinend wird in der Praxis von dieser Möglichkeit selten Gebrauch gemacht, weil sie nur bei besonders schwerwiegenden Fragen in Kauf

[45] § 1 Abs. 4 MitbestG.
[46] §§ 6 ff. MitbestG.
[47] § 33 MitbestG.
[48] § 9 MitbestG.
[49] § 15 MitbestG.
[50] § 7 Abs. 2 MitbestG.
[51] §§ 16, 17 MitbestG.
[52] § 27 MitbestG.
[53] § 28 MitbestG.

zu nehmende Konfrontationen mit den Arbeitnehmervertretern herbeiführt und im übrigen auch Einigkeit auf der Seite der Anteilseigner voraussetzt.

Dem Aufsichtsrat obliegt auch die Bestellung des „gesetzlichen Vertretungsorganes" (Vorstand oder Geschäftsführung) der Gesellschaft. Die Bestellung des Vertretungsorganes erfolgt in einem komplizierten Wahlverfahren, dessen erste Stufe in einer Abstimmung mit dem Erfordernis einer Mehrheit von zwei Dritteln der Stimmen und dessen letzte Stufe in einer Abstimmung mit dem Erfordernis einer einfachen Stimmenmehrheit — hier wieder unter Ausübung des Zweitstimmrechts durch den Aufsichtsratsvorsitzenden — besteht[54]. Nach diesem Muster wird auch der für Personal- und Sozialangelegenheiten zuständige Arbeitsdirektor gewählt — theoretisch also anders als in der Montanmitbestimmung, bei welcher der Arbeitsdirektor von der Mehrheit der Arbeitnehmervertreter gebilligt werden muß[55].

Das Mitbestimmungsgesetz sollte das Gesellschaftsrecht möglichst wenig ändern[56]. Dennoch ergaben sich in einigen Punkten nicht zu unterschätzende Modifikationen. So wurde bei der GmbH — anders als bei der einfachen Mitbestimmung nach §§ 76 ff. BetrVG 1952 — der Gesellschafterversammlung das Recht zur Wahl der Geschäftsführer entzogen und dem mitbestimmten Aufsichtsrat diese Funktion übertragen. Aus gesellschaftsrechtlichen Gründen dagegen werden Genossenschaften und Kommanditgesellschaften auf Aktien zum Teil anders behandelt als AGs und GmbHs. So hat bei der KGaA der Aufsichtsrat wegen des im Recht der Personengesellschaften geltenden Prinzips der Selbstorganschaft keinen Einfluß auf die Zusammensetzung des Vertretungsorganes[57].

IV. Die paritätische Mitbestimmung nach dem Montanmitbestimmungsgesetz 1951 und dem Mitbestimmungsergänzungsgesetz 1956

1. Geltungsbereich

a) Montanmitbestimmungsgesetz 1951

Das Montanmitbestimmungsgesetz knüpft — in einer seit jeher komplizierten und seit der Novelle von 1981[58] noch komplizierteren Regelung — zunächst branchenbezogen an: erfaßt werden

---

[54] § 31 MitbestG.
[55] Vgl. unten § 4 IV. 2.
[56] Vgl. oben § 4 I. S. 26.
[57] § 31 Abs. 7 MitbestG.
[58] Vgl. oben § 4 I. a. E.

— Unternehmen, deren überwiegender Betriebszweck in der Förderung von Kohle oder Eisenerz oder in der Aufbereitung, Verkoksung, Verschwelung oder Brikettierung dieser Grundstoffe liegt und die unter bergbehördlicher Aufsicht stehen[59];

— Unternehmen der Eisen und Stahl erzeugenden Industrie, soweit sie nach dem Gesetz Nr. 27[60] der Alliierten Hohen Kommission nicht liquidiert, sondern in „Einheitsgesellschaften"[61] überführt wurden[62]. Seit der Novelle von 1981 zählt auch die sogenannte Warmverarbeitung (Herstellung von Walzwerkerzeugnissen einschließlich Walzdraht, Röhren, Walzen, rollendem Eisenbahnmaterial, Freiformschmiedestücken und Gießereierzeugnissen) zur Eisen- und Stahlverarbeitung, soweit sie von Unternehmen, die am 1. 7. 1980 der Montanmitbestimmung unterlagen, oder von Unternehmen, die aus einer Verschmelzung mit einem am 1. 7. 1981 montanmitbestimmten Unternehmen hervorgegangen sind oder aber Betriebe bzw. Betriebsteile von solchen Unternehmen übernommen haben, betrieben wird[63]. Grund für diese Differenzierungen ist, daß mit der Novelle ein Bestandsschutz der damals existierenden Mitbestimmung, nicht jedoch eine Einbeziehung neuer Warmverarbeitungsunternehmen angestrebt wurde;

— Unternehmen, die zwar nicht aus dem von dem Gesetz Nr. 27 der AHK erfaßten Bestand an Unternehmen hervorgehen, aber von einem montanmitbestimmten Unternehmen abhängig sind und überwiegend Montanproduktion betreiben[64].

Die Montanmitbestimmung findet Anwendung auf AGs, GmbHs und bergrechtliche Gewerkschaften mit eigener Rechtspersönlichkeit[65]. Soweit die Gesellschaften „Einheitsgesellschaften" sind, kommt es auf die Anzahl der Beschäftigten nicht an. Die anderen Unternehmen (also alle Bergbaugesellschaften sowie die Nicht-Einheitsgesellschaften) unterfallen der Montanmitbestimmung, wenn sie mehr als 100 Arbeitnehmer beschäftigen[66].

---

59 § 1 Abs. 1 S. 1 Buchstabe a).

60 Gesetz vom 16. 5. 1950, AHKBl., S. 299.

61 Es handelt sich um eine Übersetzung des englischen Begriffs unit company. Der Begriff hat mit der besatzungsrechtlichen Entstehungsgeschichte, nicht mit der Gesellschaftsform zu tun.

62 § 1 Abs. 1 S. 1 Buchstabe b) MontanMitbestG.

63 § 1 Abs. 2 S. 2 und 3 MontanMitbestG.

64 § 1 Abs. 1 S. 1 Buchstabe c) MontanMitbestG.

65 § 1 Abs. 2 MontanMitbestG.

66 § 1 Abs. 2 MontanMitbestG.

b) Mitbestimmungsergänzungsgesetz 1956

Die Konzernmitbestimmung nach dem Mitbestimmungsergänzungsgesetz erfaßt Unternehmen, die aufgrund eines Unternehmensvertrages (mindestens) ein der Montanmitbestimmung unterliegendes Unternehmen beherrschen[67], allerdings nur dann, wenn das herrschende Unternehmen nicht selbst der Montanmitbestimmung unterliegt[68]. Im Konzern mit mehreren abhängigen Unternehmen muß der Unternehmenszweck des Konzerns von den konzernangehörigen Montanunternehmen gekennzeichnet sein; dies ist dann der Fall, wenn die Umsätze der Montanunternehmen mehr als die Hälfte des gesamten Konzernumsatzes ausmachen[69]. Die Umsatzverhältnisse werden jährlich durch den Abschlußprüfer der herrschenden Gesellschaft ermittelt[70].

Wie das Montanmitbestimmungsgesetz findet das Mitbestimmungsergänzungsgesetz Anwendung auf AGs, GmbHs und bergrechtliche Gewerkschaften mit eigener Rechtspersönlichkeit[71].

Ein Unternehmen ist erst dann montanmitbestimmungspflichtig, wenn die gesetzlichen Voraussetzungen während sechs aufeinanderfolgenden Geschäftsjahren erfüllt sind[72]. Bei Wegfall der gesetzlichen Voraussetzungen ist die Fortgeltung der Mitbestimmung für sechs Jahre angeordnet[73].

2. Das Mitbestimmungsregime

Montanmitbestimmungsgesetz und Mitbestimmungsergänzungsgesetz sehen die paritätische Besetzung des Aufsichtsrates mit Arbeitnehmervertretern und Anteilseignervertretern sowie die Bestellung eines Arbeitsdirektors als gleichberechtigtes Vorstandsmitglied vor.

a) Montanmitbestimmungsgesetz 1951

Der Aufsichtsrat, der grundsätzlich elf Mitglieder hat[74], setzt sich zusammen aus

— vier Vertretern der Anteilseigner und einem weiteren Mitglied,

---

[67] § 1 MitbestErgG.

[68] § 2 MitbestErgG.

[69] § 3 MitbestErgG.

[70] § 4 MitbestErgG.

[71] § 1 Abs. 1 MitbestErgG.

[72] § 16 Abs. 1 MitbestErgG.

[73] § 16 Abs. 2 MitbestErgG.

[74] § 4 Abs. 1 MontanMitbestG; bei Gesellschaften mit mehr als 20 bzw. 50 Mio. DM Nennkapital sind auch 15 bzw. 21 Mitglieder zulässig, § 9 MontanMitbestG.

— vier Vertretern der Arbeitnehmer und einem weiteren Mitglied sowie
— dem elften Mann (wiederum einem „weiteren Mitglied")[75].

Die sogenannten weiteren Mitglieder sind dadurch gekennzeichnet, daß sie keiner Seite allzu nahestehen, also z. B. keiner Gewerkschaft und keinem Arbeitgeberverband angehören dürfen[76].

Besonderheit des Montanmitbestimmungsgesetzes ist, daß alle Aufsichtsratsmitglieder bis auf den elften Mann von dem nach Gesellschaftsrecht zuständigen „Wahlorgan" — also der Hauptversammlung bzw. der Gesellschafterversammlung — gewählt werden[77]. Hinsichtlich der vier Arbeitnehmervertreter und des zu dieser Gruppe gehörenden „weiteren Mitglieds" ist das Wahlorgan dabei jedoch nicht frei, sondern an die von Betriebsräten und Gewerkschaften unterbreiteten Wahlvorschläge gebunden[78], so daß man insoweit eher von einer Bestätigung sprechen muß. Zwei der Arbeitnehmervertreter müssen Arbeitnehmer des Unternehmens, einer Arbeiter, der andere Angestellter, sein; sie werden vom Betriebsrat nach Beratung mit den im Unternehmen vertretenen Gewerkschaften und deren Spitzenorganisationen, die unter bestimmten Voraussetzungen ein Einspruchsrecht haben, vorgeschlagen[79]. Hinsichtlich der beiden anderen Arbeitnehmervertreter und des weiteren Mitglieds sind die Spitzenorganisationen der im Unternehmen vertretenen Gewerkschaften nach Beratung mit den Betriebsräten vorschlagsberechtigt[80].

Das elfte Aufsichtsratsmitglied wird in einem höchst komplizierten Verfahren auf Vorschlag der schon gewählten zehn Aufsichtsratsmitglieder vom Wahlorgan gewählt[81]. In der ersten Stufe des Verfahrens wird mit der Mehrheit der Stimmen ein Wahlvorschlag beschlossen, wobei er sowohl auf Arbeitnehmerseite als auch auf Anteilseignerseite von mindestens drei Aufsichtsratsmitgliedern gebilligt werden muß[82]. Können sich die Aufsichtsratsmitglieder nicht einigen oder wird der vorgeschlagene Bewerber nicht gewählt, so wählen die Aufsichtsratsmitglieder aus ihrer Mitte einen paritätisch zusammengesetzten, vierköpfigen Vermittlungsausschuß[83]. Dieser schlägt innerhalb eines Monats

---

[75] § 4 Abs. 1 MontanMitbestG.
[76] § 4 Abs. 2 MontanMitbestG.
[77] § 5 MontanMitbestG.
[78] § 6 Abs. 6 MontanMitbestG.
[79] § 6 Abs. 1 und 2 MontanMitbestG.
[80] § 6 Abs. 3 und 4 MontanMitbestG.
[81] § 8 MontanMitbestG.
[82] § 8 Abs. 1 MontanMitbestG.
[83] § 8 Abs. 2 MontanMitbestG.

drei Personen zur Wahl vor; eine eventuelle Ablehnung der Vorschläge durch das Wahlorgan ist mit Gründen zu versehen und wird auf Antrag des Vermittlungsausschusses durch das örtlich zuständige Oberlandesgericht geprüft[84]. Bestätigt dieses den Ablehnungsbeschluß des Wahlorgans, ist diese Stufe des Verfahrens zu wiederholen; bleibt auch dies erfolglos, wählt das Wahlorgan von sich aus den elften Mann[85]. Wenn auch auf dieser Stufe der Grundsatz der Parität durchbrochen ist, ist dieser Grundsatz insgesamt doch gewahrt, weil es angesichts der Einigungszwänge in aller Regel auf einer der ersten Stufen zu einem positiven Ergebnis kommt.

Bei der Wahl des Vorstandes ist der Einfluß der Arbeitnehmerseite am stärksten bei der Bestellung des Arbeitsdirektors, der von der Arbeitnehmerseite — den vier Arbeitnehmervertretern und dem weiteren Mitglied — gebilligt werden muß[86].

b) Mitbestimmungsergänzungsgesetz 1956

Nach dem Mitbestimmungsergänzungsgesetz ist die Besetzung des regelmäßig aus 15 Mitgliedern bestehenden Aufsichtsrates[87] gegenüber dem Montanmitbestimmungsgesetz insofern vereinfacht, als es auf Arbeitnehmerseite und auf Anteilseignerseite keine „weiteren Mitglieder" gibt. Der Aufsichtsrat setzt sich aus sieben Anteilseignervertretern, sieben Arbeitnehmervertretern und dem 15. Mann, einem weiteren Mitglied, zusammen[88].

Die Arbeitnehmervertreter werden nicht von dem nach Gesellschaftsrecht zuständigen Wahlorgan, sondern mittelbar durch Wahlmänner von den Arbeitnehmern der Konzernunternehmen gewählt[89]. Vier der sieben Arbeitnehmervertreter müssen Arbeitnehmer der Konzernunternehmen sein, darunter drei Arbeiter und ein Angestellter[90]. Die restlichen drei Arbeitnehmervertreter werden von den im Unternehmen vertretenen Gewerkschaften und ihren Spitzenorganisationen vorgeschlagen[91]. Die Wahl des 15. Mannes erfolgt nach dem gleichen Muster wie die Wahl des 11. Mannes nach dem Montanmitbestimmungsgesetz[92].

[84] § 8 Abs. 3 MontanMitbestG.

[85] § 8 Abs. 3 MontanMitbestG.

[86] § 13 MontanMitbestG.

[87] § 5 Abs. 1 MitbestErgG; bei Gesellschaften mit über 50 Mio. DM Nennkapital ist auch ein Aufsichtsrat mit 21 Mitgliedern zulässig, § 12 MitbestErgG.

[88] § 5 Abs. 1 MitbestErgG.

[89] § 6 Abs. 2 MitbestErgG.

[90] § 6 Abs. 1 MitbestErgG.

[91] § 7 MitbestErgG.

[92] § 5 Abs. 3 MitbestErgG.

Bei der Wahl des Vorstandes ist der Arbeitnehmereinfluß insofern geringer als nach dem Montanmitbestimmungsgesetz, als den Arbeitnehmervertretern im Hinblick auf die Bestellung des Arbeitsdirektors kein Vetorecht zusteht[93].

§ 5. Beteiligung der Arbeitnehmer am wirtschaftlichen Entscheidungsprozeß nach US-amerikanischem Recht

I. Geschichtliche Grundlagen

> "We have no interest in replacing free enterprise with a more utopian system ... And we believe workers can receive a better share of the fruits of free enterprise at bargaining tables than in board rooms."[94]

Diese Aussage eines amerikanischen Gewerkschaftsführers ist repräsentativ für die in Arbeitnehmerschaft und Gewerkschaften traditionell ablehnende Haltung gegenüber auf Betriebs- oder Unternehmensebene institutionalisierten Mitwirkungsrechten. Es ist allgemeine Ansicht, daß die unterschiedlichen Funktionen von Unternehmern und Gewerkschaften sowie der Interessenkonflikt dieser beiden Gruppen nicht verwischt werden sollen[95].

Im Mittelpunkt der Frage nach der Beteiligung von Arbeitnehmern und Gewerkschaften an Unternehmensentscheidungen steht daher das — den gesamten arbeitsrechtlichen Bereich beherrschende — kollektive Arbeitsrecht. Koalitionsfreiheit und Tarifverhandlungen („collective bargaining") sind in den USA tief in der Geschichte der „Industriellen Demokratie" verwurzelt. Diese Prinzipien erkannten Ende des 19. Jahrhunderts auch vom Congress eingesetzte Untersuchungskommissionen, die sich mit den großen Arbeitskämpfen jener Zeit (etwa dem Pullman-Streik von 1894) befaßten, als einzige vernünftige Grundlage für die Vermeidung bzw. Steuerung arbeitsrechtlicher Konflikte[96]. Rechtlich endgültig sanktioniert wurden sie erst[97] durch den vom Bundesgesetz-

---

93 § 13 MitbestErgG.

94 Zitiert bei *Summers*, Worker Participation, S. 157.

95 Vgl. statt vieler *Summers*, Worker Participation in the U.S. and the Federal Republic, S. 258. Auch in Fällen, wo Arbeitnehmer und Gewerkschaften erheblich zur Sanierung von in Schwierigkeiten geratenen Unternehmen beitrugen, strebten sie meist keine institutionelle Teilhabe und Verantwortung an — etwa im Fall der City of New York oder in der Textilindustrie; vgl. *Waschke*, S. 190.

96 Vgl. hierzu *Summers*, Worker Participation, S. 157 ff. sowie *Kheel*, Vol. 1, § 5.01 (2), S. 5 - 17 ff.

97 Zu der außerordentlich turbulenten Entwicklungsgeschichte der amerikanischen Gewerkschaften, die von bemerkenswerten juristischen Erfindungsreichtum widerspiegelnden straf- und zivilrechtlichen Repressalien ge-

geber[98] erlassenen National Labor Relations Act[99] (NLRA) von 1935 — auch nach dem Namen seines Hauptinitiators Wagner Act genannt. Zu der Verankerung der Koalitionsfreiheit und des „collective bargaining" kamen die Verpflichtungen des Arbeitgebers, die Gewerkschaft als Vertreter der Arbeitnehmer anzuerkennen, Gewerkschaften nicht zu beherrschen oder zu beeinflussen sowie von Diskriminierungen gewerkschaftszugehöriger Arbeitnehmer abzusehen. Wegen Verletzungen dieser Pflichten konnte die Gewerkschaft gegen den Arbeitgeber wegen „unfair labor practices" vorgehen. Zur Durchführung des Gesetzes — Festlegung der „bargaining units" (Tarifgebiete), Überwachung von Wahlen, Ahndung von „unfair labor practices" — wurde eine Bundesbehörde, der National Labor Relations Board (NLRB) geschaffen[100]. Das Bundesrecht der „labor relations" erfuhr im Abstand von jeweils zwölf Jahren zwei wichtige Ergänzungen und Änderungen. Der im Jahre 1947 erlassene Labor Management Relations Act (Taft-Hartley Act), der eine Reaktion auf die rasch wachsende Macht der Gewerkschaften und die Streikwelle nach Kriegsende war[101], stellte den „unfair labor practices" des Arbeitgebers solche der Gewerkschaft gegenüber, verbot bzw. beschränkte gewisse Tarifvereinbarungen zur Sicherung oder Ausweitung der gewerkschaftlichen Macht durch Beschränkungen der negativen Koalitionsfreiheit (etwa den „closed shop")[102] und sah bei Arbeitskämpfen, die einen „nationalen Notstand" zu verursachen drohen, Eingriffsbefugnisse des Präsidenten vor[103]. Korruption, Erpressung, Unterschlagung, Unterdrückung von Mitgliedern, despotischer Führungsstil und andere Erscheinungen in einigen Gewerkschaften führten im Jahre 1959 zum Erlaß des Labor Management Reporting and Disclosure Act[104]

---

gen die Gewerkschaften geprägt ist, siehe *Hagburg / Levine*, S. 14 ff. und ausführlich *Kheel*, Vol. 1, §§ 2, 4 und 5.

98 Auf der Grundlage der Interstate Commerce Clause, U.S. Const. Art. I, § 8, Clause 3; (meistens erfüllte) Voraussetzung für die Anwendung des Bundesarbeitsrechts ist daher, daß der Arbeitgeber (auch) „interstate commerce" betreibt.

99 49 Stat. 449, as amended, 29 U.S.C. §§ 151 et seq. Eine Gewährleistung von Koalitionsfreiheit und „collective bargaining" war zwar bereits in dem zum Programm des New Deal gehörenden National Industry Recovery Act, 48 Stat. 195 (1933) enthalten; dieses Gesetz wurde jedoch im Jahre 1935 als verfassungswidrig aufgehoben, vgl. Schechter Poultry Corp. v. United States, 295 U.S. 495, 55 S. Ct. 837.

100 61 Stat. 136, 29 U.S.C. §§ 141 et seq.

101 Zur Entstehungsgeschichte des Gesetzes näher *Kheel*, Vol. 1, § 5.02 (2), S. 5 - 104 — 5 - 112.

102 In 21 Staaten ist jegliche Beschränkung der positiven oder negativen Koalitionsfreiheit nach sog. Right-To-Work Laws verboten; diese Gesetze sind gemäß 29 U.S.C. § 164 (b) (§ 14 [b] NLRA) zulässig.

103 Zum Inhalt des Gesetzes im einzelnen *Kheel*, Vol. 1, § 5.02 (3), S. 1 - 112 — 5 - 154.

104 73 Stat. 519, 29 U.S.C. §§ 153, 158 - 160, 164, 186, 187, 401 et seq.; zur Ent-

(Landrum Griffin Act). Dieses Gesetz verlangte die Veröffentlichung von „Geschäftsberichten" über Gewerkschaftsangelegenheiten, führte eine „Bill of Rights" der Gewerkschaftsmitglieder ein und sah eine demokratische Organisation der Gewerkschaften vor[105].

Bei den Gewerkschaften sind drei Ebenen zu unterscheiden: der Dachverband AFL-CIO (American Federation of Labor — Congress of Industrial Organisations)[106], die national (bzw. international[107]) union und die local union. Die AFL-CIO hat für das kollektive Arbeitsrecht kaum Bedeutung. Der Dachverband konzentriert sich auf allgemeine Gewerkschaftsarbeit und auf politische Fragen wie Rechtspolitik, politische Bildung, Bürgerrechte, Sozialversicherungsrecht, Forschung, Bildungswesen, internationale Angelegenheiten, Städtebau. Gegenüber den Mitgliedsgewerkschaften stehen dem Dachverband nur geringe Kontroll- und Eingriffsbefugnisse zu, die sich im wesentlichen auf den Ausschluß (wegen Korruption oder kommunistischer Unterwanderung) beschränken[108]. Bei Tarifverhandlungen und Arbeitskämpfen treten vielmehr die nationals und die locals in Erscheinung. Im Jahre 1970 gab es etwa 185 national (und international) unions, von denen die meisten in der AFL-CIO zusammengeschlossen sind[109]. Von den ca. 75 000 locals gehören mehr als 90 % einer national union an; die wenigen unabhängigen locals umfassen entweder ein einzelnes Unternehmen oder sind direkt der AFL-CIO angeschlossen[110]. Die Mitgliederzahl der locals ist sehr unterschiedlich: Sie reicht von einigen wenigen Arbeitnehmern bei kleinen Fachgewerkschaften bis zu 60 000 bei dem zur United Auto Workers gehörenden Ford Local No. 600[111]. Die meisten locals haben zwischen 50 und 1000 Mitglieder[112]. Gewerkschaftsmitglieder sind übri-

---

stehungsgeschichte des Gesetzes siehe *Kheel*, Vol. 1, § 5.03 (1), (2), S. 5 - 155 — 5 - 169.

105 Zum Inhalt im einzelnen *Kheel*, Vol. 1, § 503 (3), S. 5 - 170 — 5 - 180.

106 Der Name spiegelt eine alte, heute überwundene Rivalität zwischen Fachgewerkschaften und Industriegewerkschaften wider. Die Streitigkeiten hatten 1938 zum Ausschluß der Industriegewerkschaften aus der AFL geführt, woraufhin noch im gleichen Jahr der CIO gegründet wurde. Nachdem man sich im „No Raiding Pact" darauf geeinigt hatte, sich nicht gegenseitig „Konkurrenz" zu machen, schloß man sich im Jahre 1955 zur AFL-CIO zusammen. Vgl. hierzu *Hagburg / Levine*, S. 21 f.

107 Internationals oder international unions werden oft diejenigen Gewerkschaften genannt, die auch außerhalb der USA, gewöhnlich in Kanada, tätig sind. Im Hinblick auf Stellenwert und Funktion im Gewerkschaftswesen besteht kein Unterschied zwischen national und international union.

108 Zu Aufgabe und Struktur der AFL-CIO im einzelnen *Kheel*, Vol. 1, § 3.04, S. 3 - 23 — 3 - 31.

109 *Kheel*, Vol. 1 § 3.02 (2), S. 3 - 3.

110 *Kheel*, Vol. 1 § 3.03 (1), S. 3 - 13.

111 Vgl. *Hagburg / Levine*, S. 25.

112 *Hagburg / Levine*, S. 25; vgl. ferner die Statistik bei *Kheel*, Vol. 1, § 3.03 (2), S. 3 - 16 Fn. 6.

gens etwa 26 % aller Arbeitnehmer[113]. Während traditionell der local für Tarifverhandlungen und Kampfmaßnahmen allein zuständig war, nimmt heute die national union — je nach Branche und Bedeutung der Gewerkschaft — erheblichen Einfluß auf das Verhalten ihrer locals oder spielt gar eine dominierende Rolle, etwa wenn sie für eine Vielzahl von locals einen Haupttarifvertrag aushandelt[114].

Im Jahre 1974 unterfielen knapp ein Drittel der Arbeitnehmer im privaten, nichtlandwirtschaftlichen Sektor Tarifverträgen[115]. In Schlüsselbereichen wie der Bergbau-, Stahl-, Automobil- und Transportindustrie existierten für fast alle Arbeiter tarifvertragliche Regelungen, während Angestellte nicht erfaßt werden; im Dienstleistungsbereich — Banken, Versicherungen, Gastronomie etc. — bestehen nur für einen kleinen Teil der Arbeitnehmer Tarifverträge[116]. Das bedeutet, daß gut zwei Drittel der Arbeitnehmer im privaten Sektor keine Möglichkeit der Teilhabe an Entscheidungen des Unternehmens haben.

Wenn auch zwischen Arbeitgebern einerseits und Arbeitnehmern und Gewerkschaften andererseits grundsätzliche Einigkeit über die Wirtschaftsordnung und die Trennung von Unternehmer- und Gewerkschaftsfunktion herrscht[117], bedeutet dies nicht, daß die Gewerkschaften darauf verzichten, möglichst weitgehenden Einfluß auf die Entscheidungen des Unternehmens zu nehmen. Handhabe hierfür ist zum einen die Arbeitgeber und Gewerkschaft obliegende Pflicht, über „wages, hours, and other terms and conditions of employment" zu verhandeln[118]. Während „wages" und „hours" (relativ) klare Begriffe sind, zeichnet sich der Verhandlungsgegenstand „other terms and conditions of employment" durch generalklauselartige Flexibilität aus. Als extrem restriktive Interpretation wäre hier die Einbeziehung ausschließlich von „Arbeitsbedingungen" (Arbeitssicherheit, Beleuchtung, Heizung etc.) theoretisch denkbar, als extrem extensive Interpretation die Einbeziehung sämtlicher irgendwie auf die Arbeitsverhältnisse sich auswirkender — also in der Konsequenz: aller — Entscheidungen. Erwartungsgemäß spiegelt die Rechtsprechung die Schwierigkeit der Abgrenzung wider[119]. Neben der gesetzlichen Verhandlungspflicht bietet der Tarifvertrag selbst — bei entsprechender Macht der Gewerkschaft oder hinreichender Bedrängnis des Unternehmens, beispielsweise in Wirtschafts-

---

[113] *Hagburg / Levine,* S. 29.

[114] Hierzu *Hagburg / Levine,* S. 26 f.

[115] *Summers,* Employee Participation, S. 166.

[116] *Summers,* ebd.

[117] Siehe oben § 5 I. am Anfang.

[118] 29 U.S.C. § 158 (d) (§ 8 [d] Taft-Hartley Act); dazu unten § 5 II. 2.

[119] Siehe unten § 5 II. 2. b) - f).

krisen — die Möglichkeit, sich Einfluß auf Entscheidungen des Unternehmens zu sichern.

Besonders hinzuweisen ist auf einige Fälle aus der jüngeren Praxis, in denen vom traditionellen Denken — Trennung von Unternehmer- und Gewerkschaftsfunktion; Ablehnung, in Unternehmensorganen mitzuwirken —, abgewichen wurde. Erste Ansätze in dieser Richtung waren Employee Stock Ownership Plans (ESOP — Kapitalbildung in Arbeitnehmerhand), in deren Rahmen auch ein Sitz im Verwaltungsrat mit einem Gewerkschaftsvertreter zu besetzen war[120]. Ernst gemacht wurde mit diesem Gedanken in einer — erheblich gefährdeten — Fleischverpackungsfirma in Waterloo, Iowa; dort erhielten die Arbeitnehmer gegen einen wöchentlichen Gehaltsabzug von 20 Dollar 3/5 der Aktien des Unternehmens, und zehn der 16 Verwaltungsratsmitglieder werden von der Arbeitnehmer-/Anteilseignerseite gewählt[121]. Ein anderes Beispiel ist der Fall Chrysler: Die United Auto Workers erklärte sich 1979 zu erheblichen Verzichten (bei Löhnen und Gehältern, bei Pensionen sowie bei der Lohnfortzahlung im Krankheitsfall) bereit; dafür ist sie im Verwaltungsrat der Chrysler Corporation durch ihren Präsidenten, Douglas A. Fraser, vertreten und bestimmt daneben bei der Anlage des Pensionsfonds maßgeblich mit[122]. Zu beachten ist in diesem Zusammenhang, daß diese Entwicklungen in akuten Krisensituationen entstanden und als einziger Ausweg zur Rettung der Arbeitsplätze empfunden wurden. Es wäre daher verfehlt, von einem allgemeinen Wandel der Anschauungen auszugehen und nunmehr ein Interesse von Arbeitnehmern und Gewerkschaften an einer institutionalisierten Mitbestimmung anzunehmen. In der Rechtspolitik ist denn solcherlei auch kein ernsthaftes Thema[123].

II. Die Mitwirkungsmöglichkeiten der Arbeitnehmer durch Collective Bargaining

1. Allgemeines

Grundprinzip des kollektiven Arbeitsrechts der USA ist die ausschließliche Vertretung der Arbeitnehmer einer sogenannten bargaining unit durch die mehrheitlich gewählte Gewerkschaft. Die eine Seite

[120] Vgl. hierzu „When workers strike the Company they own", Business Week, 22. September 1980, S. 39 ff.

[121] Vgl. „In Waterloo, Workers Turn Capitalists", U.S. News & World Report, 20. Juli 1981, S. 62 f.

[122] Vgl. „The price of peace at Chrysler", Business Week, 12. November 1979, S. 93 f.

[123] Vgl. *Blumberg*, S. 553, 563 ff.; siehe ferner die Ausführungen von *Millspaugh*, S. 297 ff., zu dem erfolglosen (Bundes-)Gesetzgebungsvorhaben eines Corporate Democracy Act aus dem Jahre 1980.

dieses Grundsatzes ist, daß die Gewerkschaft — anders als nach deutschem Recht — auch Nichtmitglieder vertritt, ebenso wie diejenigen Arbeitnehmer, die gegen sie oder gegen jede gewerkschaftliche Vertretung („No Union") gestimmt haben[124]. Die andere Seite dieses Grundsatzes ist, daß der in einer „bargaining unit" mit gewerkschaftlicher Vertretung beschäftigte Arbeitnehmer selbst keine Vereinbarungen mit dem Arbeitgeber treffen kann, und zwar auch keine — wiederum anders als im deutschen Recht — zu seinen Gunsten vom Tarifvertrag abweichenden Vereinbarungen[125].

Die bargaining unit ist eine unter Berücksichtigung der Interessen der Arbeitnehmerschaft abgegrenzte Gruppe von Arbeitnehmern. Die Festsetzung der bargaining unit obliegt nicht Gewerkschaften und Arbeitgebern, die speziell ihren eigenen Belangen Rechnung zu tragen versuchen würden[126], sondern dem NLRB[127]. Die Behörde beachtet dabei die Interessen der verschiedenen Arbeitnehmergruppen, auch z. B. derjenigen, die an einer bestimmten Gewerkschaft interessiert sind oder aber überhaupt keine Gewerkschaft wünschen; weiterhin kommt es auf praktische Bedürfnisse, auf die Organisation des Unternehmens oder des Betriebes und auf die frühere Praxis an[128]. Daher schließt eine bargaining unit regelmäßig nicht sämtliche Arbeitnehmer eines Betriebes oder gar eines Unternehmens ein. Es wird unterschieden zwischen Lohn- und Gehaltsempfängern, ungelernten und qualifizierten Kräften, blue collar und white collar workers, so daß in einem Betrieb häufig drei, vier oder mehr bargaining units vorhanden sind[129]. Demgegenüber sind aber auch „multiple employer units" möglich, die indessen nur mit Zustimmung der Arbeitgeber und der Gewerkschaften festgelegt werden können[130].

Die Mitwirkungsrechte der als Arbeitnehmervertreter gewählten Gewerkschaft ergeben sich zunächst aus dem im NLRA vorgesehenen „mandatory bargaining". Arbeitgeber und Gewerkschaft unterliegen der „... mutual obligation ... to meet at reasonable times and confer in good faith with respect to wages, hours, and other terms and conditions of employment"[131]. In den Punkten, die der Verhandlungspflicht

---

124 29 U.S.C. § 159 (a) (§ 9 [a] NLRA).

125 *Summers*, Employee Participation, S. 165 mit Nachweisen aus der Rechtsprechung.

126 Hierzu *Summers*, Worker Participation, S. 165.

127 29 U.S.C. § 159 (b) (§ 9 [b] NLRA).

128 Vgl. *Summers*, Worker Participation, S. 165.

129 *Summers*, Employee Participation, S. 165; *ders.*, Worker Participation, S. 165 f.

130 *Summers*, Worker Participation, S. 165.

131 29 U.S.C. § 158 (d) (§ 8 [d] Taft-Hartley Act).

unterfallen[132], darf der Arbeitgeber von sich aus keine Entscheidung treffen, andernfalls macht er sich einer „unfair labor practice" schuldig[133]. Die Gewerkschaft kann den Arbeitgeber zu Verhandlungen über solche Fragen zwingen; bei Fehlschlagen der Verhandlungen kann sie schließlich einen Streik oder andere Kampfmaßnahmen durchführen.

Die Mitwirkungsrechte der Gewerkschaft werden im Tarifvertrag (collective contract) konkretisiert; erst im Tarifvertrag zeigt sich die tatsächliche Teilhabe der Arbeitnehmervertretung an den Entscheidungen des Unternehmens[134]. Im collective contract sind selbstverständlich die Ergebnisse des mandatory bargaining festgelegt. Daneben enthält der Tarifvertrag aber oft Modifizierungen des nach den Prinzipien des mandatory bargaining gegebenen Einflußbereichs: So kann eine „management prerogative clause" dem Arbeitgeber die alleinige Entscheidungsgewalt über an sich verhandlungspflichtige Fragen überlassen[135], so kann eine an sich nicht verhandlungspflichtige Frage — in unterschiedlicher Intensität — zum Gegenstand vertraglicher Mitwirkung gemacht werden[136]. Häufig sieht der collective contract ferner die Schaffung formloser Konsultationsgremien (labor management committees) vor; mitunter enthält er einen beiderseitigen Verzicht auf Mittel des Arbeitskampfes (no strike/no lockout clause)[137].

2. *Reichweite der Verhandlungspflicht*

a) Unstreitige Punkte

Verhandlungspflichtig sind „wages, hours, and other terms and conditions of employment". Unter „wages" fallen materielle Vergütungen aller Art, also neben Löhnen und Gehältern Pensionen, Krankenversicherungen und sonstige Sozialleistungen, bezahlter Urlaub, Weihnachtsgratifikationen, Sonderprämien, Gewinnverteilungspläne, Vermögensbildung in Arbeitnehmerhand (employees stock ownership plan), Abfindungszahlungen bei Entlassung, Firmenwohnungen, Kantinenessen[138]. Der Begriff Arbeitszeit ist klar und bedarf keiner Erläu-

---

132 Dazu sogleich § 5 II. 2.

133 29 U.S.C. § 158 (a) (5).

134 *Summers*, Employee Participation, S. 180.

135 Hierzu *Hagburg / Levine*, S. 63 ff.

136 Z. B. Fragen der Modernisierung und Automation, vgl. *Hagburg / Levine*, S. 77 ff.

137 Besonders bekannt ist das im Jahre 1973 zwischen den großen Unternehmen der Stahlindustrie und der United Steelworkers Union geschlossene Experimental Negotiating Agreement (ENA); es sieht besonders intensive Verhandlungen und Streitbeilegung durch Schiedsspruch vor; Streik und Aussperrung sind ausgeschlossen; vgl. *Hagburg / Levine*, S. 75.

138 Hierzu im einzelnen *Kheel*, Vol. 5, §§ 20.02 - 20.06, S. 19 - 1 — 19 - 50.

terung. Unter „other terms and conditions of employment" fallen nicht nur Sicherheitsmaßregeln, Ausgestaltung des Arbeitsplatzes und Arbeitsanfall, sondern auch die Einstellung neuer Mitarbeiter, Beförderungen, Versetzungen, Pensionierungen, Kündigungen, Disziplinarmaßnahmen, ferner auch die Sicherung des Status der Gewerkschaft als Arbeitnehmervertreter (union security)[139] sowie das Verhältnis zwischen Gewerkschaft und Management (labor management committees, Beschwerden von Arbeitnehmern und Schlichtungsprozedur usw.)[140].

b) Vergabe von Arbeiten an auswärtige Firmen — contracting out und subcontracting

Wiederholt hatten sich NLRB und Bundesgerichte mit der Frage zu beschäftigen, ob die Vergabe von Arbeiten, die vorher durch eigene Arbeitnehmer erledigt worden waren oder die durch eigene Arbeitnehmer hätten erledigt werden können, an dritte Unternehmen der Verhandlungspflicht — sub specie „other terms and conditions of employment" — unterliegt. Grundlegend ist der vom Supreme Court entschiedene Fall *Fibreboard Paper Products Corporation v. NLRB*[141]. Hier hatte sich der Arbeitgeber, ohne die Gewerkschaft zu befragen, entschlossen, seine 73 Mann starke „Wartungsbrigade" aufzulösen und die betreffenden Arbeiten durch ein unabhängiges Unternehmen vornehmen zu lassen, wodurch erhebliche Kosten eingespart werden konnten; die Gewerkschaft, die sich dem widersetzte, legte Beschwerde wegen „unfair labor practice" ein[142]. Das Gericht gab der Entscheidung des NLRB[143] und der Bestätigung und Vollstreckbarkeitserklärung durch den District of Columbia Circuit Court of Appeals[144] Recht und nahm an, daß dieses „contracting out" der Verhandlungspflicht unterfiel[145]. Die Vergabe von bisher im Hause ausgeführten Arbeiten sei durchaus eine „condition of employment", auch deshalb, weil die Beendigung des Arbeitsverhältnisses — die notwendige Folge des „contracting out" — zweifellos von der Verhandlungspflicht erfaßt werde[146]. Dieses Ergebnis entspreche dem Zweck des Gesetzes, die friedliche Beilegung von Streitigkeiten zwischen Arbeitgeber und Arbeitnehmern durch Zwang zur mäßigend wirkenden Verhandlung zu fördern; denn

---

139 *Hagburg / Levine*, S. 63 ff.; beachte aber die oben, § 5 I. a. A. angedeuteten Beschränkungen, insbesondere durch die Right-To-Work Laws.

140 Hierzu *Kheel*, Vol. 5, §§ 20.02 - 20.06, S. 20 - 5 — 20 - 64.

141 379 U.S. 203, 85 S. Ct. 398 (1964).

142 379 U.S. 204 f.

143 138 N.L.R.B. 550, 51 L.R.R.M. 1101 (1962).

144 East Bay Union of Machinists, Local 1303 v. NLRB, 322 F.2d 411 (1963).

145 379 U.S. 209 ff.

146 379 U.S. 210.

es gehe hier um eine Frage von grundlegender Bedeutung für Arbeitnehmer wie Arbeitgeber[147]. Im übrigen beziehe auch die Praxis Fragen wie das „contracting out" häufig in die kollektiven Verhandlungen ein[148]. Ein Eingriff in das Recht des Unternehmers „to manage the business" sei nicht gegeben, weil die in Frage stehende Entscheidung keine grundlegende Änderungen im Unternehmen betreffe: Die Wartungsarbeiten erfolgten weiterhin in demselben Betrieb, der Arbeitgeber werde nicht zu neuen Investitionen gezwungen, der Arbeitgeber ersetze lediglich eigene Arbeitnehmer durch Arbeitnehmer einer anderen Firma[149]. Das Gericht betont allerdings, daß sich seine Entscheidung nur auf den Fall, wo früher von firmeninternen Kräften erledigte Arbeiten herausgegeben werden, nicht aber auf andere Formen des „contracting out" oder „subcontracting" beziehe, wie sie in der Praxis täglich vorkämen[150]. Sehr einschränkend und den begrenzten Anwendungsbereich der Entscheidung betonend stellt sich die „concurring opinion"[151] dreier Bundesrichter dar:

> "The Court most assuredly does not decide that every managerial decision which necessarily terminates an individual's employment is subject to the duty to bargain. Nor does the Court decide that subcontracting decisions are as a general matter subject to that duty. The Court holds no more than that this employer's decision to subcontract this work, involving 'the replacement of employees in the existing bargaining unit with those of an independent contractor to do the same work under similar conditions of employment' is subject to the duty to bargain collectively."[152]

Zur Auslegung der Passage „other terms and conditions of employment" führt die concurring opinion aus, daß die Vorschrift eine Begrenzung darstelle[153]. Nach seiner Entstehungsgeschichte verpflichte das Gesetz die Tarifpartner nicht zu Verhandlungen über jeden sie interessierenden Gegenstand; die Aufzählung von „wages, hours, and other terms and conditions of employment" definiere eine begrenzte Kategorie von Fragen, die der Verhandlungspflicht unterliegen[154]. Eine Auslegung dieser Vorschrift dergestalt, daß fast jede Entscheidung des Arbeitgebers die „terms and conditions of employment" betreffe, sei daher mit dem Gesetzeszweck nicht vereinbar[155].

---

147 379 U.S. 210 f.
148 379 U.S. 211.
149 379 U.S. 213.
150 379 U.S. 215.
151 379 U.S. 217 ff.
152 379 U.S. 218.
153 379 U.S. 220.
154 379 U.S. 220.
155 379 U.S. 221.

Zur Abgrenzung verhandlungspflichtiger Fragen von nicht verhandlungspflichtigen Fragen — hier im Bereich der „employment security" — nimmt die concurring opinion wie folgt Stellung:

"While employment security has ... been recognized in various circumstances [freedom from discriminatory discharge, seniority rights, imposition of a compulsory retirement age] as a condition of employment, it merely does not follow every decision which may affect job security is a subject of compulsory collective bargaining. Many decisions made by management affect the job security of employees. Decisions concerning the volume and kind of advertizing expenditures, product design, the manner of financing, and sales, all may bear upon the security of the workers' jobs. Yet it is hardly conceivable that such decisions so involve 'conditions of employment' that they must be negotiated with the employees' bargaining representative...

Nothing the Court holds today should be understood as imposing a duty to bargain collectively regarding such managerial decisions, which lie at the core of entrepreneurial control. Decisions concerning the commitment of investment capital and the basic scope of the enterprise are not in themselves primarily about conditions of employment though the effect of the decision may be necessarily to terminate employment."[156]

In dem ersten Fall, den der NLRB unter Berücksichtigung der Entscheidung des Supreme Court zu beurteilen hatte[157], hatte die Westinghouse Electric Corporation jahrelang Wartungs- und andere Arbeiten an andere Firmen vergeben. Westinghouse hätte die Arbeiten auch mit eigenen (zusätzlichen) Arbeitskräften durchführen können, hatte es aber aus Kostengründen unterlassen. Die Gewerkschaft, die zu dieser Frage nie befragt worden war, legte wegen „unfair labor practice" Beschwerde ein. Der NLRB nahm hier keine Verhandlungspflicht an und wies die Beschwerde ab[158]. Die Behörde betonte, daß in *Fibreboard* und ähnlichen Fällen das „contracting out" ein Abweichen von der vorherigen Praxis dargestellt und sich auf die Arbeitsplätze und deren Sicherheit ausgewirkt hätte[159]. Daran fehle es hier[160]. Ein „contracting out" unterfalle demzufolge unter folgenden Voraussetzungen nicht der Verhandlungspflicht:

"that ... [it] was motivated solely by economic considerations; that it comported with the traditional methods by which the Respondent conducted its business operations; that it did not during the period here in question vary significantly in kind or degree from what had been customary under past established practice; that it had no demonstrable adverse impact on employees in the unit; and that the Union had the opportunity

---

156 379 U.S. 223.

157 150 N.L.R.B. 1574, 58 L.R.R.M. 1257 (1965).

158 150 N.L.R.B. 1575.

159 150 N.L.R.B. 1576.

160 150 N.L.R.B. 1576.

to bargain about changes in existing subcontracting practices at general negotiation meetings ..."[161].

Die vom NLRB im Fall *Westinghouse* entwickelten Kriterien blieben in der Praxis der Behörde und in der Rechtsprechung der Bundesgerichte Maßstab für die Verhandlungspflichtigkeit eines „contracting out" oder „subcontracting"[162]. Unsicherheit scheint in der Rechtsprechung jedoch hinsichtlich des vierten und wichtigsten Kriteriums — der Abwesenheit von Nachteilen für die Arbeitnehmer der „bargaining unit" — zu bestehen. So entschied etwa der United States Court of Appeals, District of Columbia Circuit[163], daß ein „contracting out" auch dann der Verhandlungspflicht unterfalle, wenn diejenigen Arbeitnehmer, die vorher die nun herausgegebene Arbeit verrichtet hatten, an anderer Stelle im Betrieb zu ähnlichen Arbeiten eingesetzt und weiterbeschäftigt würden: Entscheidend sei, daß die Gesamtzahl der Arbeitsplätze in der „bargaining unit" reduziert worden sei[164]. Demgegenüber ist nach der Rechtsprechung des Third Circuit Court of Appeals[165] eine Benachteiligung der Belegschaft dann nicht anzunehmen, wenn die betroffenen Arbeitnehmer einem ähnlichen Arbeitsbereich zugewiesen werden und keine Einbußen in der Vergütung erleiden[166].

c) Teilweise Betriebsstillegungen — partial shutdowns

Während die völlige Betriebsstillegung im Sinne einer Aufgabe des Unternehmens niemals als eine der Verhandlungspflicht unterfallende Frage angesehen wurde[167], war die Rechtslage bei teilweisen Stillegungen lange Zeit unklar[168]. Den Streit beendete die vom Supreme Court gefällte Entscheidung *First National Maintenance Corp. v. NLRB*[169] aus dem Jahre 1981. First National Maintenance, ein Reinigungs- und War-

[161] 150 N.L.R.B. 1577.

[162] Vgl. die umfangreichen Nachweise bei *Kheel*, Vol. 5, § 20.03 (1), S. 20 - 14, Fn. 30.

[163] International Union, United Automobile, Aerospace and Agricultural Implement Workers of America v. NLRB, 381 F.2d (1967), cert. denied 389 U.S. 857, 88 S.Ct. 82.

[164] 381 F.2d 266.

[165] Equitable Gas Company v. NLRB, 637 F.2d 980 (1981).

[166] 637 F.2d 989 f.

[167] Textile Workers Union of America v. Darlington Mfg. Co., 380 U.S. 263, 268, 85 S.Ct. 994 (1965); „an employer has the absolute right to terminate his entire business for any reason he pleases".

[168] Der NLRB nahm eine Verhandlungspflicht an. So auch der Fifth Circuit, NLRB v. Winn-Dixie Stores, Inc., 361 F.2d 512 (1966), cert. denied 385 U.S. 935. Andere Gerichte entschieden gegenteilig. Wieder andere Gerichte nahmen eine widerlegbare Vermutung der Verhandlungspflicht an. Näheres bei *Kheel*, Vol. 5, § 20.03 (2), S. 20 - 22 f.

[169] 452 U.S. 666, 101 S.Ct. 2573.

tungsunternehmen, führte Arbeiten bei einer Reihe von kommerziellen Kunden, darunter einer Privatklinik in Brooklyn, durch. Da sich das von der Privatklinik zu zahlende Entgelt mit der Zeit als unzureichend erwies und eine Einigung über eine Erhöhung nicht erzielt werden konnte, wurden die vertraglichen Beziehungen abgebrochen; First National Maintenance entließ die 35 für die Arbeiten in der Privatklinik abgestellten Arbeitnehmer. Die Gewerkschaft, die wegen des Abbruchs der vertraglichen Beziehungen mit der Privatklinik nicht konsultiert worden war, sah hierin eine „unfair labor practice". NLRB[170] und Second Circuit Court of Appeals[171] teilten diese Auffassung. Der Supreme Court hob die Vorentscheidungen auf und entschied, daß zwar selbstverständlich die Folgen dieser Entscheidung (Abbruch der vertraglichen Beziehungen), aber nicht die Entscheidung selbst verhandlungspflichtig war[172]. Das Gericht legt anfangs die „Zweischneidigkeit" der Fragestellung dar: Zum einen betreffe die Entscheidung des Unternehmens unmittelbar Gewerkschaft und Arbeitnehmer, weil es um den Fortbestand der Arbeitsplätze gehe; zum anderen sei die Entscheidung für das Unternehmen von ähnlicher Bedeutung wie die Entscheidung, die gesamte Geschäftstätigkeit einzustellen[173]. Weiterhin diene die Verhandlungspflicht nicht dem Interesse nur einer Seite, sondern den Belangen beider Parteien sowie dem Gemeinwohl[174]. Vor diesem Hintergrund kommt das Gericht zu folgendem Ansatz:

> "... in view of an employer's need for unencumbered decisionmaking, bargaining over management decisions that have a substantial impact on the continued availability of employment should be required only if the benefit, for labor-management relations and the collective-bargaining process, outweighs the burden placed on the conduct of business."[175]

Zur Durchführung dieser Interessenabwägung untersucht das Gericht die Interessen, welche die Beteiligten an Verhandlungen haben. Was die Gewerkschaften, die ein legitimes Interesse an der Sicherung von Arbeitsplätzen hätten, betreffe, brächten Verhandlungen über die Entscheidung, ob Betriebsteile stillgelegt werden sollten, wenig Vorteile; denn das Schicksal der Arbeitsplätze werde von der (unstreitigen) Pflicht zur Verhandlung über die Folgen der Entscheidung („effects

---

170 242 N.L.R.B. 462, 101 L.R.R.M. 1177 (1979).

171 NLRB v. First National Maintenance Corp., 627 F.2d 598 (1980); der Court of Appeals hatte eine widerlegbare Vermutung der Verhandlungspflicht angenommen.

172 452 U.S. 666, 686.

173 452 U.S. 677.

174 452 U.S.678.

175 452 U.S. 679, mit Hinweis auf Fibreboard, wo die Verhandlungspflicht u. a. mit dem Fehlen eines Eingriffs in „management functions" begründet worden war.

bargaining") erfaßt[176]. Weiterhin könne sich die Gewerkschaft sonst auch tarifvertraglich Anhörungs- und Mitwirkungsrechte sichern, und eine teilweise Stillegung, die der Arbeitgeber zwecks Schädigung der Gewerkschaften (motivated by antiunion animus) beschließt, sei ohnehin verboten[177]. Das Interesse des Managements an Verhandlungen sei demgegenüber je nach Sachlage unterschiedlich. Soweit hohe Arbeitskosten für die Frage der Stillegung maßgeblich seien, sei das Management an Verhandlungen interessiert, um eine Minderung dieser Kosten zu erreichen; unter diesen Umständen würde das Management aber von sich aus freiwillig Verhandlungen mit der Gewerkschaft anstreben[178]. In anderen Fallkonstellationen könnte für das Management ein erhebliches Bedürfnis nach „speed, flexibility, and secrecy in meeting business opportunities and exigencies" bestehen[179]. Steuerrechtliche, gesellschaftsrechtliche und eine Reihe anderer Gesichtspunkte könnten hier für die Entscheidung und ihre Modalitäten bedeutsam sein; in einer solchen Lage wären Verhandlungen, auch wegen der mit ihnen verbundenen Publizität, schädlich[180]. Diese Gründe, die bei der gebotenen Güterabwägung gegen eine Verhandlungspflicht sprächen, würden durch die tarifvertragliche Praxis bestärkt, in der die Vereinbarung von Mitspracherechten bei Fragen der Stillegung selten sei[181].

Der Supreme Court verwirft auch die Auffassung des Berufungsgerichts: Eine widerlegbare Vermutung der Verhandlungspflicht sei zur Problemlösung ungeeignet, weil der Arbeitgeber angesichts der dann für ihn unklaren Rechtslage immer dann, wenn er sich gegen Verhandlungen weigere, ein erhebliches Risiko eingehe[182]. Das Gericht kommt daher zu dem Schluß,

> "... that the harm likely to be done to an employer's need to operate freely in deciding whether to shut down part of his business purely for economic reasons outweighs the incremental benefit that might be gained through the union's participation in making the decision ..."[183].

Der entscheidende Unterschied zu *Fibreboard* liege darin, daß hier Arbeitskräfte des betreffenden Unternehmens nicht in irgendeiner Weise durch auswärtige Arbeitnehmer ersetzt werden sollten, sondern daß durch Aufgabe einer nicht lukrativen Geschäftsverbindung weitere Verluste verhindert werden sollten[184].

---

[176] 452 U.S. 681 f.
[177] 452 U.S. 683.
[178] 452 U.S. 682, bezugnehmend auf die Vorgänge bei Chrysler.
[179] 452 U.S. 682 f.
[180] 452 U.S. 683.
[181] 452 U.S. 684.
[182] 452 U.S.684.
[183] 452 U.S. 686.
[184] 452 U.S. 687.

d) Betriebsverlegungen — plant relocations

Die gesamte oder teilweise Verlegung der Produktion vereinigt Aspekte der (völligen oder teilweisen) Stillegung einerseits und des „contracting out“ (Ersetzung betriebszugehöriger Arbeitnehmer durch andere Arbeitskräfte) andererseits[185]. Daher sind sowohl *Fibreboard* als auch *First National Maintenance* für die Fragen der Verhandlungspflicht bei Betriebsverlegungen bedeutsam.

Vor der Entscheidung *Fibreboard* hatte der Second Circuit Court of Appeals[186] eine Produktionsverlegung als in den Rahmen der „managerial discretion“ fallend qualifiziert[187] und daher eine Verhandlungspflicht abgelehnt. Nach *Fibreboard* änderte sich jedoch die Rechtslage. In *Weltronic Company v. NLRB*[188] hielt der Sixth Circuit Court of Appeals die Entscheidung des NLRB aufrecht, wonach ein Unternehmen, welches die Produktion ohne Befragung der Gewerkschaft in einen drei Meilen entfernten Betrieb verlegte und schon vor der Verlegung Arbeitnehmer entlassen hatte, gegen die Verhandlungspflicht verstieß. Ebenso entschied der District of Columbia Circuit Court of Appeals in *International Ladies' Garment Workers Union v. NLRB*[189]; hier hatte der Arbeitgeber die gesamte Produktion von Indiana nach Alabama verlegt und die Belegschaft der Betriebsstätte in Indiana entlassen. Das Gericht stützt sich ausdrücklich auf die in *Fibreboard* entwickelten Kriterien: Auch hier spielten die Personalkosten, also eine der tarifvertraglichen Regelung zugängliche Frage, die ausschlaggebende Rolle bei der Entscheidung, auch hier sei mit der Maßnahme keine Änderung im „scope of the enterprise“ verbunden, weil die Produktion in Alabama mit der früheren Produktion in Indiana übereinstimme[190].

Wie in den Fällen des „contracting out“ sind bei der Betriebsverlegung die Folgen für die betroffenen Arbeitnehmer von Bedeutung. In *NLRB v. Acme Industrial Products, Inc.*[191] hielt der Sixth Circuit Court of Appeals die Entscheidung über die Verlegung von Arbeiten deshalb nicht für verhandlungspflichtig, weil der Arbeitgeber die betroffenen Arbeitnehmer weiterbeschäftigt hatte und auch jederzeit zu Verhandlungen über die Folgen der Verlegung („effects bargaining“) bereit gewesen war[192].

---

185 Vgl. *Kheel*, Vol. 5, § 20.03 (2), S. 20 - 30 f.

186 NLRB v. Rapid Bindery, Inc., 193 F.2d 170 (1961).

187 293 F.2d 176.

188 419 F.2d 1120 (1969), cert. denied 398 U.S. 938 (1970).

189 463 F.2d 907 (1972).

190 463 F.2d 916 f.

191 439 F.2d 40 (1971).

192 439 F.2d 41 f.

Angesichts des in *First National Maintenance* vorgenommenen „distinguishing" zu *Fibreboard*[193] ist davon auszugehen, daß die geschilderte Rechtsprechung zur Betriebsverlegung weiterhin trägt.

e) Nicht von der Verhandlungspflicht erfaßte Fragen

Noch nicht abzusehen ist die Wirkung von *First National Maintenance;* die Entscheidung betrifft zwar nur die teilweise Betriebsstilllegung, ist mit ihrer Güterabwägung aber verallgemeinerungsfähig. Klar dürfte lediglich sein, daß sie die Gerichte nicht zu einer Ausweitung des gewerkschaftlichen Einflußbereichs ermuntern wird.

Bereits nach der bisherigen Rechtslage gilt die — selbstverständlich schwer abgrenzbare — Regel, daß unternehmerische Entscheidungen, die Zweck und Struktur des Unternehmens betreffen, in jedem Fall von der Verhandlungspflicht ausgeschlossen sind[194]. Beispiele für derartige „managerial decisions" sind: Neugestaltung der Marketingorganisation[195]; Aufgabe des Geschäfts und Investition des Kapitals in anderen Bereichen[196]; Zusammenschluß mit einem anderen Unternehmen[197]; Abgabe eines vom Produzenten selbst betriebenen Verkaufshauses an einen unabhängigen Händler[198].

3. *Mitwirkungsrechte nach Tarifvertrag*

Die Tarifverträge unterscheiden sich stark nach Inhalt und Komplexitätsgrad: Branche, Größe des Unternehmens, Macht der Gewerkschaft spielen eine bedeutende Rolle[199]. Gewöhnlich regelt der Tarifvertrag viele oder gar alle der Verhandlungspflicht unterliegenden Punkte[200], aber nur wenige nicht von der Verhandlungspflicht erfaßte Fragen[201].

1974 sahen 50 % der Tarifverträge für bargaining units mit mehr als 1000 Arbeitnehmern Beschränkungen der Vergabe von im Unternehmen durchgeführten oder durchführbaren Arbeiten an unabhängige

193 452 U.S. 687; vgl. oben § 5 II. 2. c).

194 *Kheel*, Vol. 5, § 20.03 (2), S. 20 - 33.

195 NLRB v. International Harvester Company, 618 F.2d 85 (9th Cir. 1980).

196 NLRB v. Transmarine Navigation Corp. 380 F.2d 933 (9th Cir. 1967).

197 International Association of Machinists and Aerospace Workers v. Northeast Airlines, Inc., 473 F.2d 549 (1st Cir. 1972), cert. denied 409 U.S. 845.

198 General Motors Corporation, GMC Truck and Coach Division, 191 N.L.R.B. 951, 77 L.R.R.M. 1537 (1971); aufrechterhalten in International Union UAW v. NLRB, 470 F.2d 422 (D.C. Cir. 1972).

199 Vgl. *Summers*, Employee Participation, S. 189.

200 Hierzu *Hagburg / Levine*, S. 62.

201 *Summers*, Worker Participation, S. 169.

Unternehmen (contracting out) vor, etwa 20 % eine Anzeigepflicht des Arbeitgebers bei Betriebsstillegungen, Verlegungen oder Automatisierungsvorhaben, und 10 % Unterstützungen für von einer Betriebsverlegung betroffene Arbeitnehmer[202]. Umgekehrt enthielten 58 % dieser Tarifverträge „management prerogative clauses", die an sich der Verhandlungspflicht unterliegende Fragen der alleinigen Entscheidungsgewalt des Arbeitgebers unterstellen[203].

§ 6. Vergleichende Zusammenfassung

Der grundlegende und eine Reihe weiterer Verschiedenheiten nach sich ziehende Unterschied in der rechtlichen Ausgestaltung der Beziehungen zwischen „Kapital und Arbeit" in der Bundesrepublik Deutschland einerseits und in den Vereinigten Staaten andererseits liegt in der Strukturierung dieser Rechtsbeziehungen.

Das deutsche Recht sieht, auf einer langen Tradition fußend, zwei Systeme zur Regelung der Beziehungen zwischen „Kapital und Arbeit" vor: einmal das System des strukturierten Konflikts — das kollektive Arbeitsrecht —, sodann das System der Kooperation — das Betriebsverfassungsrecht und das Mitbestimmungsrecht auf Unternehmensebene[204]. Dabei sind beide Systeme klar voneinander getrennt; Überschneidungen werden vermieden[205]. Demgegenüber kennt das amerikanische Recht nur ein System, nämlich den strukturierten Konflikt. Das kollektive (Bundes-)Arbeitsrecht macht bestimmte Angelegenheiten —„wages, hours, and other terms and conditions of employment" — zum Gegenstand einer Verhandlungspflicht und stellt es im übrigen den Parteien — Arbeitgebern und Gewerkschaften — frei, Vereinbarungen zu treffen. Weiterhin kennt das amerikanische Recht keine allgemeine Festlegung von Tarifgebieten; die „bargaining unit" wird ad hoc bestimmt und kann einen Betriebsteil, einen einzelnen Betrieb, mehrere Betriebe, ein ganzes Unternehmen, ja sogar mehrere Unternehmen umfassen.

---

202 *Summers*, Employee Participation, S. 181.

203 *Hagburg / Levine*, S. 65 f.

204 Zu dieser Unterscheidung vgl. auch *Lutter*, Mitbestimmungsprobleme, S. 258.

205 Der Tarifvertrag enthält gemäß § 1 Abs. 1 TVG u. a. „Rechtsnormen, die den Inhalt, den Abschluß und die Beendigung von Arbeitsverhältnissen sowie betriebliche und betriebsverfassungsrechtliche Fragen ordnen können". Die Gegenstände des Tarifvertrages sind also begrenzt; mögliche Konflikte mit dem Betriebsverfassungsrecht sind durch Vorrang des Tarifvertrages ausgeschlossen.

Das deutsche Recht, das nur einen Teil der Materie den Parteien überläßt (Konfliktsystem) und ansonsten institutionell verfestigte Rechtspositionen vorsieht (Kooperationssystem), zeichnet sich durch Uniformität aus. Demgegenüber bietet das amerikanische Recht, das lediglich Grundvorgaben enthält und im übrigen die Dinge dem freien Spiel der Kräfte überläßt (Konfliktsystem), ein Bild der Vielfalt. Die Rechstlage ist von Fall zu Fall unterschiedlich: die Grenzen der „bargaining unit" und damit die Ebene der Einflußnahme der Arbeitnehmerseite (vereinfacht: betriebliche Ebene oder Unternehmensebene) weichen im Einzelfall stark voneinander ab; mitunter dominiert konfliktorientiertes Verhalten, oft finden Kooperationsformen oder Mechanismen zur Konfliktvermeidung oder -entschärfung in das Konfliktsystem Eingang; mannigfaltig ist der Inhalt von Tarifverträgen.

Dieser grundlegende Unterschied hat zur Folge, daß sich eine allgemeingültige Aussage, welche die Einflußmöglichkeiten der Arbeitnehmer, genauer: ihrer Vertreter im Wirtschaftsleben der Bundesrepublik Deutschland und der USA vergleicht, nicht aufstellen läßt. Nur soviel läßt sich mit Sicherheit sagen: Die amerikanischen Arbeitnehmer und die amerikanischen Gewerkschaften haben im Rahmen ihres (Konflikt-) Systems weniger weit reichende Möglichkeiten der Einflußnahme auf Unternehmensentscheidungen als die deutschen Arbeitnehmer und ihre Gewerkschaften. Stark vergröbernd und mit Reserve kann man festhalten, daß in den USA auch weitreichende Tarifverträge den Arbeitnehmervertretern Einflußmöglichkeiten lediglich in solchen Angelegenheiten einräumen, die in Deutschland vom Betriebsverfassungsrecht geregelt werden. Die Ausnahmen betreffen meistens Krisensituationen, in denen beide Teile verstärkt aufeinander angewiesen sind: Lohn- und Arbeitskostenzugeständnissen seitens der Gewerkschaften stehen hier ausgeprägtere Mitwirkungsrechte der Gewerkschaften gegenüber.

TEIL 3

Der internationale Anwendungsbereich des deutschen Mitbestimmungsrechts: Der Meinungsstand

§ 7. Der Anwendungsbereich des deutschen Mitbestimmungsrechts bei im Ausland belegenen Teilen inländischer Unternehmen

I. Einleitung

Hinsichtlich des internationalen Anwendungsbereichs des deutschen Mitbestimmungsrechts herrscht für den Fall der im Ausland belegenen Zweigniederlassung oder Tochtergesellschaft eines deutschen Unternehmens traditionell der — methodisch und sachlich sehr unterschiedlich begründete — Gedanke der Beschränkung auf das Inland vor. Während dieser Grundsatz für die betriebliche Mitbestimmung nach dem Betriebsverfassungsgesetz auch heute fast einhellig anerkannt und lediglich für die Fälle der sogenannten Ausstrahlung durchbrochen wird, ist umstritten, ob bei der Mitbestimmung auf Unternehmensebene die Belegschaften ausländischer Zweigniederlassungen oder Tochtergesellschaften nicht doch in die Mitbestimmung im deutschen Unternehmen einzubeziehen sind.

Dabei werden zuweilen die beiden zur Debatte stehenden Fallkonstellationen getrennt geprüft: zum einen die Frage, ob die Arbeitnehmer der im Ausland befindlichen (rechtlich unselbständigen) Zweigniederlassung an der Mitbestimmung gemäß § 1 MitbestG (bzw. § 1 MontanmitbestG, §§ 76 ff. BetrVG 1952) teilnehmen, zum anderen, ob die Belegschaft der ausländischen Tochtergesellschaft in die Konzernmitbestimmung nach § 5 Abs. 1 MitbestG (bzw. §§ 1 ff. MitbestErgG, § 76 Abs. 4 BetrVG 1952) einzubeziehen ist[1]. Da jedoch die grundsätzlichen Überlegungen für beide Situationen gleich sind — anders als bei der umgekehrten Fragestellung: Mitbestimmung in inländischen Teilen ausländischer Unternehmen — und sich nur in Details mitunter zusätzliche

---

[1] Etwa *Ebenroth / Sura*, Transnationale Unternehmen, S. 612 ff.; *Lutter*, Anwendungsbereich, S. 204 ff.; *ders.*, Mitbestimmungsprobleme, S. 260 und naturgemäß die Kommentare zu den Mitbestimmungsgesetzen.

Gesichtspunkte ergeben[2], folglich auch die Ergebnisse für beide Fälle gleich sein sollten[3], wird der Meinungsstand hier einheitlich dargestellt[4].

II. Keine Einbeziehung im Ausland belegener Teile inländischer Unternehmen in die Mitbestimmung

Ein Teil der Lehre, welche die Anwendung des deutschen Mitbestimmungsrechts bei im Ausland belegenen Zweigniederlassungen oder Tochtergesellschaften deutscher Unternehmen ablehnt, stützt sich auf das für die Betriebsverfassung (angeblich) „einhellig anerkannte Territorialitätsprinzip“[5] auch für die Unternehmensverfassung[6]. Diesen Standpunkt nimmt auch die bisher einzige zu dieser Frage ergangene Gerichtsentscheidung ein[7]. Eine Variante dieser Auffassung beruft sich zwar nicht auf das genannte Prinzip, begründet aber mit dem sozialordnungsrechtlichen Charakter der Unternehmensmitbestimmung die Beschränkung auf im Inland tätige Arbeitnehmer[8]. Demgegenüber gehen andere Autoren zunächst davon aus, daß es sich bei der Mitbestimmung um eine gesellschaftsrechtliche Institution handelt, weil sie die Zusammensetzung der Aufsichts- und teilweise auch der Leitungsorgane der Gesellschaft betreffe[9]. Die damit gebotene Anwendung des Personalstatuts[10] führt zu dem (vorläufigen) Ergebnis, daß grundsätzlich auch ausländische Unternehmensteile an der Mitbestimmung im

---

2 Anders aber *Lutter*, wie Fn. 1.

3 So zu Recht MünchKomm *(-Ebenroth)* nach Art. 10 RN 261.

4 Ebenso etwa *Däubler*, Mitbestimmung, S. 451 ff.; *Staudinger (-Großfeld)* IntGesR RN 321 ff.

5 So *Bayer*, S. 177.

6 *Bayer*, S. 177; *Bellstedt*, S. 1327 ff.; *Galperin / Siebert* § 76 BetrVG 52 RN 24; GK-BetrVG *(-Kraft)* § 1 BetrVG RN 9; *Fitting / Wlotzke / Wißmann* § 3 MitbestG RN 14 ff.; *Hanau / Ulmer* § 3 MitbestG RN 23 ff.; *Hoffmann / Lehmann / Weinmann* § 1 MitbestG RN 39 ff. Zum Territorialitätsprinzip im Betriebsverfassungsrecht RAG 8, S. 195; *Dietz / Richardi* Vorbem. vor § 1 BetrVG RN 34 ff.; *Fitting / Auffahrt / Kaiser* § 1 BetrVG RN 2 ff.; *Galperin / Löwisch* Vorbem. vor § 1 BetrVG RN 10.

7 LG Düsseldorf, DB 1979, S. 1415, Beschluß vom 5. 6. 1979.

8 *Dietz / Richardi* Vorbem. vor § 76 BetrVG 52 RN 29 (anders noch in der 5. Auflage Vorbem. vor § 1 BetrVG RN 25 und Vorbem. vor § 76 BetrVG 52 RN 30); *Fitting / Auffahrt / Kaiser* § 76 BetrVG 52 RN 19 f. (anders noch in der 12. Auflage § 76 BetrVG 52 RN 19).

9 Z. B. *Duden*, Mitbestimmung, S. 181 f.; *Staudinger (-Großfeld)* IntGesR RN 314 ff. Ebenso LG Frankfurt, IPRax 1983, S. 234 ff. = DB 1982, S. 1312; Beschluß vom 1. 4. 1982; das Gericht bejahte dort, daß die (einem deutschen Arbeitsstatut unterliegenden) Auslandsmitarbeiter der Deutschen Gesellschaft für Technische Zusammenarbeit (GTZ) mbH an der Mitbestimmung teilnehmen.

10 Dabei wird überwiegend an den tatsächlichen Verwaltungssitz angeknüpft; hierzu siehe unten § 9 II. 3.

deutschen Unternehmen teilnehmen. In einem zweiten Arbeitsgang wird dann untersucht, ob die ausländischen Unternehmensteile auch von der materiellrechtlichen Reichweite der Mitbestimmungsgesetze erfaßt werden[11].

Die Geltung des Territorialitätsprinzips bzw. die Selbstbeschränkung des nach kollisionsrechtlichen Grundsätzen „an sich" anwendbaren Mitbestimmungsrechts auf im Inland tätige Belegschaften wird nun auf eine Reihe von Gründen gestützt, die teils kumulativ, teils als sich gegenseitig ergänzend, angeführt werden.

Fast durchweg berufen sich die Vertreter der die Anwendung des Mitbestimmungsrechts auf im Inland belegene Unternehmensteile begrenzenden Lehre auf die Stellungnahme des Bundestagsausschusses für Arbeits- und Sozialordnung[12] zu dieser Frage[13]. Dort heißt es:

> „Im Ausschuß bestand Einmütigkeit darüber, daß der Gesetzesentwurf nicht für Unternehmensorgane ausländischer Unternehmen Geltung beanspruchen kann, daß sich vielmehr der Geltungsbereich des Entwurfs auf Unternehmen und Konzernobergesellschaften beschränkt, die ihren Sitz im Geltungsbereich des Grundgesetzes haben und insgesamt ggf. zusammen mehr als 2000 Arbeitnehmer beschäftigen, und daß die im Gesetzentwurf festgelegten Beteiligungsrechte nur den Arbeitnehmern der in der Bundesrepublik belegenen Betriebe dieser Unternehmen zustehen. Im Ausland belegene Tochtergesellschaften und deren Betriebe im Inland von unter das Gesetz fallenden Unternehmen zählen bei der Errechnung der maßgeblichen Arbeitnehmerzahl nicht mit."[14]

Als weiteres Argument wird angeführt, in ausländischen Unternehmensteilen fehle es am „institutionellen Unterbau" der Mitbestimmung[15]. Die Wahlverfahren seien auf das engste mit den Institutionen der Betriebsverfassung — Betriebsrat und Wahlvorstand — verbunden, die im Ausland nicht existierten[16]. So seien Wahlen und Abstimmungen „vor Ort" von den Betriebswahlvorständen durchzuführen; auch die Wahl von Wahlmännern sowie das Vorschlagsrecht für Wahlmänner seien auf den Betrieb bezogen[17]. Soweit überhaupt existent,

---

[11] Vgl. etwa *Duden*, Mitbestimmung, S. 182 ff.; *Staudinger (-Großfeld)* IntGesR RN 321 ff.

[12] BT-Drucks. 7/4845, S. 4.

[13] LG Düsseldorf DB 1979, S. 1452; *Fitting / Wlotzke / Wißmann* § 3 MitbestG RN 15; GK *(-Schneider)* § 5 MitbestG RN 85; *Hoffmann / Lehmann / Weinmann* § 1 MitbestG RN 41 a. E.; *Meilicke / Meilicke* § 1 MitbestG RN 8; *Raiser* § 1 MitbestG RN 16; *Bayer*, S. 177; *Bellstedt*, S. 1328; *Duden*, S. 184; *Wiedemann*, S. 818.

[14] Vgl. Fn. 12.

[15] *Fitting / Wlotzke / Wißmann* § 3 MitbestG RN 15 ff.; GK *(-Schneider)* § 5 MitbestG RN 85 a. E. sowie § 3 RN 18; *Hoffmann / Lehmann / Weinmann* § 1 MitbestG RN 41.

[16] *Bayer*, S. 177.

[17] *Hoffmann / Lehmann / Weinmann* § 1 MitbestG RN 41.

seien die Betriebsräte in ausländischen Betrieben oft anders zusammengesetzt als im deutschen Recht vorgesehen; so bestünde beispielsweise in Belgien, Frankreich und Holland der Betriebsrat aus Arbeitgeber- und Arbeitnehmervertretern[18]. Ein so zusammengesetztes Gremium könne nicht die Interessen der Arbeiter und Angestellten vertreten[19].

Die Mitbestimmung räume den Betriebsräten und Gewerkschaften eine Reihe von Rechten ein[20]. Das Gesetz gehe dabei von deutschen Verhältnissen aus, die sich kaum auf das Ausland übertragen ließen[21]. Arbeitnehmer und Gewerkschaften im Ausland seien keine geeigneten Interpreten der Interessen der Arbeitnehmer deutscher Betriebe[22]. Die Anwendung der Mitbestimmung auf Unternehmensteile im Ausland könne sogar die deutsche Belegschaft in die Minderheit geraten lassen, was zu wirtschaftlichen und kulturellen Konflikten in der Konzernspitze führen könne[23].

Ferner wird geltend gemacht, in ausländischen Unternehmensteilen beschäftigte Arbeitnehmer seien keine Arbeitnehmer im Sinne von § 3 MitbestG i. V. m. § 6 Abs. 1 und 2 BetrVG, weil sie nicht sozialversicherungspflichtig seien[24]. Eine entsprechende Abgrenzung unter ausländischen Verhältnissen sei schwierig und unsicher, aber für das Mitbestimmungsgesetz entscheidend[25]. Auch verweise das Mitbestimmungsgesetz (in § 7 Abs. 3 und § 10 Abs. 4) hinsichtlich der Wählbarkeitsvoraussetzungen auf § 8 BetrVG; einer der Ausschlußgründe sei eine strafgerichtliche Verurteilung wegen eines Verbrechens (§ 45 Abs. 1 und § 92 a StGB)[26]. Es komme somit auf deutsches Strafrecht an, die Vergleichbarkeit mit ausländischen Verurteilungen sei zu unsicher[27].

---

18 *Hoffmann / Lehmann / Weinmann* § 1 MitbestG RN 41.

19 Ebd.

20 *Staudinger (-Großfeld)* IntGesR RN 326, der für die Gewerkschaften auf die §§ 7 Abs. 2, 16 Abs. 2, 22 Abs. 2 Nr. 4 MitbestG, für den Betriebsrat auf die §§ 21 Abs. 2 Nr. 2, 22 Abs. 2 Nr. 2 und 3 MitbestG sowie eine Reihe von Vorschriften in den Wahlordnungen hinweist.

21 MünchKomm *(-Ebenroth)* nach Art. 10 RN 260; *Staudinger (-Großfeld)* IntGesR RN 326.

22 *Hoffmann / Lehmann / Weinmann* § 1 MitbestG RN 40.

23 *Staudinger (-Großfeld)* IntGesR RN 329.

24 *Bellstedt,* S. 1329; *Ebenroth / Sura,* Transnationale Unternehmen, S. 616; MünchKomm *(-Ebenroth)* nach Art. 10 RN 260; ferner *Lutter,* Mitbestimmungsprobleme, S. 260, der — erstaunlicherweise — diesen Gesichtspunkt zwar für ausländische Tochtergesellschaften, nicht aber für ausländische Niederlassungen (vgl. ebd. FN 36) beachtet.

25 *Staudinger (-Großfeld)* IntGesR RN 325.

26 *Ebenroth / Sura,* Transnationale Unternehmen, S. 616; *Staudinger (-Großfeld)* IntGesR RN 325.

27 Ebd.

Weiterhin wird die Auffassung vertreten, eine Erstreckung des Mitbestimmungsrechts auf im Ausland belegene Unternehmensteile stelle einen Eingriff in die Souveränität des fremden Staates dar[28]. Souveränitätsverletzungen seien nicht nur bei der Setzung von staatlichen Hoheitsakten anzunehmen, sondern auch bei der Erstreckung von gesellschaftspolitischen Gesetzen auf das Ausland, wenn damit Auswirkungen auf das sozialpolitische Geschehen und die Rechtsordnung des jeweiligen Landes verbunden seien, die mit den dort herrschenden Vorstellungen nicht übereinstimmen[29]. Diese Auffassung hat sich auch das Landgericht Düsseldorf in seiner Entscheidung vom 5. 6. 1979 zu eigen gemacht[30]. Dort wird insbesondere ausgeführt, daß die Einräumung des aktiven und passiven Wahlrechts zum Aufsichtsrat der Konzernspitze für die Arbeitnehmer einer konzernabhängigen ausländischen Gesellschaft in die Ordnungsbefugnis des ausländischen Gesetzgebers zumindest mittelbar eingreife[31]. Die Mitbestimmungsrechte seien als Teil der deutschen Sozialordnung auf das Inland beschränkt, weshalb eine Ausdehnung auf das Ausland, sei es auch nur bei der Mitbestimmung in Konzernen mit Auslandsberührung, nicht allein in der Souveränität des deutschen Gesetzgebers liege[32].

Die territoriale Begrenzung des Mitbestimmungsrechts wird auch daraus hergeleitet, daß die Durchsetzung mit dem Ort des Sitzes des Unternehmens verknüpft sei[33]. Besonders im Hinblick auf die ausländische Tochtergesellschaft wird darauf hingewiesen, daß die Beteiligung der Belegschaft der ausländischen Tochtergesellschaft in deren Sphäre eingreife[34]. Zwar sei in erster Linie die deutsche Konzernspitze betroffen, weil es um die Zusammensetzung ihres Aufsichtsrates gehe; es werde aber auch die ausländische Tochtergesellschaft berührt, was sich z. B. daran zeige, daß sie die Durchführung der Wahlen nicht zu dulden brauche[35]. In diesem Zusammenhang werden auch prozessuale Bedenken angemeldet: Es sei nicht ersichtlich, wie ein deutsches Gericht zur Überprüfung etwa von im Ausland durchgeführten Wahlen in der Lage sei[36]; es sei kaum vorstellbar, daß ein ausländisches Gericht

---

[28] *Hoffmann / Lehmann / Weinmann* § 1 MitbestG RN 39; *Raiser* § 5 MitbestG RN 10; *Lutter*, Mitbestimmungsprobleme, S. 206; *Vischer*, S. 650.

[29] *Hoffmann / Lehmann / Weinmann* § 1 MitbestG RN 39.

[30] DB 1979, S. 1451 f.

[31] LG Düsseldorf DB 1979, S. 1451 f.

[32] LG Düsseldorf DB 1979, S. 1452.

[33] *Bellstedt*, S. 1327 f.

[34] *Bellstedt*, S. 1328; MünchKomm *(-Ebenroth)* nach Art. 10 RN 260; *Staudinger (-Großfeld)* IntGesR RN 329; *Fitting / Wlotzke / Wißmann* § 3 MitbestG RN 17; *Raiser* § 5 MitbestG RN 11.

[35] *Fitting / Wlotzke / Wißmann* § 3 MitbestG RN 17; *Staudinger (-Großfeld)* IntGesR RN 329.

das Mitbestimmungsrecht durchsetzt und die ausländische Tochtergesellschaft zur Durchführung von Wahlen zwingt[37].

Einige Autoren schließlich lehnen die Einbeziehung der im Ausland tätigen Arbeitnehmer im Sinne aktiver Teilhabe mit den genannten Argumenten ab, wollen jedoch die in ausländischen Unternehmensteilen beschäftigten Arbeitnehmer bzw. die Umsatzverhältnisse in ausländischen Unternehmensteilen bei der Prüfung von mitbestimmungsrechtlichen Größenkriterien berücksichtigen; dabei wird meistens betont, es handele sich nicht um ein kollisionsrechtliches Problem, sondern um die Erfüllung von Tatbestandsmerkmalen deutscher Rechtsnormen[38].

Bei der Frage des Mitzählens von im Ausland tätigen Arbeitnehmern geht es regelmäßig darum, ob ein Unternehmen erst durch Berücksichtigung eben der im Ausland tätigen Arbeitnehmer unter ein bestimmtes Mitbestimmungsregime fällt (Beispiel: Ein Unternehmen beschäftigt im Inland 1500 Arbeitnehmer, im Ausland weitere 700; erst bei Hinzurechnung der 700 im Ausland Beschäftigten ist die für die quasiparitätische Mitbestimmung gemäß § 1 Abs. 1 MitbestG erforderliche Zahl von 2000 Arbeitnehmern erreicht). Für das Mitzählen der im Ausland tätigen Arbeitnehmer wird ausgeführt: Die Frage, ob ein deutsches Unternehmen durch seine Größe und Struktur derart anonymisiert und in seiner inneren Organisation derart differenziert ist, daß die Erreichung des Zieles, die Arbeitnehmer am Willensbildungsprozeß im Unternehmen teilhaben zu lassen, eine institutionalisierte Mitbestimmung erfordert, könne nicht vom Arbeitsort der Arbeitnehmer abhängen[39].

Das Problem der Berücksichtigung der Umsatzverhältnisse[40] läuft auf die Frage hinaus, ob ein deutsches Unternehmen, welches bei isolierter Betrachtung allein der inländischen Unternehmensteile nach dem Mitbestimmungsergänzungsgesetz unter die paritätische Montanmitbestimmung fällt (weil mehr als die Hälfte der Umsätze im mitbestimmten Montansektor erzielt wird), durch Berücksichtigung der Auslandsumsätze von der Montanmitbestimmung nicht mehr erfaßt wird. Denn die sogenannte Holding-Novelle wurde erlassen, um die Umgehung der

---

36 *Fitting / Wlotzke / Wißmann* § 3 MitbestG RN 17; *Staudinger (-Großfeld)* IntGesR RN 326.

37 *Bellstedt*, S. 1328; *Staudinger (-Großfeld)* IntGesR RN 329.

38 So etwa *Krug*, S. 1585.

39 So *Lux*, Einleitung, S. 95 f.; ders. Mitbestimmungsgesetz, S. 67 ff.; siehe ferner *Prager*, S. 46 f., der sich ebenfalls für das Mitzählen ausspricht, und zwar auch dann, wenn den im Ausland Tätigen nach seiner Konzeption (dazu unten, § 7. IV.) keine Mitbestimmungsrechte zustehen.

40 Die Berücksichtigung der Auslandsumsätze entspricht sogar der h. M., vgl. *Boldt*, S. 243; *Krug*, S. 1585 f.; *Zilias*, S. 905 f.; *Kötter* § 3 MitbestErgG RN 4; a. A. *Gessler*, S. 652 ff.

Montanmitbestimmung durch die Bildung von (die mitbestimmten Konzerngesellschaften kontrollierenden) Holding-Gesellschaften zu vereiteln. Da es aber einen mitbestimmten Montanbereich nur im Inland gibt, bedeutet die Berücksichtigung der von ausländischen Unternehmensteilen — gleichgültig, ob im Montanbereich oder nicht — erzielten Umsätze stets eine Reduzierung der Mitbestimmung[41]. Die Berücksichtigung dieser Umsätze wird u. a. damit begründet, daß § 3 Mitbestimmungsergänzungsgesetz auf den „Unternehmenszweck des Konzerns" abstelle[42]. Ein Konzern sei ein einheitliches Wirtschaftsgebilde, das über die Landesgrenzen hinausreichen könne; wenn inländische Unternehmen deshalb nur Teile des Konzerns seien, könne man nicht davon ausgehen, daß das Gesetz vom Unternehmenszweck eines Konzerns spreche und damit den Unternehmenszweck eines Konzernteiles meine[43]. Weiterhin wird darauf hingewiesen, daß § 3 Abs. 1 Mitbestimmungsergänzungsgesetz auf § 15 AktG verweist, der nach ganz h. M. auch ausländische Unternehmen erfasse[44]. Da mit der Berücksichtigung der Umsatzverhältnisse ausländischer Unternehmensteile keine Ausdehnung der deutschen Sozialordnung auf das Ausland verbunden sei, es sich vielmehr um die internrechtliche Behandlung einer deutschen Gesellschaft handele, liege auch kein Verstoß gegen das Territorialitätsprinzip vor[45]. Auch Ziel und Zweck des Mitbestimmungsergänzungsgesetzes — Vereitelung einer Aushöhlung der Montanmitbestimmung — gebiete die Berücksichtigung dieser Umsatzverhältnisse, denn ausländische Gesellschaften unterfielen nicht der Montanmitbestimmung und müßten deshalb den nicht-montanmitbestimmten Unternehmen im Konzern zugerechnet werden[46]. Dabei könne von einer Beschränkung der Mitbestimmungsrechte der deutschen Arbeitnehmer keine Rede sein: Die Verletzung eines Rechts setze dessen Existenz voraus, gerade die Existenz des Rechts (auf Montanmitbestimmung) stehe aber zur Debatte[47]. Schließlich bereite auch die praktische Durchführung keine nennenswerten Schwierigkeiten; die deutsche Gesellschaft, um deren Pflichten es geht, sei kraft ihrer Beherrschungsmacht über die ausländischen Konzerngesellschaften in der Lage, die relevanten Umsatzverhältnisse zu ermitteln und dem Abschlußprüfer mitzuteilen[48]. Sei dies nicht möglich, werde der Abschlußprüfer das ausländische Unternehmen als nicht von

---

41 Vgl. *Däubler*, Mitbestimmung, S. 456.

42 *Zilias*, S. 325.

43 *Zilias*, S. 326.

44 *Krug*, S. 1585; *Zilias*, S. 325.

45 *Zilias*, S. 326.

46 *Krug*, S. 1583; *Zilias*, S. 325.

47 *Krug*, S. 1585.

48 Ebd.

der deutschen Gesellschaft beherrscht ansehen und es in seiner Berechnung nicht berücksichtigen[49].

III. Einbeziehung im Ausland belegener Teile inländischer Unternehmen in die Mitbestimmung

Die These, das deutsche Mitbestimmungsrecht sei nicht auf das Inland begrenzt, im Ausland gelegene Zweigniederlassungen und Tochtergesellschaften deutscher Unternehmen seien vielmehr in die Mitbestimmung einzubeziehen, wird mit ausführlicher Begründung von *Däubler*[50] verfochten.

Er hält zunächst fest, daß die von ihm bekämpfte Ansicht den in ausländischen Zweigniederlassungen oder Tochtergesellschaften beschäftigten Arbeitnehmern jede Möglichkeit zur Interessenwahrung auf Unternehmensebene nehme: Denn einerseits sei das deutsche Mitbestimmungsrecht wegen des Territorialitätsprinzips nicht anwendbar, andererseits scheide auch das Recht der Belegenheit der Zweigniederlassung oder Tochtergesellschaft aus, weil sich die Zusammensetzung des Aufsichtsrates der deutschen Gesellschaft unstreitig nach deutschem Recht richte[51]. Hauptargument *Däublers*[52] ist nun folgendes: Die geschilderte Konstellation — Ausschluß jeglicher Mitwirkungsrechte — sei in einem reinen Inlandsfall verfassungswidrig: Jedenfalls ein Minimum an Mitbestimmung sei durch Art. 1 GG und das Sozialstaatsprinzip (Art. 20 GG) garantiert[53]. Daher stelle sich im Anschluß an die sogenannte Spanier-Entscheidung des Bundesverfassungsgerichtes[54] die Frage, ob nicht die Verfassungsentscheidung zugunsten eines Minimums an Mitbestimmung „nach Wortlaut, Inhalt und Funktion" der einschlägigen Grundgesetzvorschriften sowie „unter Berücksichtigung der Gleichstellung anderer Staaten und der Eigenständigkeit ihrer Rechtsordnungen für auslandsbezogene Sachverhalte Geltung verlangt"[55]. Die vom Bundesverfassungsgericht hierzu aufgestellten Kriterien, nämlich die Stärke der Inlandsberührung und die wesensmäßige Verbindung zu der unter dem Grundgesetz herrschenden Lebensordnung, seien erfüllt:

---

49 Ebd.

50 Mitbestimmung, S. 451 ff.

51 Ebd.

52 Mitbestimmung, S. 451 - 453.

53 *Däubler*, Mitbestimmung, S. 452; näher ders., Grundrecht, S. 129 ff.; vgl. ferner den Bericht der Mitbestimmungskommission, BT-Drucksache VI/334, S. 56 ff.

54 BVerfGE 31, S. 58 = RabelsZ 36 (1972), S. 145, Entscheidung vom 4. 5. 1971.

55 *Däubler*, Mitbestimmung, S. 452.

Die ausländische Zweigstelle oder Tochtergesellschaft sei der Leitungs- und Organisationsmacht des deutschen Unternehmens unterworfen, die Resultate ihrer Tätigkeit kämen dem deutschen Unternehmen zugute[56]. Ein verfassungskonformer Zustand könne deshalb nur dadurch geschaffen werden, daß die im Ausland beschäftigten Arbeitnehmer an der Mitbestimmung im deutschen Unternehmen beteiligt werden[57]. In seiner Hilfsargumentation[58] — die besonders dann, wenn man die verfassungsrechtliche Prämisse *Däublers* nicht teilt, durchschlagen soll — weist er zunächst darauf hin, daß eine gesellschaftsrechtliche Qualifikation der Mitbestimmung geboten sei[59]. Wahl und Zusammensetzung von Unternehmensorganen seien auf das engste mit dem Leben der Gesellschaft verknüpft und deshalb einheitlich dem Personalstatut zu unterstellen[60]. Diese kollisionsrechtliche Ausgangslage bedeute indessen noch nicht, daß die im Ausland tätigen Arbeitnehmer nun auch tatsächlich an der Mitbestimmung teilnehmen: Es sei möglich, „daß die inländischen Sachnormen die von ihnen verliehenen Mitbestimmungsrechte generell auf Personen beschränken wollen, deren Arbeitsort sich in Deutschland befindet“[61]. Hierfür könne etwa die in § 76 Abs. 3 BetrVG 1952 (und in § 3 Abs. 2 MitbestG) enthaltene Verweisung auf § 6 BetrVG oder § 6 Abs. 1 MitbestG (Vorschlagsrecht der Betriebsräte bei gruppenweiser Repäsentanz von Arbeitern und Angestellten) herangezogen werden[62]. Allerdings sei es in Fällen mit Auslandsberührung nichts Außergewöhnliches, wenn deutsche Rechtsnormen an die besonderen Bedingungen angepaßt würden[63]. Vielmehr liefe es dem Zweck der Mitbestimmung — Beteiligung von Vertretern der Arbeitnehmerinteressen an dem Entscheidungsprozeß im Unternehmen — zuwider, wenn man die im Ausland tätigen Arbeitnehmer ausschlösse[64]. Diese müßten dann vollständig den deutschen Arbeitnehmervertretern vertrauen, was bei Interessenkollisionen nicht unbedingt wünschenswert sei[65]. Auf der anderen Seite könne eine territoriale Begrenzung der Mitbestimmung auch die Interessen der deutschen Arbeitnehmer gefährden, weil eine solche Rechtslage die Verlagerung von Unternehmensteilen und Investitionen in das Ausland fördern und negative Auswirkungen auf den einheimi-

---

[56] Ebd.

[57] *Däubler*, Mitbestimmung, S. 453.

[58] *Däubler*, Mitbestimmung, S. 453 - 455.

[59] Mitbestimmung, S. 452.

[60] Ebd.

[61] *Däubler*, Mitbestimmung, S. 454.

[62] Ebd.

[63] *Däubler*, Mitbestimmung, S. 454.

[64] *Däubler*, Mitbestimmung, S. 454 f.

[65] *Däubler*, Mitbestimmung, S. 455.

schen Arbeitsmarkt haben könnte[66]. Ferner sei seit 1972 auch für das passive Wahlrecht zum Betriebsrat die Staatsangehörigkeit des Arbeitnehmers irrelevant; diese „Internationalisierung“ in personeller Hinsicht lege es nahe, auch ausländische Unternehmensteile in die Mitbestimmung einzubeziehen[67]. Schließlich seien alle Aufsichtsratsmitglieder im Hinblick auf ihre Rechte und Pflichten gleichgestellt; wenn nun auf der Aktionärsseite Auslandsberührungen (z. B. der schweizerische Wohnsitz des Großaktionärs) keine Bedeutung hätten, könne es auch nicht darauf ankommen, ob ein Arbeitnehmer nun in Deutschland oder auf fremden Staatsgebiet beschäftigt ist[68].

Die Einbeziehung der ausländischen Zweigniederlassungen und Tochtergesellschaften in die Mitbestimmung habe zunächst zur Folge, daß die ausländischen Unternehmensteile bei den für die Mitbestimmung bedeutsamen Zahlenverhältnissen mitzuzählen sind[69]. Dies könne zu einer Ausweitung (z. B. bei Überschreitung der Grenze von 2000 Arbeitnehmern nach § 1 Abs. 2 MitbestG), aber auch zu einer Reduzierung der Mitbestimmung (z. B. bei Überwiegen der nicht im mitbestimmten Montanbereich tätigen Unternehmensteile, so daß die Grenzen des Mitbestimmungsergänzungsgesetzes nicht erreicht sind) führen[70]. Das Wahlverfahren erfolge prinzipiell wie im Inlandsfall. Gegen die Durchführung von Urwahlen in ausländischen Betrieben und — soweit nicht die Wahl durch Wahlmänner stattfindet — in ausländischen Tochtergesellschaften bestünden keine Bedenken[71]. Der Wahlvorstand werde von derjenigen Arbeitnehmervertretung bestellt, die am ehesten dem Betriebsrat entspricht, notfalls von der Belegschaftsversammlung[72]. Die Schwierigkeiten, die sich beim Wahlvorstand auf Unternehmens- oder Konzernebene ergeben[73], sollen dadurch vermieden werden, daß die ausländischen Belegschaften nach dem Schlüssel des § 9 BetrVG Wahlmänner einsetzen, die gemeinsam mit den deutschen Betriebsräten den Unternehmens- oder Konzernwahlvorstand bestimmen[74]. Bei Konzernen liege auch die nach § 76 Abs. 4 BetrVG 1952 mögliche Wahl der Aufsichtsratsmitglieder durch Wahlmänner nahe, was aber eine Abstimmung unter allen wahlberechtigten Arbeitnehmern erfordere[75]. Für

[66] Ebd.
[67] Ebd.
[68] Ebd.
[69] *Däubler*, Mitbestimmung, S. 456 ff.
[70] *Däubler*, Mitbestimmung, S. 456.
[71] Ebd.
[72] Ebd.; zur Vergleichbarkeit der Arbeitnehmervertretungen S. 462 ff.
[73] *Däubler*, Mitbestimmung, S. 456.
[74] *Däubler*, Mitbestimmung, S. 457.
[75] Ebd.

die Montanmitbestimmung seien stärkere Anpassungen nötig: Insbesondere bereite angesichts der dem deutschen Recht eigentümlichen Unterscheidung von Arbeitern und Angestellten § 6 Abs. 1 MontanmitbestG Schwierigkeiten, die jedoch wiederum durch die Bestellung von Wahlmännern, die dann mit den deutschen Betriebsräten die Befugnisse nach § 6 Abs. 1 MontanmitbestG ausüben, gelöst werden könnten[76]. Das den Gewerkschaften nach § 6 Abs. 3 MontanmitbestG zustehende Vorschlagsrecht müsse auf ausländische Gewerkschaften ausgedehnt werden, wobei die Vorschlagsberechtigung sich nach dem Verhältnis ihrer Vertretung in den Betrieben richte[77]. Für den Fall schließlich, daß im Ausland belegene Unternehmensteile aus politischen oder gesellschaftlichen Gründen nicht oder nicht unter angemessenen Bedingungen an den Wahlen teilnehmen können, soll der betreffende Unternehmensteil unvertreten bleiben, ebenso wie der Betrieb, der keinen Betriebsrat und auch keinen Wahlvorstand gebildet hat[78].

Eine Parallele zum Staatsrecht hat *Grasmann*[79] gezogen, um die Einbeziehung von im Ausland belegenen Unternehmensteilen in die Mitbestimmung zu begründen. Er meint, wenn deutsche Staatsangehörige, die sich im Ausland befinden, durch Briefwahl an der Bundestagswahl teilnehmen können, sei es nicht einzusehen, warum die in ausländischen Unternehmensteilen beschäftigten Arbeitnehmer nicht an der Wahl der Arbeitnehmervertreter im Aufsichtsrat des deutschen Unternehmens teilnehmen können sollten[80]. Weiterhin führt *Grasmann* an, daß die Anwendung von Kollisionsregeln nicht zu Ergebnissen führen dürften, die von beiden in Frage stehenden Rechtsordnungen (Sachrechten) abwichen[81]. Wenn etwa ein in Österreich tätiger Arbeitnehmer einer österreichischen Gesellschaft an der Aufsichtsratswahl teilnehmen könnte, entsprechendes für einen in Deutschland beschäftigten Arbeitnehmer einer deutschen Gesellschaft gelte, müsse „nach diesem internationalprivatrechtlichen Grundsatz auch ein Arbeitnehmer, der im österreichischen Betrieb einer deutschen Kapitalgesellschaft beschäftigt ist, an der Wahl der Arbeitnehmervertreter im deutschen Aufsichtsrat teilnehmen können“[82]. Auch würden es die ausländischen Staaten „als Vorteil begrüßen, wenn Arbeitnehmer, die in ihrem Staatsgebiet beschäftigt sind, an der Wahl teilnehmen können, weil dann die Chance besteht, daß die Belange der in ihrem Staatsgebiet

[76] *Däubler*, Mitbestimmung, S. 457.
[77] Ebd.
[78] *Däubler*, Mitbestimmung, S. 458.
[79] Int. Probleme, S. 327 f.
[80] *Grasmann*, Int. Probleme, S. 328.
[81] Ebd.
[82] Ebd.

befindlichen Betriebe im deutschen Aufsichtsrat stärker berücksichtigt werden"[83].

Steindorff, der sich ebenfalls — zurückhaltend — für die Anwendung des deutschen Mitbestimmungsrechts bei im Ausland belegenen Unternehmensteilen ausspricht[84], beruft sich auf den arbeitsrechtlichen Gleichbehandlungsgrundsatz und auf Art. 3 GG, vor allem aber auf Art. 7 und Art. 48 des EWG-Vertrages. Die Begründung des Ausschlusses der Mitbestimmung bei im Ausland tätigen Arbeitnehmern mit Praktikabilitätsargumenten sei kaum überzeugend[85]. Die Rechtsprechung des Europäischen Gerichtshofes (EuGH) neige dazu, nicht nur die Unterscheidung nach der Nationalität, sondern auch die nach dem Wohnort als Verstoß gegen das gemeinschaftsrechtliche Diskriminierungsverbot zu werten[86]. Auch habe die Berufung auf die Stellungnahme des Bundestagsausschusses für Arbeits- und Sozialordnung[87] kein besonderes Gewicht; die Stellungnahme sei keine Rechtsnorm, gebe vielmehr eine Rechtsauffassung wieder, die gegenstandslos sei, wenn sie sich als unzutreffend erweise[88].

Von der These ausgehend, daß es sich nicht um eine kollisionsrechtliche Frage, sondern um die Auslegung von Sachrecht handele[89], will auch *Birk* ausländische Zweigniederlassungen und Tochtergesellschaften in die Mitbestimmung im deutschen Unternehmen einbeziehen[90]. Zwar ließe sich die Unternehmensmitbestimmung nicht als rein interessenbezogen auffassen; durch die Arbeitnehmervertreter solle aber doch auch die Möglichkeit geschaffen werden, gerade die Fragen in die Entscheidungsfindung einzubeziehen, die die Arbeitnehmer besonders berührten[91]. Unabhängig davon, ob im Ausland die dort Beschäftigten Mitwirkungsrechte hätten, sei es vom Ziel der deutschen Regelung her unbeachtlich, ob es um die Interessen inländischer oder ausländischer Arbeitnehmer geht[92]. Was die Konzernmitbestimmung angehe, so dokumentiere die Beteiligung der Arbeitnehmer an der Wahl zum Aufsichtsrat der herrschenden Gesellschaft die Einbeziehung der

---

83 Ebd.

84 Einzelfragen, S. 459 ff.

85 *Steindorff*, Einzelfragen, S. 460.

86 *Steindorff*, Einzelfragen, S. 460 f.

87 BT-Drucksache 7/4845, S. 5; vgl. oben II S. 55.

88 *Steindorff*, Einzelfragen, S. 461.

89 *Birk*, Multinationale Unternehmen, S. 355.

90 *Birk*, Auslandsbeziehungen, S. 82 und S. 84; ders., Mitbestimmung, S. 595 f.; ders., Multinationale Korporationen, S. 354 ff. (allerdings nur die Konzernmitbestimmung betreffend).

91 *Birk*, Mitbestimmung, S. 596.

92 *Birk*, Mitbestimmung, S. 596; ders., Multintaionale Korporationen, S. 355.

Arbeitnehmer der abhängigen Gesellschaften in die wirtschaftliche Einheit Konzern, die aber über die Landesgrenzen hinausgehe[93]. Daß die Durchführung von Wahlen Schwierigkeiten in der Praxis mit sich bringen würde, sei zuzugeben; sie fielen aber nicht ins Gewicht, zumal derartige Probleme auch bei Verwirklichung des Vorschlags einer Europäischen Aktiengesellschaft zu bewältigen seien[94].

IV. Einbeziehung im Ausland belegener Teile inländischer Unternehmen in die Mitbestimmung unter der Voraussetzung sozialer Äquivalenz

Einen von den beiden geschilderten Auffassungen — entweder Einbeziehung der ausländischen Unternehmensteile oder nicht — abweichenden Standpunkt entwickelt *Prager*[95].

Einführend legt er die soziale Verankerung der Unternehmensmitbestimmung dar[96]. Das Mitbestimmungsrecht sei nicht zur „Verbesserung" des Gesellschaftsrechts aus spezifisch gesellschaftsrechtlichen Gründen eingeführt worden; vielmehr sei es um die Verwirklichung von sozialpolitischen Zielen gegangen. Es sei die Absicht des Gesetzgebers gewesen, „dem einzelnen Menschen aus der Objektrolle in die Rolle eines interessierten, mitdenkenden Sozialpartners — bei der Mitbestimmung in die eines Wirtschaftsbürgers — zu verhelfen"[97]. Im Mitbestimmungsrecht komme eine Bewertung der Schutzwürdigkeit des Arbeitnehmers einerseits, des Privateigentums andererseits zum Ausdruck: Je zahlreicher die theoretisch möglichen Kapitaleigner in einem Unternehmen, je zahlreicher die Arbeitnehmer, desto stärker sei das Ziel der Gleichstellung von Kapital und Arbeit verwirklicht[98]. Vor diesem Hintergrund seien die beiden im Schrifttum vertretenen kollisionsrechtlichen Ansätze — die „rein gesellschaftsrechtliche Qualifikation" zum einen, die „rein territoriale Qualifikation" zum anderen — als verfehlt anzusehen[99]. So habe z. B. die Anknüpfung an das Personalstatut der (inländischen) Gesellschaft, d. h. die konsequente Anwendung auch des Mitbestimmungsrechts, zur Folge, daß „analphabetische Arbeitnehmer einer südamerikanischen Bananenplantage, deren Aktien von einem mitbestimmungspflichtigen deutschen Unternehmen erworben wurden", an der Mitbestimmung in der

[93] *Birk*, Multinationale Korporationen, S. 355.
[94] *Birk*, Mitbestimmung, S. 596.
[95] S. 46 ff.
[96] *Prager*, S. 48 f.
[97] Ebd. mit Hinweis auf S. 114 ff. der BT-Drucksache VI/334.
[98] *Prager*, S. 48.
[99] *Prager*, S. 49 ff.

deutschen Muttergesellschaft teilnehmen[100]. Auch bei unmittelbar dem deutschen Unternehmen zugeordneten Arbeitnehmern einer ausländischen Betriebsstätte sei die Teilhabe an der Mitbestimmung problematisch, etwa wenn den ausländischen Arbeitnehmern die notwendige Bereitschaft oder soziale Einstellung zur Mitverantwortung fehle[101]. Auch sei es zweifelhaft, ob es dem Gesetzeszweck — vertrauensvoller Zusammenarbeit von Anteilseignern und Arbeitnehmervertretern im Aufsichtsrat zum Wohle des Unternehmens — förderlich sei, wenn Funktionäre ausländischer Gewerkschaften, die ihre Zielsetzung anders als deutsche Gewerkschaften verstünden oder in erster Linie politische Ziele verfolgten, an der Mitbestimmung teilnähmen[102]. Ebenso unbefriedigend sei die „rein territoriale Anknüpfung": es stelle beispielsweise eine ungerechtfertigte Benachteiligung der Betroffenen dar, wenn österreichische und deutsche Arbeitnehmer, die in einer in Österreich belegenen Zweigniederlassung eines deutschen Unternehmens beschäftigt seien, von der Mitbestimmung ausgeschlossen würden, denn als Arbeitnehmer einer österreichischen Gesellschaft wären sie nach österreichischem Recht[103] zur Entsendung von Vertretern in die Entscheidungsgremien berechtigt[104]. Es bestehe weiterhin die Gefahr, daß ein Unternehmen, welches in Deutschland und Frankreich Betriebe unterhält, die Belegschaften gegeneinander ausspielt; umgekehrt würden möglicherweise die im Aufsichtsrat vertretenen Arbeitnehmer der deutschen Betriebe ihre Interessen auf Kosten ihrer französischen Kollegen durchsetzen[105]. Schließlich könne es für die Mitbestimmungsrechte einer auf Bohrtürmen in der Nordsee für eine deutsche Aktiengesellschaft arbeitenden Belegschaft nicht darauf ankommen, ob der Bohrturm sich nun innerhalb oder außerhalb des deutschen Hoheitsbereichs oder gar in norwegischen Küstengewässern befinde[106].

Der Umstand, daß die Unternehmensmitbestimmung keine rein gesellschaftsrechtliche Frage sei, sondern auch das Arbeitsrecht berühre, aber auch darüber hinausgehe, da unternehmerische Grundsatzentscheidungen in ihren Regelungsbereich fielen, der Umstand, daß die Unternehmensmitbestimmung ein auf 50jähriger Entwicklung beruhender Teil der deutschen Sozialordnung sei[107]: all dies nötige kolli-

---

[100] *Prager*, S. 49.

[101] Ebd.

[102] Ebd.

[103] § 110 Arbeitsverfassungsgesetz (BGBl für die Republik Österreich 1974, S. 393); zitiert bei *Prager*, S. 50 Anm. 169.

[104] *Prager*, S. 50.

[105] *Prager*, S. 50.

[106] *Prager*, S. 50.

[107] *Prager*, S. 48.

sionsrechtlich dazu, die Mitbestimmung „nicht nur gesellschaftsrechtlich, sondern gleichzeitig sozialverhältnismäßig zu qualifizieren“[108]. Dies bedeute, daß die zu bildende Kollisionsnorm einen sachrechtlichen Einschlag aufweist, welcher den vom Gesetzgeber stillschweigend vorausgesetzten Tatbestandsmerkmalen der Sachnorm gerecht wird[109]. Eine Anwendung des Mitbestimmungsrechts sei demzufolge zunächst bei den (zur betrieblichen Mitbestimmung entwickelten) Ausstrahlungsfällen (d. h. bei Tätigkeit im Ausland auf Zeit — bis zu einem Jahr — und ohne Aufgabe der Betriebszugehörigkeit) geboten[110]. Zweitens sei die Einbeziehung von ausländischen Teilen eines deutschen Unternehmens in die Mitbestimmung dann geboten, wenn eine Äquivalenz zwischen der ausländischen und der deutschen Rechtsordnung bestehe[111]. Eine Äquivalenz sei zu bejahen, wenn die ausländische Rechtsordnung — wie etwa die österreichische — eine der deutschen vergleichbare Mitbestimmung vorsehe oder wenn die Äquivalenz staatsvertraglich festgestellt sei. Dieser Lösungsansatz *Pragers* mündet in einen „Normvorschlag für ausländische Teile deutscher Unternehmen und Konzerne“[112]. Dieser lautet:

> „Das MitbestG 76 ist auf Teile deutscher Konzerne und Unternehmen außerhalb der BRD anwendbar, sofern deren Sitz des kollektiven Arbeitsverhältnisses entweder in der BRD oder in einer der deutschen äquivalenten Sozialordnung liegt. In den übrigen Fällen ist die Anwendbarkeit auf die sich unternehmensverfassungsrechtlich in der BRD ergebenden Auswirkungen der Existenz der außerhalb der BRD liegenden Unternehmens- bzw. Konzernteile beschränkt.“[113]

V. Zusammenfassung

Während früher die Begrenzung der Mitbestimmung auf im Inland tätige Arbeitnehmer der absolut herrschenden Auffassung entsprach, zeichnet sich in jüngerer Zeit eine — allerdings in der neuesten Kommentarliteratur rückläufige — Tendenz zur Einbeziehung von im Ausland belegenen Teilen deutscher Unternehmen in die Mitbestimmung ab. Die frühere Meinung ist damit erschüttert worden, sie stellt aber dennoch die überwiegende Auffassung dar. Für die Praxis hat in diesem Sinne die Entscheidung des LG Düsseldorf (jedenfalls vorläufig) Klarheit geschaffen.

---

[108] *Prager*, S. 51.
[109] Ebd.
[110] Ebd.
[111] *Prager*, S. 51.
[112] *Prager*, S. 52.
[113] *Prager*, S. 52.

Das früher in der Diskussion eine zentrale Rolle spielende sogenannte Territorialitätsprinzip ist erheblich relativiert worden. In einem beträchtlichen Teil des Schrifttums wird es nicht (mehr) als Begründung für die Begrenzung der Mitbestimmung auf das Inland angeführt; vielmehr wird dort zunächst die kollisionsrechtliche Frage im Sinne einer gesellschaftsrechtlichen Qualifikation beantwortet und anschließend die materielle Reichweite des Sachrechts untersucht.

§ 8. Der Anwendungsbereich des deutschen Mitbestimmungsrechts bei im Inland belegenen Teilen ausländischer Unternehmen

I. Einleitung

Ausgangspunkt aller Überlegungen ist die — unbestrittene — These, daß sich die Zusammensetzung der Aufsichts- und Leitungsorgane einer ausländischen Gesellschaft, die in Deutschland eine Tochtergesellschaft oder eine unselbständige Zweigniederlassung unterhält, nach deren Recht richtet, so daß eine Mitbestimmung nach deutschem Recht in der ausländischen Gesellschaft nicht möglich ist[114]. Zur Begründung wird zum Teil auf das Territorialitätsprinzip verwiesen: Das Mitbestimmungsgesetz nehme nur Bezug auf deutsche Gesellschaften und verknüpfe so seine Anwendung mit dem Sitz der Gesellschaft[115]. Andere Autoren vertreten die Ansicht, daß es hier um eine gesellschaftsrechtliche und daher dem Personalstatut zu unterstellende Frage geht[116]. Von diesem Ausgangspunkt her liegt es nahe, daß dem deutschen Mitbestimmungsrecht in derartigen Konstellationen überhaupt kein Anwendungsbereich bleibt. Dennoch ist die Rechtslage umstritten.

Zum einen wird für den Fall, daß eine im Inland belegene Zweigniederlassung für sich allein genommen die Größenordnung stets mitbestimmungspflichtiger Unternehmen (also 500 Arbeitnehmer, nach der einfachen Mitbestimmung gemäß §§ 76 ff. BetrVG 1952) erreicht, die Frage gestellt, ob das Mitbestimmungsrecht nicht doch — in modifizierter, nicht in das Ordnungsgefüge der ausländischen Gesellschaft eingreifender Form — durchzusetzen ist[117].

---

[114] Statt vieler: *Däubler,* Mitbestimmung, S. 467; *Duden,* Mitbestimmung, S. 185; *Staudinger (-Großfeld)* IntGesR RN 314.

[115] *Bellstedt,* S. 1327; *Hanau / Ulmer* Einl. RN 33; *Hoffmann / Lehmann / Weinmann* § 1 MitbestG RN 8; *Raiser* § 1 MitbestG RN 12.

[116] Etwa *Duden,* Mitbestimmung, S. 185; *Staudinger (-Großfeld)* IntGesR RN 314.

[117] Siehe unten § 9 III. 1.

Zum anderen herrscht Streit hinsichtlich der Rechtslage im internationalen Vertragskonzern. Da ein Beherrschungsvertrag den Organen der abhängigen Gesellschaft eine eigene Entscheidungskompetenz weitestgehend nimmt (der Vorstand des abhängigen Unternehmens ist an die Weisungen des herrschenden Unternehmens gebunden; ein Widerspruch des Aufsichtsrates der abhängigen Gesellschaft gegen eine Weisung kann gemäß § 308 Abs. 3 S. 2 AktG durch einfache Wiederholung der Weisung überwunden werden), wird die Mitbestimmung im internationalen Vertragskonzern ausgehöhlt: Zwar ist der Aufsichtsrat der abhängigen Gesellschaft mitbestimmt, aber eine Arbeitnehmervertretung in der ausländischen Konzernspitze ist ausgeschlossen. Aus diesem Grunde wird von einigen Autoren die Zulässigkeit des internationalen Vertragskonzerns bestritten[118]. Im internationalen faktischen Konzern bestehen nach allgemeiner Ansicht derartige Probleme nicht: Da der mitbestimmte Aufsichtsrat der inländischen Tochtergesellschaft hier die volle Kontrolle über den Vorstand behalte, sei das Fehlen der Mitbestimmung bei der ausländischen Muttergesellschaft nicht zu beanstanden[119].

II. Nichteingreifen bzw. Entwertung der Mitbestimmung bei im Inland belegenen Teilen ausländischer Unternehmen

1. Inländische Zweigniederlassung

Für die im Inland belegene Zweigniederlassung einer ausländischen Gesellschaft hält die überwiegende Meinung an dem vom kollisionsrechtlichen Ausgangspunkt her naheliegenden Ergebnis — Nichtanwendung des deutschen Mitbestimmungsrechts — fest[120]. Abgesehen von offensichtlichen Gesetzesumgehungen[121] sei das „Leerlaufen" der Mitbestimmung hinzunehmen, weil auch im reinen Inlandsfall die Mitbestimmung nicht lückenlos greife[122].

---

118 Siehe unten § 8 III. 2. Bereits aus konzernrechtlichen Gründen hält *Meilicke*, S. 118 ff. den internationalen Vertragskonzern für unzulässig. Diese Auffassung konnte sich in der konzernrechtlichen Literatur nicht durchsetzen.

119 Statt aller: *Däubler*, Mitbestimmung, S. 468.

120 *Bellstedt*, S. 1328; *Prager*, S. 59; *Dietz / Richardi* § 1 BetrVG RN 25 und § 76 BetrVG 1952 RN 19; *Galperin / Löwisch* RN 6 vor § 1 BetrVG und § 76 BetrVG 1952 RN 24; *Fitting / Auffahrt / Kaiser* § 76 BetrVG 1952 RN 19; *Fitting / Wlotzke / Wißmann* § 1 MitbestG RN 14; GK-*(-Schneider)* § 5 MitbestG RN 86; *Hoffmann / Lehmann / Weinmann* § 1 MitbestG RN 43; *Raiser* § 5 MitbestG A 4 3/4; MünchKomm *(-Ebenroth)* nach Art. 10 RN 261 f.; *Staudinger (-Großfeld)* IntGesR RN 315.

121 *Birk*, Auslandsbeziehungen, S. 75.

122 *Prager*, S. 63 f.

2. *Inländische Tochtergesellschaft*

Mit ähnlichen wie zur Problematik des inländischen Betriebes einer ausländischen Gesellschaft vorgetragenen Begründungen geht die wohl noch überwiegende, jedenfalls bis zur Verabschiedung des Mitbestimmungsgesetzes von 1976 absolut herrschende Meinung von der Zulässigkeit internationaler Beherrschungsverträge aus[123]. Zur Stützung dieser Ansicht wird auch darauf hingewiesen, daß sich bei der Frage der Zulässigkeit derartiger Verträge zwei etwa gleich starke, aber unterschiedliche Interessen gegenüberstünden: das Interesse der Arbeitnehmer an Mitbestimmung einerseits, das Interesse der Anteilseigner andererseits[124]. Würde man internationale Beherrschungsverträge als unwirksam ansehen und so im internationalen Bereich nur faktische Konzernbeziehungen zulassen, widerspräche dies der Wertung des Gesetzgebers, der dem Vertragskonzern im Interesse der Minderheitsaktionäre — und, so muß man hinzufügen, der Gläubiger — gegenüber dem faktischen Konzern den Vorzug gibt[125].

III. Durchsetzung inländischer Mitbestimmungsinteressen bei im Inland belegenen Teilen ausländischer Unternehmen

1. *Inländische Zweigniederlassung*

Für bereits de lege lata — auf der Grundlage von § 12 GewO — geboten hält *Däubler*[126], der der Mitbestimmung Verfassungsrang zuerkennt[127], die Durchsetzung der Mitbestimmung im Falle des im Inland belegenen Betriebes einer ausländischen Gesellschaft. Als Möglichkeit für die praktische Durchführung greift *Däubler* zum einen auf den von *Beitzke*[128] — de lege ferenda — entwickelten Vorschlag zurück, wonach von der Größe her der deutschen Mitbestimmung zugängliche Zweigniederlassungen in inländische Tochtergesellschaften umgewandelt wer-

---

123 *Klocke*, S. 36; *Koppensteiner*, S. 249 ff.; *Luchterhand*, S. 127 ff.; *Rehbinder*, Multinationale Unternehmen, S. 141 f.; MünchKomm *(-Ebenroth)* nach Art. 10 RN 368; *Staudinger (-Großfeld)* IntGesR RN 401 ff.; *Wiedemann* GesR § 14 III. 2 a) S. 806 f.

124 *Staudinger (-Großfeld)* IntGesR RN 403.

125 *Staudinger (-Großfeld)* IntGesR RN 403; in eine ähnliche Richtung weisen die Argumente von *Bernstein / Koch*, S. 536, die dort allerdings als Relativierung ihres gegenüber der Zulässigkeit von internationalen Beherrschungsverträgen skeptischen Standpunktes gemeint sind. Zur Auffassung von *Bernstein / Koch*, s. unten § 8 III. 2.

126 Mitbestimmung, S. 474 f.

127 Grundrecht, insbesondere S. 129 ff.

128 Normenkollision, S. 225.

den müßten[129]. Zum anderen komme die von *Grasmann*[130] — ebenfalls de lege ferenda — vorgeschlagene Lösung in Betracht, nach der die ausländische Gesellschaft in entsprechender Anwendung von § 106 VAG für die inländischen Zweigniederlassung(en) einen Hauptbevollmächtigten bestellen müsse, dem dann ein ihn überwachender, nach deutschem Recht gebildeter Aufsichtsrat beizugeben wäre[131]. Dieser Aufsichtsrat sei dann mit Vertretern der ausländischen Gesellschaft und mit Vertretern der inländischen Belegschaft gemäß dem Mitbestimmungsrecht zu besetzen; er habe dabei die gleichen Aufgaben wie ein „gewöhnlicher" Aufsichtsrat, lediglich auf die inländische(n) Zweigniederlassung(en) begrenzt[132].

2. Inländische Tochtergesellschaft

Zunächst wird die Auffassung vertreten, internationale Beherrschungsverträge verstießen gegen den „deutschen, durch das Mitbestimmungsgesetz verkörperten ordre public" und seien daher unzulässig, soweit nicht in der Konzernspitze ein Ausgleich geschaffen werde[133].

Mit ausführlicher Begründung wendet sich *Däubler*[134] gegen die Zulässigkeit des internationalen Vertragskonzerns. Er stützt sich auf eine Reihe von Argumenten. Zunächst führt er an, daß im Falle der Zulässigkeit internationaler Beherrschungsverträge eine Souveränitätsverletzung vorliege[135]. Es bestehe nämlich ein Widerspruch zwischen Existenz und Verhalten der internationalen Konzerne einerseits und der nationalstaatlichen Souveränität andererseits[136]. Denn der internationale Konzern könne die Ziele der staatlichen Währungs-, Steuer- und Beschäftigungspolitik durch Größe, Finanzkraft und Mobilität unterlaufen[137]. Zwar erfasse der überkommene Souveränitätsbegriff aus historischen Gründen nur von anderen Völkerrechtssubjekten ausgehende hoheitliche Beschränkungen der staatlichen Entscheidungsfreiheit[138]. Tradierte Rechtsbegriffe, die infolge veränderter Umstände

---

129 *Däubler*, Mitbestimmung, S. 475.

130 Int. Probleme, S. 330 f.

131 *Däubler*, Mitbestimmung, S. 475.

132 Im einzelnen *Grasmann*, Int. Probleme, S. 330 f.

133 *Reich / Lewerenz*, S. 268; *v. Zitzewitz*, S. 166 ff., 194 f.; so wohl auch *Birk*, der in Multinationale Korporationen, S. 356 f., internationale Unternehmensverträge wegen der Aushöhlung der Mitbestimmung als unzulässig ansieht und in Mitbestimmung und Kollisionsrecht, S. 590, von der positiven Funktion des ordre public spricht.

134 Mitbestimmung, S. 466 ff.

135 *Däubler*, Mitbestimmung, S. 469 ff.

136 *Däubler*, Mitbestimmung, S. 469.

137 *Däubler*, Mitbestimmung, S. 469.

138 Ebd.

ihre Funktion einbüßten, seien jedoch fortzuentwickeln, wie es z. B. bei der Drittwirkung der Grundrechte geschehen sei[139]. Daher sei es geboten, auch Handlungen wirtschaftlicher Großeinheiten als Souveränitätsverletzungen anzusehen, wenn sie eine Beschränkung der staatlichen Entscheidungsfreiheit zur Folge hätten[140]. Vor diesem Hintergrund sei es zweifelhaft, ob nicht eine gerichtliche Anerkennung internationaler Beherrschungsverträge souveränitäts- und damit verfassungswidrig (Art. 24 GG) sei[141]. Zwar sei die Souveränität nicht unbegrenzbar, wie Art. 24 GG und die Möglichkeit des Abschlusses völkerrechtlicher Verträge zeige[142]. Ein staatlicher Souveränitätsverzicht durch Sanktionierung privater Abmachungen sei jedoch nicht vorgesehen[143]. Dennoch könne allein hieraus noch nicht die Unzulässigkeit der internationalen Beherrschungsverträge gefolgert werden; bei einer erweiterten Definition des Souveränitätsbegriffes seien auch neue Formen des Verzichts auf eben diese Souveränität zu erwägen[144]. So habe der französische Gesetzgeber etwa den Erwerb von Beteiligungen an französischen Gesellschaften von einer bestimmten Größenordnung an genehmigungspflichtig gemacht und damit die Exekutive ermächtigt, in jedem Einzelfall die Auswirkungen auf die Souveränität zu prüfen und über deren Tolerierbarkeit zu entscheiden[145]. Da das deutsche Recht nur bestimmte Gefährdungen der Währungsstabilität regele (§ 24 Außenwirtschaftsgesetz), fehle es an einer vergleichbaren Regelung durch den deutschen Gesetzgeber[146]. Insbesondere sei in den §§ 305 Abs. 2, 319 Abs. 2 AktG kein solcher Souveränitätsverzicht enthalten[147]. Die Gerichte könnten einen solchen Souveränitätsverzicht ebenfalls nicht aussprechen, da ihnen die hierfür erforderliche demokratische Legitimation fehle[148].

Weiterhin beruft sich *Däubler*[149] auf den vom Reichsgericht entschiedenen deutsch-amerikanischen Petroleumfall[150]. Nach dieser Entscheidung verstieße die völlige Unterstellung einer Gesellschaft unter die

---

139 *Däubler*, Mitbestimmung, S. 470.

140 Ebd.

141 Ebd.

142 Ebd.

143 Ebd.

144 *Däubler*, Mitbestimmung, S. 471.

145 Ebd.

146 Ebd.

147 *Däubler*, Mitbestimmung, S. 471; vgl. auch *Koppensteiner*, S. 245 ff., der aus den genannten Vorschriften ebenfalls nicht die Zulässigkeit des internationalen Vertragskonzerns folgert.

148 *Däubler*, Mitbestimmung, S. 471.

149 Mitbestimmung, S. 471 ff.

150 RGZ 82, S. 308; Urteil vom 27. 5. 1913.

Weisung einer anderen Gesellschaft gegen § 138 Abs. 1 BGB, weil dies einer auch bei juristischen Personen sittenwidrigen Selbstentmündigung gleichkomme[151]. Diese Auffassung, die heute durch die Existenz des Art. 19 Abs. 3 GG auch verfassungrechtlich untermauert sei, bedeute allerdings im Grundsatz die Unzulässigkeit aller — auch inländischer — Beherrschungsverträge[152]. Die vor diesem Hintergrund bedenklichen §§ 291 ff. AktG seien daher nicht als allgemeine Freigabe von Selbstentmündigungen zu sehen, sondern durch eine teleologische Reduktion des Selbstentmündigungsverbotes zu rechtfertigen: Eine Selbstentmündigung einer juristischen Person ist zulässig, wenn eine Beeinträchtigung von Individualinteressen — hier gehe es um den Schutz von Minderheitsaktionären, Gläubigern und Arbeitnehmern — ausgeschlossen sei[153]. Dies sei im rein innerstaatlichen Bereich angesichts der in den §§ 291 ff. AktG enthaltenen Schutzvorschriften und der Konzernmitbestimmung der Fall[154]. Da aber der Verzicht auf Grundrechtssubjektivität beim internationalen Vertragskonzern zu einer Benachteiligung jedenfalls der Arbeitnehmer führe, seien derartige Verträge gemäß § 138 Abs. 1 BGB, Art. 19 Abs. 3 GG unzulässig[155].

Als drittes Argument gegen die Zulässigkeit internationaler Beherrschungsverträge zieht *Däubler* eine teleologische Interpretation der Mitbestimmungsgesetze heran[156]. Wenn das Mitbestimmungsrecht seinen verfassungrechtlich geforderten, aber doch jedenfalls legitimierten Zweck erreichen solle, müsse ihm ein stillschweigendes Verbot von Umgehungs- und Aushöhlungsversuchen entnommen werden[157]. Dem könne nicht entgegengehalten werden, daß im innerstaatlichen Bereich z. B. durch die Wahl einer Personengesellschaft als Konzernspitze ein Leerlaufen der Mitbestimmung erreicht werden könne[158], denn diese Gesellschaftsformen könnten ja nicht beliebig gewählt werden[159]. Bei dieser Konstruktion könne die Unwirksamkeit des internationalen Beherrschungsvertrages jedoch dadurch vermieden werden, daß vertraglich dem deutschen Recht vergleichbare — nicht notwendigerweise in der Beteiligung der Arbeitnehmer an Unternehmensorganen bestehende — Mitwirkungsrechte vereinbart werden[160].

---

[151] *Däubler*, Mitbestimmung, S. 472.
[152] Ebd.
[153] Ebd.
[154] Ebd.
[155] *Däubler*, Mitbestimmung, S. 473.
[156] Ebd.
[157] *Däubler*, Mitbestimmung, S. 473.
[158] So *Koppensteiner*, S. 249; *Staudinger (-Großfeld)* IntGesR RN 402.
[159] *Däubler*, Mitbestimmung, S. 473.
[160] Ebd.

In diese Richtung — Wirksamkeit des internationalen Beherrschungsvertrages bei Gewährleistung gewisser Mitwirkungsrechte in der Konzernspitze — weisen auch die Vorschläge von *Bernstein / Koch*[161]. Sie führen zunächst aus, daß die Interessen der Arbeitnehmer und der Gewerkschaften an der Mitwirkung bei Unternehmensentscheidungen in der Bundesrepublik während der Nachkriegszeit nach und nach gesetzlich anerkannt worden seien und die Mitbestimmung heute einen von weitestgehendem Konsens getragenen Bestandteil der deutschen Rechtsordnung ausmache[162]. Die inländischen Mitbestimmungsinteressen würden daher „kraft ihres Gewichts für die Wirksamkeit eines Beherrschungsvertrages" insofern bedeutsam, als ein derartiger Vertrag nur bei ausreichender Wahrung dieser Interessen gültig sei[163]. Eine ausreichende Wahrung der Mitbestimmungsinteressen sei dann zu bejahen, wenn eine „der deutschen äquivalente Ausgestaltung der Arbeitnehmerbefugnisse zur Mitwirkung in der ausländischen Konzernspitze" gegeben sei[164]. Dabei sei eine Äquivalenz nicht nur dann anzunehmen, wenn die Mitwirkungsrechte — wie im deutschen Recht — in normativer Form festgelegt seien; vielmehr genüge es, wenn Mitwirkungsrechte im Beherrschungsvertrag selbst oder auf andere Weise, z. B. durch Tarifvertrag, gesichert seien[165]. Angesichts der auch im deutschen Recht unterschiedlich intensiv ausgebildeten Mitwirkungsmöglichkeiten sei eine Vergleichbarkeit im Sinne einer Gewährleistung der für die Zulässigkeit eines Beherrschungsvertrages ausreichenden Mindestbefugnisse bereits dann zu bejahen, wenn es eine „Entscheidungsbeteiligung auf Unternehmensebene im Ausland überhaupt gibt"[166]. Ferner komme auch die Möglichkeit in Betracht, die Rolle des (mitbestimmten) Aufsichtsrates der deutschen Tochtergesellschaft vertraglich zu stärken und die Weisungsbefugnisse der ausländischen Konzernspitze einzuschränken[167]; hier könne an die Überlegungen *Koppensteiners*[168] angeknüpft werden, nach denen die Durchsetzung der vom Aufsichtsrat der inländischen Tochtergesellschaft beanstandeten Weisung der ausländischen Konzernspitze durch einfache Wiederholung der Weisung auszuschließen sei.

---

161 S. 531 ff.

162 *Bernstein / Koch*, S. 531.

163 *Bernstein / Koch*, S. 532.

164 Ebd.

165 Ebd.

166 *Bernstein / Koch*, S. 534.

167 *Bernstein / Koch*, S. 535; *Martens*, Mitbestimmung, S. 194 f.

168 *Koppensteiner*, S. 251; ähnlich *Hanau / Ulmer* Einleitung RN 40 und § 5 MitbestG RN 56, die in der Einschränkung des Weisungsrechts eine Wirkung des ordre public sehen.

Eine weitere Möglichkeit, die Mitbestimmungsinteressen der Belegschaft der inländischen Tochtergesellschaft durch Modifikationen im Unternehmensvertragsrecht zu sichern, zeigt *v. Zitzewitz*[169] auf. Er schlägt vor, das Zustandekommen des Beherrschungsvertrages von einer Billigung durch die Hauptversammlung und die Belegschaft der inländischen Tochtergesellschaft abhängig zu machen[170].

Wiederum einen anderen Weg geht *Duden*[171]. Auch er mißt der Mitbestimmung — jedenfalls nach ihrer Einführung als durchgehendes Verfassungsprinzip des inländischen Großunternehmens durch das Mitbestimmungsgesetz von 1976 — einen Stellenwert bei, der die Zulässigkeit internationaler Beherrschungsverträge in Frage stellt[172]. Anders als *Däubler* und *Bernstein / Koch* hält jedoch *Duden* — jedenfalls de lege lata — für die Wirksamkeit von Beherrschungsverträgen lediglich die Gewährleistung derjenigen Mitwirkungsrechte für erforderlich, die den Arbeitnehmern bei der ungünstigsten Inlandskonstellation zustünden[173]. Als solche, für die Arbeitnehmer ungünstige Konstellation sieht er den Inlandskonzern mit einer nicht unter die Mitbestimmungsgesetze fallenden Konzernspitze, etwa einer KG, an[174]. In einem solchen Fall bestehe durch das Vorhandensein oder die mögliche Bildung eines Gesamtbetriebsrates wenigstens „ein Sprachrohr der Konzernbelegschaft gegenüber der Konzernspitze"[175]. Dieser auf einer Gesamtsicht der Mitbestimmung auf betrieblicher Ebene und der Mitbestimmung auf Unternehmensebene basierende Mindestschutz der Arbeitnehmerinteressen kann nach *Duden* im internationalen Vertragskonzern dadurch gewährleistet werden, daß der Beherrschungsvertrag die Schaffung eines entsprechenden Konsultativorganes bei der Konzernspitze vorsieht oder aber die Inlandsbelegschaft besonders stark betreffende Personal- und Sozialangelegenheiten ausnimmt[176]. Den von *Bernstein / Koch* aufgegriffenen Vorschlag *Koppensteiners*, die Durchsetzung von Weisungen der ausländischen Konzernspitze gegen den Willen des Aufsichtsrates der inländischen Tochtergesellschaft auszuschließen, hält *Duden* indessen nicht für mit der lex lata vereinbar[177].

---

169 S. 150.

170 *v. Zitzewitz*, S. 250.

171 Mitbestimmung, S. 186 ff.

172 *Duden*, Mitbestimmung, S. 186.

173 Mitbestimmung, S. 188.

174 *Duden*, Mitbestimmung, S. 189.

175 *Duden*, Mitbestimmung, S. 189.

176 Ebd.

177 Mitbestimmung, S. 188.

IV. Zusammenfassung

Insgesamt ist festzustellen: Das Schicksal der Mitbestimmung im internationalen Unternehmen wird — besonders seit Verabschiedung des Mitbestimmungsgesetzes von 1976 — im Schrifttum stärker als früher problematisiert.

Während die Frage nach der Anwendung der Mitbestimmung bei der inländischen Zweigniederlassung einer ausländischen Gesellschaft von der h. M. verneint wird, fordern einige Autoren de lege ferenda Lösungen, die eine Anwendung der Mitbestimmung sicherstellen. Lediglich *Däubler* vertritt die Auffassung, daß solche Forderungen sich schon de lege lata verwirklichen lassen.

Demgegenüber wird für den internationalen Vertragskonzern die früher (vor 1976) absolut h. M., wonach internationale Beherrschungsverträge zulässig sind, zunehmend bezweifelt. Nach der Auffassung einiger Autoren sind derartige Verträge schlechthin unzulässig (so mit unterschiedlicher Begründung *Meilicke, Däubler, Birk*). Die Mehrzahl der sich gegen die früher h. M. aussprechenden Stimmen halten jedoch internationale Beherrschungsverträge insoweit für zulässig, als ein dem Mitbestimmungsgedanken hinreichend Rechnung tragender Schutz der inländischen Arbeitnehmer gewährleistet ist; hierbei unterscheiden sich die vorgetragenen Konzeptionen zum Teil erheblich.

TEIL 4

Der internationale Anwendungsbereich des deutschen Mitbestimmungsrechts: Würdigung des Meinungsstandes

§ 9. Allgemeine Grundlagen

I. Methodische Überlegungen

1. Das sogenannte Territorialitätsprinzip

Kritik in methodischer Hinsicht ist zunächst an denjenigen Stimmen in der Literatur zu üben, die sich bei der Beantwortung der Frage nach dem internationalen Anwendungsbereich des deutschen Mitbestimmungsrechts auf das sogenannte Territorialitätsprinzip stützen[1].

Die „Territorialität" von öffentlichem oder „politischem" Recht und der sogenannte Grundsatz der Nichtanwendung solchen ausländischen Rechts sind alte, allenfalls aus historischen Zusammenhängen verständliche (wenn auch dadurch nicht überzeugendere) Dogmen, die ebenso unbegründet wie in der Praxis durchbrochen sind[2] und in der Kollisionsrechtswissenschaft kaum noch ernst genommen werden[3]. Es gibt so viele Fälle, in denen deutsches öffentiches Recht auf Auslandssachverhalte Anwendung findet — etwa das deutsche Strafrecht auf die im Ausland begangenen Straftaten eines Deutschen (§§ 3 ff. StGB), die deutsche Wehrpflicht auf sich im Ausland aufhaltende Inländer (§§ 1, 3, 43 Wehrpflichtgesetz), das deutsche Steuerrecht auf im Ausland erzielte Einkünfte deutscher Staatsangehöriger (§ 1 EStG) —, daß von einem Grundsatz der Territorialität — jedenfalls in der hier interes-

---

[1] Vgl. oben § 7 II. und § 8 I., jeweils mit Nachweisen.

[2] Vgl. die Kritik bei *Mann*, Conflicts, durchgehend und besonders S. 182 ff.; ders., Eingriffsgesetze, S. 146 ff.; *Stucki*, S. 30 ff.; *Zweigert*, IPR und öffentliches Recht, S. 130 f.; für das internationale Arbeitsrecht *Däubler*, Grundprobleme, S. 5 f. sowie *Kronke*, S. 94 f.

[3] *Steindorff*, Einzelfragen, S. 460, bezeichnet das Territorialitätsprinzip als „Ladenhüter der Argumentation". Zu Recht weisen im übrigen *Mann*, Eingriffsgesetze, S. 195 und *Kopp*, S. 469, darauf hin, daß auch das Privatrecht unmittelbar nur im Inland „gilt".

sierenden Bedeutung — schlechthin nicht gesprochen werden kann[4]. Darüber hinaus wird für das internationale öffentliche Recht das Territorialitätsprinzip nicht nur mehr und mehr angezweifelt, sondern es findet sich zunehmend die Ansicht, daß sich die Struktur des Kollisionsrechts im Bereich des öffentlichen Rechts nicht grundsätzlich von der Struktur des internationalen Privatrechts unterscheidet[5].

Im Zusammenhang mit der Frage des internationalen Anwendungsbereichs des deutschen Mitbestimmungsrechts ist dem häufig mit sachrechtlichen Argumenten abgestützten Argument mit dem Territorialitätsprinzip entgegenzuhalten, daß hier kollisionsrechtliche und sachrechtliche Gesichtspunkte nicht in der gebotenen Weise unterschieden werden. Zwar könnte man an dieser Maxime — Trennung von kollisionsrechtlicher und sachrechtlicher Fragestellung — Zweifel hegen, haben doch die vornehmlich von der — bekannten — Rechtsentwicklung in den USA[6] ausgehenden „neuen Strömungen" auch in der deutschen

---

[4] *Däubler,* Grundprobleme, S. 5, meint sogar, daß „— wenn überhaupt von einem Prinzip — dann nur von dem gegenteiligen der Extraterritorialität die Rede sein" könne.

[5] So selbstverständlich die „politische Schule", vgl. etwa *Joerges,* Funktionswandel, S. 18 (eine Ausweitung der Lehre von der Sonderanknüpfung fordernd); ders., Klassische Konzeption und unlauterer Wettbewerb, S. 467 ff. Kennzeichen dieser mit der „governmental interests analysis" verwandten Schule ist die vom „Geltungswillen" der in Betracht kommenden Rechtsordnungen ausgehende Fragestellung, wie sie auch der Lehre von der Sonderanknüpfung zugrunde liegt.

Vom „klassischen" IPR ausgehend früher schon *Zweigert,* IPR und öffentliches Recht, S. 129, 137 ff., ders., Bespr. *Vogel,* S. 368; ferner *Kopp,* S. 472; in jüngerer Zeit *Stucki,* S. 48 ff., 69 ff.; *Schurig,* S. 146 ff., 160 sowie 323 ff.; zurückhaltend *Lorenz,* Struktur, S. 73; allgemein gegen die Unterscheidung zwischen öffentlichem Recht und Privatrecht *Bullinger,* S. 75 ff. und für das Kollisionsrecht, S. 104 ff. A. A.: namentlich *Vogel,* S. 298 ff., der für das öffentliche Recht die Anwendung ausländischen Rechts ablehnt und den Anwendungsbereich des eigenen Rechts nicht durch (einseitige) Kollisionsnormen, sondern durch Ermittlung des Geltungswillens bestimmen will. Eine Sonderposition nimmt *Mann,* Conflicts, durchgehend und besonders S. 182 ff. sowie Eingriffsgesetze, S. 142 ff., 160 ein. Er lehnt jedes eigenständige öffentliche Kollisionsrecht ab und geht davon aus, daß das IPR das gesamte ausländische Recht, öffentliches Recht eingeschlossen, beruft. Dieser „Gleichlauf" von IPR und öffentlichem Kollisionsrecht führt zur Anwendung etwa von Eingriffsgesetzen des Wirkungsstatuts und zur Ablehnung der Sonderanknüpfung.

[6] Sie ist geprägt in erster Linie von der „governmental interests analysis" *(Currie),* dem „result selective approach" *(Cavers, von Mehren, Trautmann),* ferner von dem „better law approach" *(Leflar, Juenger).* Zum Inhalt dieser Lehren vgl. die deutschsprachigen Darstellungen etwa bei *Heini,* S. 13 ff., *Klocke,* S. 87 ff., *Joerges,* Funktionswandel, S. 38 ff. Die „neuen Strömungen" haben sich in einer erheblichen Zahl von Jurisdiktionen durchsetzen können. Seit längerem zeichnet sich jedoch eine Wende ab. Hervorzuheben ist die von der New Yorker Variante der „interest analysis" mit ihren erstaunlichen Differenzierungen (vgl. Dym v. Gordon, 209 N.E. 2d 792 [1965], Marcey v. Rozbicki 221 N.E. 2d 380 [1966], Miller v. Miller, 237 N.E. 2d 877 [1968], Tooker v. Lopez, 249 N.E. 2d 394 [1969]) abrückende Entscheidung Neumeier v. Kuehner, 286 N.E. 2d 454 (1972), die den Deliktsort wieder in den Vordergrund

Kollisionsrechtswissenschaft Eingang gefunden[7] und die (unmittebar relevant gedachte) Frage nach dem Geltungswillen ausländischen Rechts (governmental interests, Gemeininteressen) in den Vordergrund gerückt. Indessen: Diese Strömungen sind zwar „zunächst in das Gebäude (des herkömmlichen IPR) eingedrungen, haben im Erdgeschoß manches Möbelstück vom Boden gehoben und durch den angerichteten Wirbel zu einer lebhaften Diskussion geführt"[8]. Sie haben es aber nicht vermocht, dieses Gebäude zum Einsturz zu bringen. Vielmehr hat sich (wieder) ein relativ festgefügter Meinungsstand entwickelt[9], und die Erschütterungen, die das herkömmliche Kollisionsrecht erfahren hat, haben die Überprüfung und Erneuerung seiner Fundamente[10] gefördert. Fast durchweg bekennt man sich zu dem meistens mit dem Namen *Savigny* verbundenen[11] System allseitiger Kollisionsnormen[12]. Das

---

stellt. Aus dem Schrifttum siehe die Kritik u. a. von *Bodenheimer*, S. 136 ff., *Brilmayer*, durchgehend, besonders S. 429 ff., *Hay*, S. 1659 ff.; *Rheinstein*, S. 633, meint: „American conflicts law has ... been led into a dead-end alley."

7 Etwa bei *Joerges*, Funktionswandel, S. 154 ff., der auf die „governmental interests analysis" aufbaut; zur Konkretisierung dieser Lehre ders., Klassische Konzeption und unlauterer Wettbewerb, S. 421 ff.; für das Kartellrecht vgl. *Krenn*, S. 495 ff.; für das internationale Arbeitsrecht *Kronke*, S. 153 ff. und 249 ff. Im Anschluß an *Cavers'* „result selective approach" befürwortet *Klocke*, S. 118 ff., für das internationale Konzernrecht eine „ergebnisbestimmte Anknüpfung". *Gutzwiller*, S. 169 ff. bekennt sich zum „better law approach"; ähnlich für das internationale Arbeitsrecht *Däubler*, Grundprobleme, S. 8 ff. und für die Produzentenhaftung *Kühne*, S. 10 ff.

8 So *Lorenz*, Reform, S. 149.

9 Wie auch *Joerges* — gewiß kein Anhänger des „klassischen IPR" — meint, Bespr. *Lorenz*, S. 572.

10 Hierzu vor allem *Lorenz*, Struktur, S. 55 - 93 und *Schurig*, S. 51 - 213.

11 Die Bedeutung *Savignys* für die Entwicklung des IPR, mitunter als „kopernikanische Wende" apostrophiert, ist namentlich in jüngerer Zeit (nach der Überbewertung durch die Kritiker des herkömmlichen Kollisionsrechts) relativiert worden. Nach *Lorenz*, Struktur, S. 26 ff., existierten auch zur Zeit der Statutenlehre allseitige Kollisionsnormen, die allerdings von dem — grob gesprochen dem heutigen allgemeinen Teil des IPR entsprechenden — statutentheoretischen Instrumentarium überwuchert waren. Demgegenüber betont *Schurig*, S. 109 ff., die strukturelle Gleichwertigkeit des Ansatzes „beim Gesetz" und des Ansatzes „beim Sachverhalt"; die wahren Gegensätze im IPR bestünden vielmehr zwischen Universalismus (IPR als völkerrechtliche oder doch genuin supranationale Materie) und Autonomismus (IPR als innerstaatliche Materie) einerseits und zwischen Unilateralismus („ungezielte" Frage nach dem „Geltungsanspruch" fremden Rechts, fremder „governmental interests") und Multilateralismus (Wahl des anzuwendenden Rechts aufgrund von der lex fori entwickelter Kriterien und nur sekundäre Berücksichtigung des Geltungsanspruchs ausländischen Rechts), vgl. S. 188 ff. Zum Verhältnis zwischen der Fragestellung vom Gesetz her oder vom Sachverhalt her vgl. auch die zutreffenden Ausführungen von *Neuhaus*, Abschied, S. 46, der beide Ansätze für gleichwertig hält, „wenn wir nicht fragen, welchen Anwendungsbereich ein Gesetz von sich aus beansprucht, sondern welchen Bereich wir ihm zuweisen"; ähnlich auch *Kegel*, Sachnorm, S. 70.

12 Vgl. die bisher veröffentlichten vier deutschen IPR-Gesetzentwürfe: Entwurf des Deutschen Rates für IPR, Entwurf von *Kühne*, Entwurf von *Neu-*

bedeutet: Die deutsche Kollisionsrechtswissenschaft hält an der Unterscheidung zwischen kollisionsrechtlicher Fragestellung und sachrechtlicher Fragestellung fest. Das Kollisionsrecht dient danach in Fällen mit „internationalem Einschlag“[13] der die „international-privatrechtlichen Interessen“[14] würdigenden Bestimmung des anwendbaren (Sach-) Rechts[15]. Erkennt man diesen Ausgangspunkt an, so kann die Argumen-

---

haus / Kropholler, Entwurf des Max-Planck-Instituts für Ausländisches und Internationales Privatrecht, alle abgedruckt bei *Dopffel / Drobnig / Siehr*, S. 105 ff. Zur Diskussion der Entwürfe *Dopffel / Drobnig / Siehr*, S. 23 ff., *Lorenz*, Reform, S. 152 ff. sowie die bei *Lorenz*, Reform, S. 148 in Fn. 12 Genannten.

13 *Neuhaus*, Grundbegriffe, S. 1.

14 *Kegel*, IPR, S. 56 ff. Der Streit, ob es eine „internationalprivatrechtliche Gerechtigkeit“ gibt — so *Kegel*, IPR, S. 54 ff., dagegen vor allem *Lorenz*, Struktur, S. 62 — hat keine nennenswerte Bedeutung. Selbstverständlich gibt es nur eine Gerechtigkeit — so auch *Kegel*, IPR, S. 63 —; nur hat sie hier eben den besonderen Aspekt der Auslandsberührung zu beachten.

15 Nach *Schurig*, S. 51 ff., 56, ist das Kollisionsrecht „Folge der (von der lex fori ausgesprochenen) Anerkennung nebeneinander existierender Rechtsordnungen“. *Lorenz*, Struktur, S. 60 ff. sieht, auf Ausführungen *Wenglers* (Gleichheitsprinzip, S. 342 ff.) zurückgreifend, im Kollisionsrecht das Mittel zur „gleichheitssatzkonform(en) Berücksichtigung des materiellrechtlich relevanten und deshalb zur Kollisionsrechtsfrage führenden Faktors Auslandsberührung“. *Schurig* bekämpft diese Auffassung *Lorenz'*, S. 56. Zu Unrecht, denn in Wahrheit bedingen sich beide Ansichten einander. Wenn nach *Schurig* die Auslandsberührung (heterogene Verknüpfung) eines Sachverhaltes wegen der Anerkennung nebeneinander existierender nationaler Rechtsordnungen zur Nichtanwendung der lex fori und zur Anwendung ausländischen Rechts nötigen kann, so kommt selbstverständlich der Gleichheitssatz ins Spiel. Denn der Gleichheitssatz ist eine Essentiale jeden Rechts, wenn auch „nur“ Bestandteil (Minimum) der „Gerechtigkeit“; „Recht“ bedeutet (mindestens) Entscheidung ohne Willkür, und ohne Willkür kann nur entscheiden, wer den zu entscheidenden Fall mit bereits entschiedenen Fällen vergleicht und nach Kriterien sucht, welche die wesentliche Gleichheit oder wesentliche Ungleichheit der Fälle aufdecken und die Gleichbehandlung bzw. Ungleichbehandlung rechtfertigen; zum Ganzen vgl. *Pawlowski*, S. 171 ff. Zutreffend die Ausführungen von *Braga*, S. 94: „Die Internationalität der sozialen Tatbestände, die ‚geregelt‘ werden sollen, erfordert allerdings im Vergleich zu den rein inländischen Tatbeständen eine besondere rechtliche Beurteilung gemäß dem — zumindest in einem Rechtsstaat — gültigen Gerechtigkeitsgrundsatz, daß typisch Ungleiches nicht gleich, sondern eben ungleich behandelt werden muß. Die gegenüber den rein inländischen Tatbeständen ungleiche, d. h. den internationalen Tatbeständen angemessene Behandlung ist die vornehmste soziale Aufgabe des IPR als Teil des Zivilrechts.“ Umgekehrt kommt der Gleichheitssatz natürlich nur dann zum Ansatz, wenn die Internationalität des Sachverhaltes, d. h. die Beziehung zu zwei oder mehr Rechtsgebieten, überhaupt als gleichheitssatzrelevant anerkannt ist — was aber bejaht werden muß, vgl. *Lorenz*, Struktur, S. 60. Bei seiner Argumentation auf S. 56 verkennt *Schurig*, daß zunächst alles „ungleich“ ist (weil es keine Identität gibt), und Gleichheit deshalb immer erst (durch das Recht) hergestellt werden muß, vgl. *Pawlowski*, ebd.; „Ungleiches“ kann daher nie „gleich“ behandelt werden. Vgl. ferner die Replik von *Lorenz*, Reform, S. 150 Fn. 20. — Die im übrigen an der von *Lorenz* vorgeschlagenen Konzeption wiederholt — jüngst wieder von *Neuhaus*, Abschied, S. 15 — geübte Kritik, man könne mit dem Gleichheitssatz in den „absolut internationalen, d. h. mit mehreren Rechtsordungen verknüpften Fällen“ nichts anfangen, geht fehl. Sie be-

tationsweise der Verfechter des Territorialitätsprinzips schwerlich befriedigen, denn sie beschäftigt sich lediglich mit — möglicherweise in der Tat, aber nicht am Anfang der Untersuchung zu beachtenden — Gesichtspunkten des materiellen (Mitbestimmungs-)Rechts und blenden die kollisionsrechtliche Fragestellung, die der angemessenen Berücksichtigung der durch die Auslandsberührung des Falles vermittelten internationalprivatrechtlichen Interessen dienen soll, völlig aus.

Die Unhaltbarkeit der Lehre, die den internationalen Anwendungsbereich des Mitbestimmungsrechts mit Hilfe des Territorialitätsprinzips zu beurteilen sucht, zeigt sich auch bei jenen Autoren, die trotz Berufung auf jenes Prinzip bei der Ermittlung der Beschäftigtenzahl im Ausland tätige Arbeitnehmer mitzählen[16] bzw. bei der Bestimmung des Konzernunternehmenszweckes (bei der Montanmitbestimmung) die im Ausland realisierten Umsätze berücksichtigen[17] wollen. Ein solches Vorgehen setzt nämlich voraus, daß die kollisionsrechtliche Fragestellung die Anwendbarkeit des Mitbestimmungsrechts auch auf im Ausland belegene Unternehmensteile ergeben hat. Es ist unzutreffend, wenn jene Autoren sich darauf berufen, hier gehe es lediglich um eine Frage der Auslegung deutschen Rechts[18]. Wenn nämlich die Existenz oder der Umfang der Mitbestimmungspflicht eines deutschen Unternehmens (auch) von Gegebenheiten abhängt, die im Ausland stattfinden, liegt unbestreitbar ein Fall mit Auslandsberührung vor; beantwortet man dann die (kollisionsrechtliche) Frage nach dem internationalen Anwendungsbereich des Mitbestimmungsrechts mit dem Territorialitätsprinzip, so ist jeder sich im Ausland abspielende Sachverhalt der Beurteilung durch die lex fori — sei es nun in Form der Gewährung der aktiven Rechte, sei es „nur“ in Form bloßer „Berücksichtigung“ — entzogen. Denn wenn die Bedeutung des Mitbestimmungsrechts an den Landesgrenzen schlichtweg endet, können seine Tatbestandsmerkmale auch nicht im Ausland verwirklicht werden.

Die Autoren, welche die im Ausland tätigen Arbeitnehmer bzw. die dort erzielten Umsätze mitrechnen wollen, können dies nur dann erreichen, wenn sie die kollisionsrechtliche Fragestellung, ob das Mitbestimmungsrecht seinem internationalen Anwendungsbereich nach auch die im Ausland belegenen Unternehmensteile bzw. die dort erzielten Umsätze erfaßt, bejahend beantworten und in einem zweiten

---

ruht auf einer unerklärlichen Fehleinschätzung des Gleichheitssatzes: Obwohl der Gleichheitssatz Essentiale jeden Rechts ist, kann man mit ihm allein naturgemäß keinen einzigen Fall lösen. Daß dies auch für das Kollisionsrecht gilt, kommt bei *Lorenz* klar zum Ausdruck.

16 Siehe oben § 7 II. und die Nachweise in Fn. 38 und 39.

17 Siehe oben § 7 II. und die Nachweise in Fn. 40; h. M.

18 Vgl. oben § 7 II.

Arbeitsgang begründen, daß aus materiellrechtlichen Gründen den im Ausland tätigen Arbeitnehmern die aktiven Mitwirkungsrechte der Mitbestimmung zu versagen sind.

Festzuhalten ist daher: methodisch richtig ist allein das Vorgehen jener Autoren, die zunächst die kollisionsrechtliche Fragestellung behandeln — wobei sie die Unternehmensmitbestimmung durchweg dem Personalstatut unterstellen — und sodann die materielle Reichweite des Mitbestimmungsrechts prüfen[19].

2. Die „gesellschaftsrechtliche und gleichzeitig sozialverhältnismäßige Qualifikation" der Mitbestimmung (Prager)

Geht man von der funktionalen Trennung von Kollisionsrecht und Sachrecht aus, muß der auf einer „gesellschaftsrechtlichen und gleichzeitig sozialverhältnismäßigen Qualifiation" des Mitbestimmungsrechts beruhende Ansatz von *Prager*[20] in methodischer Hinsicht Bedenken begegnen; denn seine „Kollisionsnorm" bezieht typisch sachrechtliche Überlegungen ein, sie hat einen „sachrechtlichen Einschlag", wie *Prager* selbst ausführt[21].

Nach der hier vertretenen und in der Kollisionsrechtswissenschaft herrschenden Auffassung ist die Prüfung, ob das Mitbestimmungsrecht in einem Fall mit Auslandsberührung anwendbar ist, mit der kollisionsrechtlichen Frage (also mit der Frage nach der im Hinblick auf die zu beachtenden internationalprivatrechtlichen Interessen gebotenen Anknüpfung) zu beginnen. Hat man diesen Arbeitsgang, etwa im Sinne — der zu überprüfenden[22] — Unterstellung des Mitbestimmungsrechts unter das Personalstatut (gesellschaftsrechtliche Qualifikation), vollzogen, ist deutsches Recht grundsätzlich anwendbar oder nicht anwendbar. Kommt man zu dem Ergebnis, daß deutsches Recht nicht anwendbar ist, ist die Prüfung der Anwendbarkeit des Mitbestimmungsrechts auf diesen Fall beendet[23]. Kommt man dagegen zur Anwendbarkeit deutschen Rechts, kann sich nunmehr die Frage stellen,

---

[19] In methodischer Hinsicht etwas neben der Sache liegt daher *Däubler*, Mitbestimmung, S. 451 ff., der den von den Anhängern des Territorialitätsprinzips verfochtenen Ausschluß der im Ausland tätigen Arbeitnehmer von der Mitbestimmung im deutschen Unternehmen mit dem „Verfassungskollisionsrecht" angreift. Denn bei dem gebotenen Vorgehen — welchem *Däubler* in seiner Hilfsargumentation folgt — kommt man zur Anwendung deutschen Rechts; das „Verfassungskollisionsrecht" kommt dann gar nicht zum Zuge.

[20] Siehe oben § 7 IV.

[21] S. 51.

[22] Sogleich unten § 9 II.

[23] Freilich mag dieses Ergebnis als sehr störend empfunden werden und zu Lösungen auf anderer Ebene, etwa durch das Fremdenrecht, zwingen oder ermuntern.

ob das materielle Recht diesen Fall auch wirklich erfaßt. Es kann nämlich sein, daß das Sachrecht — ausdrücklich oder stillschweigend — Bezug nimmt auf räumliche, persönliche, zeitliche oder andere Momente[24]. Das Sachrecht, das solche (ausdrückliche oder stillschweigende) Tatbestandsmerkmale enthält, sieht — anders als das Kollisionsrecht, das mit Hilfe seiner Anknüpfung das angesichts der internationalprivatrechtlichen Interessen „richtige" Recht, also die eine oder andere nationale Rechtsordnung bestimmt[25] — für den Fall der Nichtverwirklichung der Tatbestandsmerkmale aus sachlichen Gründen die Anwendung einer anderen inländischen Sachregelung vor, die auch in der Nichtgewährung von Rechten liegen kann[26].

Nun gibt es Rechtsnormen, die „ihren räumlichen Geltungsbereich selbst bestimmen"[27] und dieser Unterscheidung — kollisionsrechtliche Anknüpfung einerseits, sachrechtliche Bezugnahme andererseits — (scheinbar) nicht entsprechen[28]. Sie werden unter den Titeln autolimitierte Sachnorm, autonome Sachnorm, selbstgerechte Sachnorm, loi d'application immédiate diskutiert. Während manche Autoren die Auffassung vertreten, daß derartige Normen nicht den allgemeinen Kollisionsregeln folgen, die allgemeinen Kollisionsregeln vielmehr nur bei Fehlen solcher Normen heranzuziehen sind[29], kommt nach richtiger Auffassung auch hier die — sich aus der Internationalität ergebende — kollisionsrechtliche Fragestellung ins Spiel[30]. Demnach ist die „autolimitierte Sachnorm" insoweit, als sie eine sachliche Abgrenzung im oben beschriebenen Sinne vornimmt, Sachnorm; sie ist Kollisionsnorm, soweit sie bestimmt, wann sie und nicht eine ausländische Sachnorm anzuwenden ist[31]. Ob nun eine Rechtsnorm nicht „nur" eine sachrechtliche Abgrenzung, sondern auch eine kollisionsrechtliche Anknüpfung enthält, ist oft schwierig zu beurteilen und im Einzelfall durch Auslegung zu ermitteln[32].

---

24 *Kegel,* Sachnorm, S. 65 ff.; *Schurig,* S. 58 f.

25 *Kegel,* Sachnorm, S. 67; *Schurig,* S. 60.

26 Vgl. *Schurig,* S. 61 ff.

27 *Kegel,* Sachnorm, S. 53.

28 Beispiel aus dem deutschen Recht: die Haftungsvorschriften des Bergrechts, die nach der älteren Rechtsprechung auf den inländischen Handlungsort abstellen; vgl. *Kegel,* Sachnorm, S. 61.

29 So insbesondere *Francescakis,* S. 697. Hier werden im übrigen die Übergänge fließend zu der Auffassung, der Anwendungsbereich solcher Normen sei durch Erforschung ihres „Geltungswillens" zu bestimmen; der alte Gegensatz zwischen Unilateralismus und Multilateralismus bricht auf, vgl. *Schurig,* S. 320.

30 *Kegel,* Sachnorm, S. 69 f.; *Schurig,* S. 318 ff. Zu Recht weist *Schurig,* S. 321 darauf hin, daß kein Gesetz „schon allein wegen seiner Wichtigkeit, wegen seines Gehalts an ‚sozialem Öl' anzuwenden" ist.

31 *Kegel,* Sachnorm, S. 69; *Schurig,* S. 320 f.

32 *Kegel,* Sachnorm, S. 69 (Zweck der Regelung); *Schurig,* S. 62, der in Fn. 57

Was den Normvorschlag *Pragers* betrifft, so besteht er im ersten Teil („Das MitbestG 1976 ist auf Teile deutscher Konzerne und Unternehmen außerhalb der BRD anwendbar ...") aus einer Kollisionsnorm, und zwar aus einer einseitigen, die zu einer allseitigen („Die Mitbestimmung ist auf außerhalb des Staates, in dem ein Konzern oder ein Unternehmen seinen Sitz hat, belegene Konzern- oder Unternehmensteile anwendbar ...", oder weniger kompliziert: „Die Mitbestimmung richtet sich nach dem Personalstatut") auszubauen wäre[33]. Der zweite Teil des von *Prager* entwickelten Normvorschlages („... sofern deren Sitz des kollektiven Arbeitsverhältnisses entweder in der BRD oder in einer der deutschen äquivalenten Sozialordnung liegt") enthält eine durch Auslegung der Mitbestimmungsgesetze (unter Berücksichtigung der Entstehungsgeschichte) gewonnene sachrechtliche Einschränkung des Anwendungsbereichs (grob gesprochen: keine Mitbestimmung bei fehlender „sozialer Einbettung").

Damit ergibt sich folgender Befund. Der hier diskutierte Normvorschlag ist — entgegen *Prager* — nur zum Teil eine (einseitige) Kollisionsnorm. Er verdunkelt die unterschiedlichen Funktionen von Kollisionsrecht und Sachrecht: Die Einseitigkeit des kollisionsrechtlichen Teils (die völlig unnötig ist) gepaart mit dem teleologischen Grundsatz im sachrechtlichen Teil wirkt bestenfalls verwirrend und führt schlimmstenfalls zu unzutreffenden Vorstellungen über die bei der Prüfung der Rechtslage im jeweiligen Zusammenhang relevanten Gesichtspunkte[34]. Deshalb ist es nicht wünschenswert, den (wenigen) schon existierenden (und nicht immer als solche beabsichtigten) „selbstgerechten Sachnormen" eine weitere hinzuzufügen[35].

3. Die Diskussion über die Zulässigkeit internationaler Beherrschungsverträge

Im Hinblick auf die Diskussion über die Zulässigkeit internationaler Beherrchungsverträge ist zu bemängeln, daß häufig auf eine methodisch klare Einordnung des Problems und eine dogmatisch folgerichtige Lösung verzichtet wird. So meint *Birk* ohne nähere Begründung, internationale Beherrschungsverträge seien jedenfalls seit Inkrafttreten des

zutreffend betont, daß dies nichts mit dem Versuch zu tun hat, „durch Auslegung materieller Rechtszwecke Kollisionsnormen zu erhalten".

33 Zu diesem Vorgehen bei der „autolimitierten Sachnorm" siehe *Kegel*, Sachnorm, S. 74.

34 Vgl. *Schurig*, S. 318 und 321; ferner die in Fn. 203 auf S. 318 aufgeführten Beispiele für durch solche Normen gestiftete Verwirrung.

35 Gegen „selbstgerechte Sachnormen" bei der Normsetzung auch *Kegel*, Sachnorm, S. 85.

Mitbestimmungsgesetzes 1976 schlicht unzulässig; frühere Verträge seien unwirksam geworden[36]. Andere vertreten die Auffassung, der internationale Beherrschungsvertrag verstoße gegen den in der Mitbestimmung verkörperten ordre public und sei daher unzulässig[37]; nach wieder anderer Auffassung führt der ordre public zu einer Beschränkung der Weisungsmacht der ausländischen Gesellschaft[38]. Nach *Bernstein / Koch* „gewinnen die deutschen Mitbestimmungsinteressen (als die im internationalen Vergleich am weitestgehenden) kraft ihres Gewichtes für die Wirksamkeit eines Beherrschungsvertrages insoweit Bedeutung, als ein solcher Vertrag aus deutscher Sicht nur Gültigkeit beanspruchen kann, wenn ihnen ausreichend Rechnung getragen wird"[39]; dabei soll es sich nicht um eine Folge der Anwendung deutschen Mitbestimmungsrechts auf einen Auslandssachverhalt, sondern „allenfalls um mittelbare Auswirkungen der Normzwecke des deutschen Mitbestimmungsrechts auf die internationalprivatrechtliche Beurteilung eines Konzernsachverhalts, insbesondere also eines Beherrschungsvertrages"[40] handeln.

Bei einem methodisch richtigen Vorgehen muß zunächst die Frage gestellt werden, welches Recht auf den „internationalen" Beherrschungsvertrag anzuwenden ist. Nach in der konzernkollisionsrechtlichen Literatur unbestrittener — wenn auch auf höchst unterschiedliche Begründungen[41] gestützter — Meinung findet auf einen internatio-

---

36 Multinationale Korporationen, S. 357. Seine Ausführungen in Mitbestimmung, S. 590, lassen erahnen, daß er hier möglicherweise an den ordre public denkt.

37 *Reich / Lewerenz*, S. 268; *v. Zitzewitz*, S. 166 ff., 194 f.

38 *Hanau / Ulmer* Einleitung RN 40 und § 5 MitbestG RN 56.

39 S. 532.

40 *Bernstein / Koch*, S. 531.

41 *Mann*, Bemerkungen, S. 220 ff., geht davon aus, daß es sich hier um eine Frage des Verhältnisses zwischen Aktionär und Gesellschaft handelt, und kommt so mit Hilfe des international-gesellschaftsrechtlichen Instrumentariums zur Anknüpfung an das Personalstatut der abhängigen Gesellschaft. *Bache*, S. 26 ff. sieht in den Unternehmensverträgen des § 291 AktG (Beherrschungsvertrag, Gewinnabführungsvertrag) Satzungsänderungen und kommt so zum selben Ergebnis. Mit einem eigentümlichen dualen Ansatz, der zunächst (S. 97 ff.) den materiell-rechtlichen Geltungsanspruch des deutschen Konzernrechts, sodann (S. 105 ff.) die kollisionsrechtliche Situation untersucht, kommt auch *Koppensteiner* zur Anwendung des Rechts der abhängigen Gesellschaft. Auf ganz anderem Wege gelangt *Luchterhandt*, der das internationalprivatrechtliche Instrumentarium für unzureichend hält (S. 59 ff.) und das Marktauswirkungsprinzip des internationalen Wirtschaftsrechts als angemessene Lösung propagiert (S. 68 ff.), zum selben Ergebnis. Neue Wege geht auch *Klocke*, der in loser Anlehnung an die von *Currie* und *Cavers* entwickelten amerikanischen Lehren eine die Interessen der Parteien und die Gemeininteressen berücksichtigende „ergebnisbestimmte Anknüpfung" befürwortet und dann ebenfalls zur Anwendung des Rechts der abhängigen Gesellschaft kommt, S. 118 ff.

nalen Beherrschungsvertrag zugunsten einer ausländischen Gesellschaft das Recht der abhängigen Gesellschaft, also deutsches Recht, Anwendung[42]. Die Frage ist somit, ob und wie sich das „Leerlaufen" des deutschen Mitbestimmungsrechts auf einen deutschem Recht unterliegenden Beherrschungsvertrag auswirkt. Da es sich mithin um eine rein internrechtliche Problematik handelt, ist jedes Operieren mit dem ordre public verfehlt. Daran ändert auch das von *v. Zitzewitz*[43] vorgebrachte Argument nichts, mit Hilfe des ordre public könne nicht nur das Ergebnis der Anwendung ausländischen Rechts, sondern auch das zu diesem Ergebnis führende Mittel, also auch deutsches Recht ausgeschaltet werden. Denn das nach kollisionsrechtlicher Prüfung „an sich" anwendbare ausländische Recht wird bei Eingreifen des ordre public deshalb nicht angewendet, weil ein sachrechtliches Interesse der lex fori das Interesse an der angemessenen Berücksichtigung des Faktors Auslandsberührung (also der internationalprivatrechtlichen Interessen) übersteigt[44]. Wenn nun aber die Berücksichtigung des Faktors Auslandsberührung (wie bei der Beurteilung des internationalen Beherrschungsvertrages) zu dem Ergebnis führt, daß eine durchschlagende Auslandsberührung fehlt und der Fall daher wie ein Inlandsfall zu behandeln ist, bleibt für den ordre public kein Raum: Der Faktor Auslandsberührung, dessen Relevanz durch andere (verfassungs-)rechtliche Gesichtspunkte verdrängt werden könnte, ist hier ja gerade nicht zum Tragen gekommen[45]. Einzig denkbarer Ansatzpunkt wäre daher

---

[42] Vgl. *Staudinger (-Großfeld)* IntGesR RN 389 ff.; nach h. M. ist für die Wirksamkeit des Beherrschungsvertrages im übrigen die ausdrückliche (vom deutschen Standpunkt aus freilich überflüssige) Vereinbarung deutschen Rechts erforderlich, damit die Anwendung deutschen Rechts auch vor ausländischen Gerichten sichergestellt ist, *Staudinger (-Großfeld)* IntGesR RN 404.

[43] S. 170.

[44] *Kegel*, IPR S. 63, 235, sagt, hier seien die materiellprivatrechtlichen Interessen stärker als die internationalprivatrechtlichen Interessen; in der Sache ähnlich *Schurig*, S. 251 f. Überzeugender, weil den Grund für die Verdrängung der internationalprivatrechtlichen Interessen klarer darstellend, erscheint die von *Lorenz*, Struktur, S. 67 ff., angebotene Erklärung: Das Eingreifen des ordre public bedeutet, daß dem (die Anwendung ausländischen Rechts gebietenden) Gleichheitssatz ein (in concreto) widerstreitendes anderes (verfassungs-)rechtliches Prinzip der Vorzug gegeben wird; die Entscheidung eines solchen Normenkonflikts erfolgt wie sonst auch nach sachlichen Gesichtspunkten. — Folgt man dem, spielt der ordre public auch schwerlich die Rolle des „ewigen Störenfriedes" im IPR; im Gegenteil, er stellt ein denknotwendiges Element in der Struktur des Kollisionsrechts dar. Freilich kann dieses Element in verschiedenen Rechtsordnungen eine unterschiedliche Bedeutung haben: Ein Staat, der die von ihm (internrechtlich) propagierten Gerechtigkeitsideale auf Biegen und Brechen durchsetzen zu müssen glaubt, wird diesen besonders häufig vor der Gleichheit den Vorzug geben.

[45] Insofern sind auch die Ausführungen von *Rehbinder*, Restriktionen, S. 351, auf die sich *v. Zitzewitz*, S. 170, beruft, nicht ganz einschlägig. Immer-

das für die Zusammensetzung der Aufsichts- und Leitungsorgane der betreffenden Gesellschaft maßgebliche ausländische Recht, das keine Beteiligung der Arbeitnehmer vorsieht. Hier wäre es zumindest theoretisch denkbar, den Mitbestimmungsinteressen — dann aber auch bei der inländischen Zweigniederlassung — im Wege des ordre public in seiner (umstrittenen) positiven Funktion[46] oder im Wege der (ebenfalls umstrittenen und gerichtlich nicht praktizierten) sogenannten Sonderanknüpfung[47] zum Durchbruch zu verhelfen; dergleichen hat aber — zu Recht — bisher niemand vorgeschlagen. Diese Zusammenhänge kommen auch bei *v. Zitzewitz* (unklar) zum Ausdruck, wenn er ausführt[48], daß „jedem ausländischen Organisationsrecht, das nach den hergebrachten Grundsätzen des Kollisionsrechts die Verfassung der Konzernspitze zu regeln hat, nach Art. 30 EGBGB die Anerkennung versagt werden (muß), wenn es nicht selbst den Interessenschutz für die deutschen Arbeitnehmer übernimmt". Wie man von einem solchen Ausgangspunkt die ordre-public-Widrigkeit eines dem deutschen Recht unterliegenden „internationalen" Beherrschungsvertrages folgern können soll, bleibt ein Rätsel.

Festzuhalten ist somit, daß für die Beurteilung der Zulässigkeit „internationaler" Beherrschungsverträge allein deutsches (Sach-)Recht maßgeblich ist. Es geht daher auch nicht an, zwar vernünftig erscheinende, aber auf die Orientierung an bestimmte gesetzliche Vorschriften verzichtende Erwägungen anzustellen. In *methodischer* Hinsicht richtig ist damit das Vorgehen *Däublers*[49], der den „internationalen" Beherrschungsvertrag im Hinblick auf seine Vereinbarkeit mit der staatlichen Souveränität (Verfassungsrecht), dem Verbot der Selbstentmündigung (Art. 19 Abs. 3 GG, § 138 Abs. 1 BGB) und dem Verbot der Aushöhlung der Mitbestimmungsgesetze (§ 134 Abs. 1 BGB) problematisiert.

---

hin ging es dort um den (in Form von konzerninternen Weisungen erfolgenden) „Privatvollzug" ausländischen wirtschaftspolitischen Rechts; dieser ist nach Auffassung *Rehbinders* ebenso mit dem ordre public zu sperren wie an sich anwendbares ausländisches Sachrecht oder die Durchsetzung ausländischer Entscheidungen.

[46] Hierzu *Neuhaus*, Grundbegriffe, S. 365 f. sowie *Wengler*, Sonderanknüpfung, S. 176; kritisch *Neumayer*, S. 187 ff.

[47] Hierzu und zum Verhältnis zu positivem ordre public *Habscheid*, S. 50; *Neumayer*, S. 189 ff.; *Wengler*, Sonderanknüpfung, S. 167 f.; kritisch zur Lehre von der Sonderanknüpfung wegen ihres primären Ansatzes beim „Geltungswillen" *Schurig*, S. 322 ff., 330.

[48] S. 194.

[49] Siehe oben § 8 III. 2.

II. Die Anknüpfung der Mitbestimmung

1. Problematik

Diejenigen Autoren, die — methodisch zutreffend — zwischen der kollisionsrechtlichen Fragestellung (also der Anknüpfung der Mitbestimmung) einerseits und der sachrechtlichen Fragestellung (materielle Reichweite des Mitbestimmungsrechts) andererseits unterscheiden, verwenden für das Mitbestimmungsrecht durchweg denselben Anknüpfungspunkt wie für das Gesellschaftsrecht und kommen so zur Anwendung des Personalstatuts der betreffenden Gesellschaft[50]. Dies erscheint auch durchaus plausibel: Geht es doch, worauf häufig hingewiesen wird[51], um die Zusammensetzung von Gesellschaftsorganen und die Wahl deren Mitglieder, also um eine „spezifisch gesellschaftsrechtliche" Frage. Bei näherem Hinsehen erscheint indessen eine genauere Überprüfung dieses Standpunktes geboten: Es wird nämlich nicht oder jedenfalls nicht hinreichend problematisiert, daß Standort, Struktur und Inhalt des Gesellschaftsrechts unter dem Stichwort „Weiterentwicklung des Gesellschaftsrechts zu einem in sich geschlossenen Unternehmensrecht"[52] in vieler Hinsicht (noch) ungeklärte Umwälzungen und Änderungen erfahren haben und möglicherweise noch erfahren werden[53]. Eine derartige Tendenz weg vom „klassischen", relativ interessenmonistischen[54] Gesellschaftsrecht hin zur „Unternehmensverfassung" als „interessenpluralistischem Substrat" kann natürlich auch Folgen für das Kollisionsrecht haben. In dem Maße, in dem neben Anteilseigner- und Gläubigerinteressen Belange der Arbeitnehmer, der von dem Unternehmen abhängigen Wirtschaftseinheiten (Zulieferer, Abnehmer), möglicherweise sogar Belange der „Öffentlichkeit"[55] berücksichtigt werden, rücken Belegenheit der industriellen Produk-

---

[50] Statt aller *Duden*, Mitbestimmung, S. 181; *Staudinger (-Großfeld)* IntGesR RN 314.

[51] Etwa *Staudinger (-Großfeld)* IntGesR RN 314.

[52] So *Ebenroth*, Unternehmensrecht, S. 101.

[53] Diese Entwicklung hat zu einem unübersehbaren Strom an Äußerungen in der Literatur Anlaß gegeben. Vgl. hierzu die Übersicht über Materialien und Schrifttum bei *Wiedemann*, GesR § 6, S. 291 ff.

[54] Selbstverständlich gab und gibt es auch hier erhebliche Interessenkonflikte. Wichtigstes Beispiel ist der Minderheitenschutz, der im deutschen Recht — anders als im amerikanischen Recht, wo dieses Problem schon vor hundert Jahren voll erkannt wurde — abgesehen vom Konzernrecht wenig durchgearbeitet ist, vgl. *Wiedemann*, GesR § 8, S. 404 ff.

[55] Die Einbeziehung von Vertretern des „öffentlichen Interesses" in den Aufsichtsrat ist bekanntlich in den Art. 74 a, 75 a des geänderten Verordnungsvorschlages der Kommission der Europäischen Gemeinschaften für ein Statut für Europäische Aktiengesellschaften (1975) vorgesehen; hierzu *Wiedemann*, GesR § 6 II 2 b), S. 322.

tion und Schwerpunkt der wirtschaftlichen Tätigkeit in den Vordergrund des Interesses[56]. Denkbar ist deshalb, daß die Grenzen von Gesellschaft und Unternehmen unterschiedlich zu bestimmen sind; dann wären Gesellschaft und Unternehmen auch kollisionsrechtlich unterschiedlich zu behandeln[57]. Denkbar ist auch, daß die Grenzen von Gesellschaft und Unternehmen identisch, daß Gesellschaft und Unternehmen überhaupt identisch sind; dann stellt sich die Frage nach der Anknüpfung des Gesellschafts- und Unternehmensrechts möglicherweise unter anderem Blickwinkel[58].

2. *Unterstellung der Mitbestimmung unter das Personalstatut*

Im Hinblick auf das deutsche Recht ist das Mitbestimmungsrecht der herausragende Aspekt der soeben geschilderten Entwicklung[59]. Denn die bei der Besetzung des Aufsichtsrates der betroffenen Gesellschaft gesetzlich vorgeschriebene Beteiligung von Vertretern der Arbeitnehmer und Gewerkschaften stellt eine Entwicklung des Aufsichtsrates von einem Gesellschaftsorgan zu einem Unternehmensorgan dar: Ein Gesellschaftsorgan wäre allein von den Verbandsmitgliedern (Gesellschaftern, Aktionären) zu bestellen[60]. Dieser Befund wird aber durch die folgenden Überlegungen entscheidend relativiert. Das deutsche Mitbestimmungsrecht kann nämlich nicht als ein Konfliktsmodell begriffen werden, in dem die „Arbeit" gegenüber dem „Kapital" ihre Interessen vertreten soll[61]. Vielmehr sind alle Aufsichtsratsmitglieder zur Förderung des „Unternehmenswohls" — das auf jeden Fall in dem Interesse an der Erwirtschaftung von Gewinnen, also in der erwerbswirtschaftlichen Orientierung besteht — verpflichtet[62]. Die Arbeitnehmerinteressen (und erst recht die Interessen der Arbeitnehmer bestimmter Unternehmensteile) kommen daher nur in dem so gesteckten Rahmen zum Ansatz, so daß durchaus denkbare Konflikte zwischen Unternehmenswohl und Arbeitnehmerinteressen zugunsten des Unternehmenswohles aufzulösen sind[63]. Das bedeutet: Die Mitbestimmung

---

56 So auch *Vischer*, S. 648.

57 Hierzu *Ebenroth*, Unternehmensrecht, S. 106 ff.

58 Hierzu *Ebenroth*, Unternehmensrecht, S. 109 ff.

59 Weitere Ansätze zu einem Unternehmensrecht im geltenden Recht sind das (wenig bedeutsame) Publizitätsgesetz und, wenn man so will, das Gesetz gegen Wettbewerbsbeschränkungen.

60 *Wiedemann*, GesR § 6 I. 1 c), S. 299.

61 *Fitting / Wlotzke / Wißmann* Vorbemerkung RN 3; *Lutter*, Mitbestimmungsprobleme, S. 255; *Wiedemann*, GesR § 11 III. 2 a), S. 623 ff.

62 *Lutter*, Unternehmensrecht, S. 256; *Wiedemann*, GesR § 6 I. 1 c) (1), S. 299 f. und § 11 III. 2 b), S. 625 ff.

63 *Fitting / Wlotzke / Wißmann* Vorbemerkung RN 3; dies hat im übrigen nichts zu tun mit der Kontroverse um das Verhältnis zwischen Mitbestim-

hat das Gesellschaftsrecht zwar beträchtlich modifiziert, seine Grundstrukturen jedoch bestehen lassen[64]. Der Unternehmensverband hat demzufolge keine rechtlich selbständige Organisation erhalten; vielmehr sind die Mitbestimmungsinteressen in die rechtliche Organisation des Unternehmensträgers einbezogen worden[65].

Ein weiterer Gesichtspunkt, der für die ausschließliche Maßgeblichkeit des Gesellschaftsrechts und gegen die Existenz eines vom Gesellschaftsrecht zu trennenden Unternehmensrechts spricht, liegt in der Stellungnahme des geltenden Gesellschafts- und Mitbestimmungsrechts zum Phänomen des Konzerns. Die Frage, ob der Konzern im Hinblick auf seine Eigenschaft als (mehr oder minder straff geleitete) Planungs- und Wirtschaftseinheit auch rechtlich als Einheit (Rechtssubjekt) zu behandeln ist, wird vom geltenden Recht eindeutig verneint[66], was zu einem Gleichlauf der Grenzen von Gesellschaft und Unternehmen führt[67].

Für das geltende Gesellschafts- und Mitbestimmungsrecht ist also festzuhalten, daß Gesellschaftsrecht und Unternehmensrecht eins sind, daß eine „Einheit von Unternehmen und Rechtsform", eine „Einheit von Stoff und Form"[68] besteht[69]. Ist das Mitbestimmungsrecht also als „Teil des deutschen Korporationsrechts"[70] und nicht als Bestandteil

---

mung und Gesellschaftsorganisation; hierzu *Martens*, Grundsätze, S. 119, der von einer „Prävalenz des Gesellschaftsrechts" ausgeht; hiergegen etwa *Reich / Lewerenz*, S. 262 f. und *Steindorff*, Kommanditgesellschaft, S. 140.

64 Eine andere Frage ist es, ob man diese Konzeption als realistisch ansieht. Dies ist aber nur ein rechtspolitisches Argument, was an der Pflichtenlage nichts ändert.

65 Vgl. *Kunze*, S. 205; *v. Nell-Breuning*, S. 146, der dies allerdings als Fehlgriff des Gesetzgebers bezeichnet.

66 *Wiedemann*, GesR § 6 II. 1 b), S. 313.

67 Anders insbesondere das Kartellrecht, welches das Unternehmen, auch den Konzern, als rechtliche und wirtschaftliche Einheit versteht, vgl. hierzu *v. Gamm*, § 1 GWB RN 5 ff. Hinweise zu den damit verbundenen kollisionsrechtlichen Problemen bei *Ebenroth*, Unternehmensrecht, S. 108.

68 *Schilling*, S. 546 ff.

69 Rechtspolitisch ist diese Einheit freilich umstritten. Für eine Trennung von Gesellschaftsrecht und Unternehmensrecht haben sich insbesondere die Autoren des Sechser-Berichts ausgesprochen, S. 53 ff. und S. 74 ff.; ebenso *v. Nell-Breuning*, S. 148 ff.; als sozioökonomische Einheit mit eigener Rechtspersönlichkeit versteht das Unternehmen *Raiser*, S. 166 ff.; demgegenüber befürwortet etwa *Schilling*, S. 543 ff. und bes. S. 546 ff. die Weiterentwicklung des Unternehmensrechts innerhalb der gesellschaftsrechtlichen Formen, deren klassische Dreiteilung in das „Grundlagenorgan" (Anteilseignerversammlung), das Geschäftsführungsorgan (Management) und das Kontrollorgan (aus Anteilseignern, Arbeitnehmervertretern und möglicherweise anderen Interessenvertretern zusammengesetztes Gremium) dem „Stoff Unternehmen am besten gerecht" werde. Ebenso *Flume*, S. 15 ff.; *Duden*, Entwicklung, S. 321 f.

70 *Lutter*, Mitbestimmungsprobleme, S. 256.

eines vom Gesellschaftsrecht zu trennenden Unternehmensrechts zu verstehen, kann nunmehr kein Zweifel daran bestehen, daß das Mitbestimmungsrecht gesellschaftsrechtlich zu qualifizieren und daher dem Personalstatut zu unterstellen ist; die Bildung einer „unternehmensrechtlichen" Kollisionsnorm scheidet aus[71].

3. *Bestimmung des Personalstatuts*

Ist geklärt, daß das Mitbestimmungsrecht dem Personalstatut zu unterstellen ist, so bleibt die Frage nach dem Anknüpfungspunkt, mit dessen Hilfe das Personalstatut zu bestimmen ist. Es kann in diesem Zusammenhang nicht darum gehen, „die klassische, fast bis zum Überdruß diskutierte Kontroverse über die Anknüpfung an die Inkorporation oder an den tatsächlichen Sitz"[72] um ein weiteres Meinungspartikel zu bereichern. Was Gesellschaften der hier interessierenden Größenordnung[73] betrifft, gelangen die Verfechter der an das Gründungsrecht anknüpfenden „Inkorporationstheorie"[74] und die Anhänger der an den tatsächlichen Verwaltungssitz anknüpfenden „Sitztheorie"[75] zum selben Ergebnis: Der tatsächliche Verwaltungssitz befindet sich hier in aller Regel in dem Staat, nach dessen Recht die Gesellschaft gegründet wurde[76]. Auch hat bisher noch kein Vertreter der Sitztheorie den in-

---

[71] So auch *Ebenroth*, Unternehmensrecht, S. 124. Die (hypothetischen) Überlegungen bei *Ebenroth*, Unternehmensrecht, S. 106 ff., im Hinblick auf eine „einheitliche Anknüpfung des Unternehmens als Rechtssubjekt" reizen allerdings zum Widerspruch. Daß die „Anknüpfung des Unternehmens an sich" „wirtschaftsrechtlich" im Wege einer „einseitige(n) Kollisionsnorm" zu erfolgen hätte, erscheint höchst zweifelhaft, insbesondere dann, wenn man mit der neueren Lehre davon ausgeht, daß für jedes Rechtsgebiet, also sogar das öffentliche Recht, allseitige Kollisionsnormen zu entwickeln sind, vgl. oben § 9 I. 1.

[72] So *Vischer*, S. 643.

[73] Anders stellt sich das Problem dar bei den oft dunklen Machenschaften von Einzelpersonen oder Personengruppen unter dem Deckmantel ausländischer Gesellschaftsformen, die besondere Haftungsvorteile und einen hohen Grad an Anonymität bieten. Ob die Sitztheorie allerdings hier (allein) Abhilfe zu schaffen vermag, ist zweifelhaft, vgl. *Vischer*, S. 647.

[74] Ohne Anspruch auf Vollständigkeit seien genannt *Beitzke*, Kollisionsrecht, S. 112 ff.; *Drobnig*, S. 115, 119; *Fikentscher*, S. 72; *Grasmann*, System RN 470 ff.; allerdings mit der folgenschweren — und im Schrifttum durchweg abgelehnten — Differenzierung zwischen Innen- und Außenverhältnis, wobei für letzteres das sog. Günstigkeitsprinzip gelten soll; *Kötz*, S. 69 f.; *Koppensteiner*, S. 105 ff.; *Mann*, Bemerkungen, S. 219 f.

[75] H. M.: *Bache*, S. 34 ff.; *Ebenroth*, Konzernkollisionsrecht, S. 19 ff., 26; ders., Unternehmensrecht, S. 117 f.; *Ebenroth / Sura*, Anerkennung, S. 338 ff.; *Großfeld*, S. 11 (aber für die Inkorporationstheorie im Spätstadium der EG); *Kegel*, IPR, S. 263; *Luchterhandt*, S. 20 ff.; MünchKomm *(-Ebenroth)* nach Art. 10 RN 164 ff.; *Soergel / Siebert (-Kegel)* RN 204 vor Art. 7 EGBGB; *Staudinger (-Großfeld)* IntGesR RN 29 ff.; *Wiedemann*, GesR § 14 II 1 a) cc), S. 785 f.; ders., IntGesR S. 196.

[76] *Duden*, Mitbestimmung, S. 181 f.; *Vischer*, S. 646.

ländischen Verwaltungssitz geleugnet, wenn die betreffende Gesellschaft unter der Leitung einer ausländischen Konzernspitze steht[77]. Es kann sich mithin nur die Frage stellen, ob eine vollkommen andere Anknüpfung geboten ist.

Der Sitztheorie in der von der h. M. vertretenen Form wurde schon von *Grasmann*[78] vorgeworfen, daß sie unter Umständen zu Schwerpunktverfehlungen führe. In der Tat erscheint es keineswegs als zwingend, daß der Staat, auf dessen Gebiet sich der Sitz der tatsächlichen Verwaltung befindet, auch der wirtschaftlich, politisch und kulturell am stärksten betroffene Staat ist, wie es die Anhänger der Sitztheorie oft behaupten[79]. Dieses Bedenken verstärkt sich, wenn man sich die insbesondere durch das Mitbestimmungsgesetz 1976 gesteigerte Bedeutung der Produktionsstätten, in denen ja das Gros der Arbeitnehmer beschäftigt ist, vor Augen führt. Man könnte daher daran denken, den „Sitz" der Gesellschaft neu zu definieren und auf das Land abzustellen, dem mehr als 50 % der Vermögensgüter, der Lohn- und Gehaltszahlungen und des Umsatzes zuzurechnen sind[80, 81]. Hierbei würde das Element Umsatz auf den Ort der Verwaltung (den Ort, wo die meisten Verträge „nach außen" geschlossen werden), das Element Lohn- und Gehaltszahlungen auf Produktionsstätten und auch Verwaltung,

---

77 Hierzu *Ebenroth*, Unternehmensrecht, S. 118.

78 System RN 261 ff.; soweit ersichtlich, haben die Vertreter der Sitztheorie hierzu bis heute nicht Stellung genommen.

79 Vgl. nur *Wiedemann*, GesR § 14 II. 1 a) bb), S. 784.

80 Dieser dreifache „business factor" ist § 2115 California General Corporation Law entlehnt. Bei dieser Regelung des kalifornischen Rechts, die neben diesem „business factor" (im Hinblick auf den Aktionärsschutz) auf einen „shareholder factor" abstellt, geht es indessen nicht um die Bestimmung des Personalstatuts. Es handelt sich vielmehr um einen Fall der sog. Überlagerungstheorie, die erstmals von *Latty*, S. 150 ff. entwickelt wurde. Die Überlagerungstheorie soll besonders im Fall der „pseudo foreign corporation" die Anwendung des im Schwerpunktstaat zwingenden Gesellschaftsrechts gewährleisten. Rechtlichen Niederschlag fand die Überlagerungstheorie erstmals in der bekannten kalifornischen Entscheidung Western Airlines, Inc. v. Sobieski, 191 Cal.App. 2d 399, 12 Cal.Rptr. 719 (1961). Der Gesetzgeber des Staates New York übernahm sie im Jahre 1962 (§§ 1316 - 1320 New York Business Corporation Law), Kalifornien folgte im Jahre 1977.

81 Für das deutsche Recht wird das Konzept der Überlagerung von *Sandrock* — Konkretisierung, S. 671 ff.; Lehrstück, S. 246 ff.; Multinationale Korporationen, S. 191 ff. — befürwortet. Wenn sich die Auffassung *Sandrocks* auch auf Art. 4 des EWG-Übereinkommens vom 29. 2. 1968 über die gegenseitige Anerkennung von Gesellschaften und juristischen Personen (BGBl 1972 II, S. 369 ff.) stützen kann, stößt sie doch in der deutschen Literatur fast durchweg auf Ablehnung; statt vieler *Staudinger (-Großfeld)* IntGesR RN 59. Die Ausführungen *Sandrocks* in Multinationale Korporationen, S. 229 ff. geben ein plastisches Bild von den Schwierigkeiten, die sich beim Aufeinanderprallen unterschiedlicher gesellschaftsrechtlicher Strukturen ergeben. Zu der in Kalifornien geltenden Variante der Überlagerungstheorie vgl. die Kritik bei *Halloran / Hammer*, S. 1284 ff., 1328 ff., die zum Teil auch für die Rezeption lehrreich ist.

das Element Vermögensgüter schließlich wiederum auf die Produktionsstätten deuten. Gegen eine derartige Neuinterpretation des Gesellschaftssitzes spricht indessen eine Reihe von Gründen. Da es u. a. um die angemessene Berücksichtigung der im Gesellschaftsrecht institutionalisierten Mitbestimmungsinteressen geht, erweist sich ein solcher Ansatz von vornherein als unzureichend: Diese Interessen werden ja nicht erst dann virulent, wenn sich der Sitz im geschilderten Sinne im Inland befindet, sondern bereits dann, wenn im Inland eine Produktionsstätte von mitbestimmungsrechtlich relevanter Größenordnung vorhanden ist[82]. In so einem Fall kann aber nur eine der im Schrifttum diskutierten fremdenrechtlichen Lösungen[83] helfen. Weiterhin wäre eine so modifizierte Sitztheorie im Hinblick auf die Feststellung der relevanten Tatsachen überaus schwierig zu handhaben. Vor allem könnte sie nur in Verbindung mit einer der herkömmlichen Theorien angewendet werden, weil es nämlich durchaus sein kann, daß ein solcher Schwerpunkt in keinem Land verwirklicht ist[84]. Dann aber erscheint es höchst fraglich, ob eine so modifizierte Sitztheorie überhaupt zu anderen Ergebnissen führt als die herkömmlichen Lehren. Denn jedenfalls die Unternehmen der hier interessierenden Größenordnung werden ihren Schwerpunkt kaum außerhalb des Staates haben, in dem sich der tatsächliche Verwaltungssitz befindet; wesentlich wahrscheinlicher ist es, daß in einer Reihe von Fällen ein Schwerpunkt überhaupt nicht feststellbar ist und dann auf die herkömmlichen Lehren zurückgegriffen werden muß.

Als Ergebnis der Untersuchung ist somit festzuhalten, daß es eine überzeugende Alternative zu der von der h. M. vorgenommenen Bestimmung des Personalstatuts nicht gibt. Die Frage der Unternehmensmitbestimmung richtet sich demzufolge nach dem Recht des — regelmäßig im Gründungsstaat befindlichen — tatsächlichen Verwaltungssitzes.

---

[82] Noch weniger hilft die Lehre *Sandrocks* für unser Problem weiter: Da *Sandrock* für die Überlagerung des Gründungsrechts durch das „Sitzrecht" wiederum auf den tatsächlichen Verwaltungssitz abstellt (vgl. Konkretisierung, S. 683 ff., Multinationale Korporationen, S. 237 f.), bleibt für eine Überlagerung in den hier interessierenden Fällen kein Raum.

[83] Siehe oben § 8 III. 1.

[84] Das ist immerhin schon dann der Fall, wenn ein Unternehmen in zwei Ländern zwei gleich große Produktionsstätten betreibt.

§ 10. Der Anwendungsbereich des deutschen Mitbestimmungsrechts bei im Ausland belegenen Teilen inländischer Unternehmen

I. Kollisionsrechtliche Ausgangslage

Wie die bisherige Untersuchung ergeben hat, ist die Frage der Unternehmensmitbestimmung dem (an dem tatsächlichen Verwaltungssitz anzuknüpfenden und in aller Regel mit dem Gründungsrecht übereinstimmenden) Personalstatut der betreffenden Gesellschaft zu unterstellen. Die Antwort auf die kollisionsrechtliche Fragestellung fällt also dahingehend aus, daß die in ausländischen Zweigniederlassungen und Tochtergesellschaften tätigen Arbeitnehmer an der Mitbestimmung im deutschen Unternehmen teilhaben.

Einzugehen ist daher sogleich auf die mitunter in der Literatur[85] und auch in der Entscheidung des Landgerichts Düsseldorf[86] vertretene Auffassung, eine Einbeziehung dieser Arbeitnehmer stelle eine Verletzung der Souveränität des betroffenen Staates dar. Denn wenn diese Ansicht zutrifft, muß eine Einbeziehung der im Ausland tätigen Arbeitnehmer in die Mitbestimmung im deutschen Unternehmen schon im Hinblick auf Art. 25 GG — das Recht der Staaten, ihre inneren Angelegenheiten selbst zu regeln, gehört zu den (für unser internes Recht verbindlichen) „allgemeinen Regeln des Völkerrechts"[87] — unterbleiben. In diesem Zusammenhang ist zunächst festzuhalten, daß nach Völkerrecht ein Staat zur Regelung von Auslandssachverhalten befugt ist, solange eine hinreichende Inlandsbeziehung, also ein Bezug zum eigenen Staatsgebiet und/oder Staatsvolk gegeben ist[88]; in Betracht kommt etwa eine persönliche Verknüpfung in Gestalt der Staatsangehörigkeit oder des Wohnsitzes oder eine sachliche Verknüpfung in Gestalt des Wirkungsortes einer unerlaubten Handlung oder des Abschluß- bzw. Erfüllungsortes eines Vertrages[89]. Ferner gilt der Grundsatz, daß die Inlandsbeziehung besonders intensiv sein muß, wenn die in Rede stehenden Vorschriften vornehmlich staatlichen Interessen dienen[90]. Für die Frage, ob die Einbeziehung von im Ausland tätigen Belegschaften in die Mitbestimmung im deutschen Unternehmen völkerrechtlich zulässig ist, ergibt sich vor diesem Hintergrund folgender

---

85 Siehe oben § 7 II.

86 Siehe oben § 7 II.

87 *Maunz / Dürig (-Maunz)* Art. 25 GG RN 20.

88 Vgl. *Rudolf*, S. 22 f.; *Wengler*, IPR § 3 c) und d), bes. S. 17 und S. 21 f.

89 Vgl. *Wengler*, IPR, § 3 c), S. 17.

90 *Rudolf*, S. 29.

Befund. In erster Linie betrifft die Mitbestimmung das deutsche Unternehmen selbst; insoweit bestehen ohnehin keine Bedenken. Was die in zweiter Linie betroffenen, im Ausland beschäftigten Arbeitnehmer angeht, besteht insofern eine erhebliche Inlandsbeziehung, als ihr Arbeitgeber entweder ein deutsches Unternehmen oder ein von einem deutschen Unternehmen beherrschtes (ausländisches) Unternehmen ist. Auch wird nicht in das ausländische Arbeitsrecht eingegriffen: Die Arbeitnehmer erhalten lediglich weitere Rechte in der Unternehmensorganisation. Soweit durch die Einbeziehung der im Ausland tätigen Arbeitnehmer in die Mitbestimmung im deutschen Unternehmen ausländische Tochtergesellschaften betroffen sind — immerhin wäre dort ja die Wahl der in den Aufsichtsrat der deutschen Gesellschaft zu entsendenden Arbeitnehmervertreter durchzuführen —, ist durch die Konzernverbindung mit dem deutschen Unternehmen ebenfalls eine hinreichende Inlandsbeziehung gegeben. Nach alledem kann von einer Verletzung der Souveränität fremder Staaten durch die Erstreckung der Mitbestimmungsrechte auf ausländische Belegschaften keine Rede sein[91].

II. Materielle Reichweite des Mitbestimmungsrechts

Zu prüfen bleibt, ob das deutsche Mitbestimmungsrecht seiner materiellen Reichweite nach die in ausländischen Unternehmensteilen beschäftigten Arbeitnehmer erfaßt, genauer: ob die Mitbestimmungsvorschriften (ausdrückliche oder stillschweigende) Tatbestandsmerkmale enthalten, die ausschließlich auf inländische Unternehmensteile abstellen.

Gegen die Einbeziehung der im Ausland tätigen Arbeitnehmer in die Mitbestimmung im deutschen Unternehmen werden die mit dieser „exterritorialen" Anwendung der Mitbestimmungsgesetze zusammenhängenden Durchsetzungsschwierigkeiten geltend gemacht[92]. Hier liegt erst einmal die Annahme nahe, daß das deutsche Unternehmen seine ausländische Zweigniederlassung und — hierum geht es vor allem — auch seine ausländische Tochtergesellschaft kraft seiner faktischen oder vertraglichen Leitungsmacht in aller Regel zur Durchführung von Wahlen zu veranlassen in der Lage sein wird. Die in den verbleibenden (wenigen) Fällen auftretenden Durchsetzungsschwierigkeiten kön-

---

[91] So auch *Duden*, Mitbestimmung, S. 193; *Ebenroth / Sura*, Transnationale Unternehmen, S. 615; *Staudinger (-Großfeld)* IntGesR RN 322. Anderes gilt, wenn das ausländische Recht sich dem ausdrücklich entgegenstellt, vgl. *Wengler*, IPR, § 3 c), S. 18. Wenn also ein ausländischer Staat auf den Gedanken kommen sollte, den auf seinem Gebiet tätigen Arbeitnehmern die Teilnahme an der Mitbestimmung im deutschen Unternehmen zu verbieten, wäre dies zu beachten; so auch *Duden*, Mitbestimmung, S. 182.

[92] Vgl. oben § 7 II.

nen schwerlich ausschlaggebend sein, weil die Durchsetzbarkeit des eigenen Rechts bei der Beurteilung von Sachverhalten mit Auslandsberührung zwar ein nicht irrelevanter, aber doch untergeordneter Gesichtspunkt ist[93].

Ähnliches gilt für die häufig gegen eine Erstreckung der Mitbestimmungsrechte auf ausländische Belegschaften angeführten, im Fehlen eines der deutschen Situation vergleichbaren „institutionellen Unterbaus" begründeten Probleme in der praktischen Durchführung der Mitbestimmung[94]. Die Existenz dieser Probleme ist nicht zu leugnen, besonders dann, wenn ein dem deutschen Betriebsrat in etwa entsprechendes Gremium von Arbeitnehmervertretern — wie in amerikanischen Produktionsstätten — völlig fehlt. Es ist aber bei der rechtlichen Regelung von Sachverhalten mit Auslandsberührung ein beinahe alltäglicher Vorgang, daß (inländisches oder ausländisches) materielles Recht den aus der Internationalität des Sachverhaltes folgenden besonderen Gegebenheiten entsprechend modifiziert werden muß. Das kann zum einen bei der Einordnung von Erscheinungen der einen Rechtsordnung in Sachnormen einer anderen Rechtsordnung im Wege der sogenannten Substitution[95], zum anderen bei der Überbrückung von Ungereimtheiten, die sich aus der Zusammenfügung von Elementen aus verschiedenen Rechtsordnungen ergeben, im Wege der Anpassung[96] geschehen[97]. Die zweifellos bestehenden Durchführungsschwierigkeiten sind daher nicht geeignet, die Begrenzung des Mitbestimmungsrechts auf im Inland tätige Arbeitnehmer zu begründen[98].

Kritik ist ferner zu üben an dem Stellenwert, welcher der Stellungnahme des Bundestagsausschusses für Arbeit und Sozialordnung[99] häu-

---

93 *Neuhaus*, Grundbegriffe § 20 I.2, S. 161 f., der zutreffend vor einer Gleichsetzung von Macht und Recht warnt.

94 Vgl. oben § 7 II.

95 Hierzu *Neuhaus*, Grundbegriffe § 46 IV., S. 351 ff. Zu denken wäre hier etwa an die Frage, ob ein „Arbeitnehmergremium" auf betrieblicher Ebene nach ausländischem Recht einem deutschen Betriebsrat gleichgesetzt werden kann. Entgegen *Hoffmann / Lehmann / Weinmann* § 1 MitbestG RN 41 schließt die Mitwirkung des Arbeitgebers im ausländischen „Betriebsrat" die Gleichstellung nicht unbedingt aus. Im hier interessierenden Zusammenhang soll der Betriebsrat nämlich nicht die Interessen der Arbeitnehmer „vertreten", sondern Wahlen organisieren.

96 Hierzu *Neuhaus*, Grundbegriffe § 47, S. 353 ff. Eine Anpassung wäre etwa dann erforderlich, wenn ein dem deutschen Betriebsrat einigermaßen äquivalentes Gremium fehlt.

97 Zur Lösung dieser Probleme vgl. die oben § 7 III. referierten Vorschläge *Däublers* sowie unten § 10 II. a. E.

98 So auch *Duden*, Mitbestimmung, S. 183; *Ebenroth / Sura*, Transnationale Unternehmen, S. 616.

99 Siehe oben § 7 II.

fig beigemessen wird[100]. Abgesehen davon, daß der „Wille des Gesetzgebers“ nach heute in der juristischen Methodenlehre herrschender Anschauung nicht am Anfang des Kanons (bindender) Auslegungskriterien steht[101], ist schon zweifelhaft, ob die Stellungnahme des Bundestagsausschusses überhaupt den „Willen des Gesetzgebers“ darstellt. Denn da sich der „Wille des Gesetzgebers“ als bindendes Auslegungskriterium schwerlich aus Normvorstellungen der Mitglieder der gesetzgebenden Körperschaft ergeben kann — diese werden sich über nähere Einzelheiten der von ihnen verabschiedeten Gesetze meist gar keine Gedanken machen —, kann es nur auf „Zwecke, Wertsetzungen und Grundentscheidungen ..., zu denen die am Gesetzgebungsakt Beteiligten in der Tat Stellung genommen haben“, ankommen[102]. Normvorstellungen der an der Vorbereitung des Gesetzeswerkes beteiligten Personen oder Ausschüsse sind dann aber nicht der „Wille des Gesetzgebers“, wiewohl sie als (nicht bindende) Auslegungshilfen nützlich sein können[103]. Abgesehen von der Stellungnahme des Bundestagsausschusses findet sich indessen in der gesamten Entstehungsgeschichte des Mitbestimmungsgesetzes 1976 kein noch so entfernter Hinweis auf die internationalrechtlichen Aspekte der Mitbestimmung[104]. Das bedeutet: Es existiert keine den „Willen des Gesetzgebers“ in diesem Regelungszusammenhang wiedergebende (und daher als verbindliches Auslegungskriterium verwertbare) Aussage. Die Stellungnahme des Bundestagsausschusses für Arbeit und Sozialordnung ist als eine unverbindliche Auslegungshilfe zu qualifizieren; ergibt die Auslegung der Mitbestimmungsgesetze ein von der Stellungnahme abweichendes Ergebnis, so ist sie ohne jede Bedeutung[105].

An dem gegen die Einbeziehung der im Ausland tätigen Arbeitnehmer in die Mitbestimmung im deutschen Unternehmen vorgebrachten Argument, diese Arbeitnehmer seien wegen der fehlenden Sozialversicherungspflicht (im Hinblick auf die Arbeiterrentenversicherung einerseits und die Angestelltenrentenversicherung andererseits) keine Arbeitnehmer im Sinne der Mitbestimmungsgesetze[106], ist gewiß richtig, daß die Sozialversicherungspflicht entscheidendes Abgrenzungskriterium für die Einteilung der Wahlberechtigten ist. Die Sozialversiche-

---

[100] Etwa bei *Wiedemann*, GesR § 14 IV. 1 c), S. 818.

[101] *Larenz*, S. 328 ff.

[102] *Larenz*, S. 314 f.

[103] *Larenz*, S. 314 f. und S. 330.

[104] Vgl. auch *Duden*, Mitbestimmung, S. 184; *Lutter*, Mitbestimmungsprobleme, S. 251.

[105] So auch *Ebenroth / Sura*, Transnationale Unternehmen, S. 619; *Steindorff*, Einzelfragen, S. 461.

[106] Siehe oben § 7 II.

rungspflicht ist indessen kein materielles Abgrenzungskriterium; sie ist nicht der innere Grund, warum das deutsche Recht den Arbeitnehmern Mitbestimmungsrechte im Unternehmen einräumt. Vielmehr wird zur Abgrenzung von Arbeitern und Angestellten auf ein auch sonst in diesem Zusammenhang gebräuchliches Kriterium, eben die Sozialversicherungspflicht zurückgegriffen. Demzufolge ist nicht einzusehen, warum diese Abgrenzung nicht im Wege einer hypothetischen Prüfung vorgenommen werden kann. Zu untersuchen wäre die sich bei Unterstellung eines inländischen Arbeitsortes, aber bei sonst gleichbleibenden Bedingungen ergebende sozialversicherungsrechtliche Situation; bei der Anwendung des Berufsgruppenkatalogs nach § 3 Abs. 1 AVG bestehen dann keine Probleme, die sich nicht auch bei einem Inlandsfall ergeben würden. Die Nichtanwendung des deutschen Sozialversicherungsrechts auf die im Ausland tätigen Arbeitnehmer für die hier interessierende Frage ist daher bedeutungslos[107].

Gleiches gilt für das mit dem obigen Gesichtspunkt zusammenhängende Argument, das sich auf die Wählbarkeitsvoraussetzungen und das damit (u. a.) relevante deutsche Strafrecht bezieht[108]. Auch hier ist es möglich, die durch das ausländische Gericht abgeurteilte Straftat unter Zugrundelegung deutschen Strafrechts zu beurteilen. Zwar ist zuzugeben, daß dies u. U. größere Schwierigkeiten als die hypothetische Prüfung der Sozialversicherungspflicht bereiten wird. Da aber die Kandidatur von ehemaligen Straftätern für Aufsichtsratsmandate eher die Ausnahme als die Regel ist, kann diesen Schwierigkeiten kein nennenswertes Gewicht zukommen.

Was die zugunsten der Einbeziehung der im Ausland tätigen Arbeitnehmer in die Mitbestimmung im deutschen Unternehmen in die Diskussion eingeführten Argumente[109] betrifft, ist zunächst auf die Ansicht einzugehen, daß eine solche Einbeziehung bereits aus verfassungsrechtlichen Gründen geboten sei[110]. Unterstellt man die Richtigkeit der dieser Auffassung zugrundeliegenden verfassungsrechtlichen Implikation — ein Grundrecht auf Mitbestimmung —, so ergeben sich doch erhebliche Zweifel, ob die für die Relevanz von Grundrechten erforderliche Inlandsbeziehung vorliegt. *Däubler* bejaht dies mit dem Hinweis auf die Leitungs- und Organisationsmacht des deutschen Unter-

---

107 So auch *Duden*, Mitbestimmung, S. 183; LG Düsseldorf DB 1979, S. 1451.

108 Siehe oben § 7 II.

109 Oben § 7 III.

110 Siehe oben § 7 III. Zwar geht es hier nicht um eine Frage des „Verfassungskollisionsrechts", sondern den materiellen Geltungsbereich des Mitbestimmungsrechts. Die sachlichen Erwägungen sind aber ähnlich, da es hier wie dort um die Bedeutung von Grundrechten in Sachverhalten mit Auslandsberührung geht.

nehmens[111]. Dieser Gedankengang verkürzt die Problematik allerdings: Da es sich um ein Grundrecht der im Ausland tätigen Arbeitnehmer handeln soll, kommt es auf die in ihrer Person liegenden Inlandsbeziehungen an. Freilich schlägt auch dann das Argument von *Däubler* noch durch, ist doch der Arbeitgeber ein deutsches Unternehmen oder ein von einem deutschen Unternehmen beherrschtes Unternehmen. Aber anders als der im Inland beschäftigte ausländische Arbeitnehmer ist der im Ausland (in einem Teil eines deutschen Unternehmens) tätige Arbeitnehmer doch in der Sozialordnung seines Heimatlandes verwurzelt und mit der Bundesrepublik und der dort herrschenden Sozialordnung nur indirekt, eben durch den Arbeitgeber verbunden. Hielte man Inlandsbeziehungen dieses (niedrigen) Intensitätsgrades für ausreichend, um in Sachverhalten mit Auslandsberührung die Grundrechte zum Zuge kommen zu lassen, liefe man Gefahr, in bald jedem Fall, der im Ergebnis anders als ein Inlandsfall beurteilt wird, ein verfassungsrechtliches Problem zu sehen; das berüchtigte Wort vom deutschen Wesen, an dem die Welt genesen soll, läge nahe. Eine Inlandsbeziehung von einer Intensität, welche die Erstreckung des von *Däubler* angenommenen Grundrechts auf Mitbestimmung auf die hier interessierenden, im Ausland beschäftigten Arbeitnehmer zu rechtfertigen vermag, kann demzufolge nicht angenommen werden.

Auf ähnlich hoher Ebene in der juristischen Wertehierarchie wie das verfassungsrechtliche Argument *Däublers* befindet sich die Auffassung, ein Ausschluß der im Ausland beschäftigten Arbeitnehmer von der Mitbestimmung im deutschen Unternehmen verstoße gegen die gemeinschaftsrechtlichen Diskriminierungsverbote[112].

Was Art. 48 EWG-Vertrag angeht, so ist dessen Schutzbereich überhaupt nicht angesprochen. Die genannte Vorschrift, die — als lex specialis zu Art. 7 EWG-Vertrag — die Freizügigkeit der Arbeitnehmer garantiert, verbietet die (auch mittelbare) Beschränkung des Zugangs zu den Arbeitsmärkten und untersagt daher, daß Arbeitnehmer aus anderen EG-Staaten im Inland in bezug auf Beschäftigung, Entlohnung und sonstige Arbeitsbedingungen anders als inländische Arbeitnehmer behandelt werden[113]. Vorliegend geht es nun offensichtlich nicht um den Zugang zum inländischen Arbeitsmarkt. In Betracht kommt daher von vornherein nur Art. 7 EWG-Vertrag, wobei in der Tat auch Diskriminierungen wegen des Aufenthaltsortes erfaßt werden können[114].

---

[111] Oben § 7 III.

[112] Oben § 7 III.

[113] *Groeben / Boeckh (-Karpenstein)* RN 1 ff. vor Art. 48 f. EWGV.

[114] Nach verbreiteter Meinung, vgl. *Bleckmann*, S. 337, ergibt sich dieses Diskriminierungsverbot nicht aus Art. 7 EWGV, sondern aus dem einen

Folgt man einer verbreiteten Auslegung des Art. 7 EWG-Vertrag, wonach dieses allgemeine Diskriminierungsverbot (anders als Art. 48 EWG-Vertrag) nicht nur Angehörige von Mitgliedsstaaten, sondern auch Angehörige von Drittstaaten schützt[115], ist diese Frage auch für Zweigniederlassungen und Tochtergesellschaften bedeutsam, die im nicht zur Europäischen Wirtschaftsgemeinschaft gehörenden Ausland — etwa in den USA — belegen sind. Was nun den Inhalt des Diskriminierungsverbotes betrifft, ist nach ganz h. M. nicht jede Ungleichbehandlung von In- und Ausländern (und man muß hinzufügen: von Personen mit Aufenthalt im Inland und mit Aufenthalt im Ausland) untersagt; vielmehr erlaubt Art. 7 EWG-Vertrag (wie auch sonst der Gleichheitssatz) eine auf sachlichen (und gesetzlich nicht verbotenen) Erwägungen beruhende Ungleichbehandlung[116]. Umstritten ist dabei allerdings, ob jeder sachliche (nach dem Recht des jeweiligen Staates erlaubte) Grund ausreicht, oder ob es sich um einen durch die Ziele des EWG-Vertrages geforderten oder gestatteten Grund handeln muß[117]. Wie dem aber auch sei: Solange die Mitgliedsstaaten der Europäischen Wirtschaftsgemeinschaft ihre Sozialordnungen im Hinblick auf die Teilhabe der Arbeitnehmer am Wirtschaftsleben allgemein und in der Unternehmensorganisation besonders (noch) nicht in den wesentlichen Punkten angeglichen haben — und das ist die Sachlage —, ist es auch aus dem Blickwinkel der Ziele des EWG-Vertrages nur legitim, wenn ein Staat die im Verhältnis am weitesten gehenden Mitwirkungsrechte der Arbeitnehmer auf sein Staatsgebiet beschränkt und die in ausländischen Zweigniederlassungen und Tochtergesellschaften tätigen Arbeitnehmer nicht in den Genuß dieser Mitwirkungsrechte kommen läßt. Dasselbe gilt selbstverständlich für den zum innerstaatlichen Recht gehörenden arbeitsrechtlichen sowie den allgemeinen Gleichheitssatz. All diese Erwägungen geben also, wenn für den Ausschluß der im Ausland tätigen Arbeitnehmer sachliche Gründe existieren, für unsere Fragestellung nichts her[118].

Für die Erstreckung der Mitbestimmungsrechte auf ausländische Belegschaften wird in der Diskussion weiterhin auf den „internationalprivatrechtlichen Grundsatz" hingewiesen, wonach internationale Fälle keiner den materiellen Rechtsordnungen der beiden beteiligten Staaten widersprechenden Lösung zugeführt werden dürften[119]. Zwar er-

allgemeinen Rechtsgrundsatz des Gemeinschaftsrechts bildenden allgemeinen Gleichheitssatz.

115 *Bleckmann*, S. 328 f.

116 *Bleckmann*, S. 330 mit zahlreichen Nachweisen.

117 *Bleckmann*, S. 330 f. mit Darstellung des Meinungsstandes.

118 Ebenso im Ergebnis *Lutter*, Mitbestimmungsprobleme, S. 260 ff.

119 Vgl. oben § 7 III.

scheint dies auf den ersten Blick einleuchtend, und in sehr vielen Fällen wird die Lösung dieser Forderung auch entsprechen. In Wirklichkeit existiert jedoch ein solcher „internationalprivatrechtlicher Grundsatz" nicht[120]. Ebenso verfehlt wie das in diesem Zusammenhang eingeführte Fallbeispiel — ein in Österreich tätiger Arbeitnehmer eines österreichischen Unternehmens habe Mitbestimmungsrechte; desgleichen ein in Deutschland tätiger Arbeitnehmer eines deutschen Unternehmens; ergo müsse ein in Österreich tätiger Arbeitnehmer eines deutschen Unternehmens ebenfalls Mitbestimmungsrechte haben — wäre die Behauptung, der Abschluß eines Unternehmensvertrages zwischen einer Gesellschaft des Staates X und einer Gesellschaft des Staates Y müsse deshalb möglich sein, weil sowohl das Recht von X als auch das Recht von Y Unternehmensverträge zuläßt. Einen solchen „internationalprivatrechtlichen Grundsatz" gibt es deshalb nicht, weil sich der Sachverhalt mit Auslandsberührung — von beiden beteiligten Staaten aus — anders als (jeweils) ein reiner Inlandssachverhalt darstellt und es deshalb nicht ausgeschlossen ist, daß er sowohl anders als ein reiner Inlandssachverhalt des Staates X als auch anders als ein reiner Inlandssachverhalt des Staates Y, also anders als nach den beteiligten materiellen Rechtsordnungen beurteilt wird. Das mag vielleicht merkwürdig anmuten und auch nicht oft vorkommen. Rechtliche Folgerungen lassen sich aber aus einem Vergleich zweier Inlandssachverhalte nicht ziehen[121].

So wenig wie der soeben gewürdigte Vergleich überzeugt der Vergleich des Mitbestimmungsrechts mit dem politischen Wahlrecht und der Hinweis auf die dort gegebene Möglichkeit der Briefwahl[122]. Zum einen setzt das — gemäß § 36 Bundeswahlgesetz durch Briefwahl ausübbare — Wahlrecht gemäß § 12 Abs. 1 Nr. 1 Bundeswahlgesetz voraus, daß der betreffende deutsche Staatsangehörige seit mindestens drei Monaten im Inland entweder eine Wohnung oder seinen gewöhnlichen Aufenthalt hat; „Auslandsdeutsche" sind also gerade nicht wahlberechtigt. Zum anderen krankt dieser Gedankengang daran, daß die Briefwahl „nur" die Ausübung des — bestehenden — Wahlrechts modifiziert, während hier gerade über die Existenz des (Mitbestimmungs-) Rechts gestritten wird.

Keine Maxime für die Lösung des uns beschäftigenden Problems stellt ferner der Hinweis dar, daß die Einbeziehung der im Ausland

---

120 So auch *Ebenroth / Sura*, Transnationale Unternehmen, S. 614.

121 Ebenso *Ebenroth / Sura*, Transnationale Unternehmen, S. 614. Zu Unrecht beruft sich *Grasmann*, Fn. 25 auf S. 329, auf *Kegel* (IPR, 3. Aufl., S. 48, 129) und *Neuhaus* (Grundbegriffe, 1. Aufl., S. 100). Die von *Grasmann* angeführten Fundstellen sind nicht einschlägig.

122 Siehe oben § 7 III.

beschäftigten Arbeitnehmer in die Mitbestimmung im deutschen Unternehmen die andernfalls bestehende Gefahr der Verlagerung künftiger Investitionen in das (nicht über derartige Mitbestimmungsgesetze verfügende) Ausland beseitige[123]. Zwar kann überhaupt nicht daran gezweifelt werden, daß Arbeitsplätze und Wohlstand schaffende Investitionen im Inland den Interessen der Arbeitnehmer entsprechen. Nur ist dies kein Gesichtspunkt, der bei der Auslegung der Mitbestimmungsgesetze eine Rolle spielen kann. Zum einen nicht, weil die Mitbestimmungsgesetze gerade ein Gegengewicht zum Kapital schaffen (sollen) und deswegen von vornherein nicht zur Förderung von Investitionen geeignet sind; zum anderen nicht, weil das deutsche Recht auch sonst keine Regelungen kennt, die Auslandsinvestitionen beschränken. Die Verlagerung von Investitionen ins Ausland zu verhindern, kann also durchaus ein wichtiges rechtspolitisches — im übrigen nicht nur auf die Mitbestimmungsfrage zu beziehendes — Thema sein; für die Bestimmung des Geltungsbereichs des (geltenden) Mitbestimmungsrechts ist es ohne Bedeutung.

Gleiches gilt schließlich für das Argument, daß in der Irrelevanz der Staatsangehörigkeit für das passive Wahlrecht im Rahmen der betrieblichen wie der Unternehmensmitbestimmung eine „Internationalisierung“ der Mitbestimmung liege und daher die Erstreckung der Mitbestimmungsrechte auch auf ausländische Belegschaften geboten sei[124]. Es handelt sich wiederum um zwei vollkommen unterschiedliche Sachverhalte. Wenn der deutsche Gesetzgeber das für das passive Wahlrecht bestehende Erfordernis der deutschen Staatsangehörigkeit abschafft, so gibt er damit seine Überzeugung kund, daß die im Inland arbeitenden Ausländer („Gastarbeiter“) in die deutsche Sozialordnung, jedenfalls was das Arbeitsleben betrifft, derart integriert sind, daß sie wie ihre deutschen Kollegen behandelt werden und daher auch Zugang zu den vom Betriebsverfassungsrecht und vom Mitbestimmungsrecht vorgesehenen Ämtern der Arbeitnehmervertreter haben sollen. Dieser Gedanke läßt keinerlei Rückschlüsse auf die Stellungnahme des Gesetzes oder des Gesetzgebers zu der uns interessierenden Frage zu. Ebensowenig kann unter dem Gesichtspunkt der Gleichbehandlung aus dem Umstand, daß Auslandsbeziehungen auf der Seite der Anteilseigner (Beispiel des Großaktionärs mit schweizer Wohnsitz) für deren Rechtsstellung bedeutungslos sind, irgendeine Folgerung für die Behandlung von Arbeitnehmern gezogen werden[125]. Das Schlagwort vom „Gleichgewicht von Kapital und Arbeit“ vermag die (nicht mögliche)

---

123 Vgl. oben § 7 III.

124 Vgl. oben § 7 III.

125 So aber die oben in § 7 III. dargestellte Ansicht.

rechtliche Begründung, daß beide Sachverhalte „gleich" sind, nicht zu ersetzen.

Wie sich gezeigt hat, ist eine erhebliche Anzahl der in der Diskussion um die Erstreckung der Mitbestimmungsrechte auf im Ausland befindliche Teile deutscher Unternehmen eingeführten Argumente nicht stichhaltig oder überhaupt irrelevant. Die Überlegungen müssen sich nunmehr auf folgende, den Kern des Problems betreffende Gesichtspunkte richten. Auf der einen Seite ist es der Zweck der verschiedenen Mitbestimmungsgesetze, Vertreter der im (Konzern-)Unternehmen beschäftigten Arbeitnehmer am Prozeß der Entscheidungsfindung und an der Aufsicht über die Geschäftsführung zu beteiligen und so die Arbeitnehmerinteressen in die Unternehmensstruktur einzubinden[126]. Dieser Aspekt (der schon auf der Ebene der kollisionsrechtlichen Fragestellung eine Rolle gespielt hat) spricht deutlich gegen eine Begrenzung der Mitbestimmung auf im Inland belegene Unternehmensteile; denn es ist nicht ersichtlich, wie vor diesem Hintergrund der Ausschluß einer Gruppe von Arbeitnehmern gerechtfertigt sein könnte[127]. Dies gilt besonders dann, wenn man sich nochmals[128] vergegenwärtigt, daß das Mitbestimmungsrecht gerade kein Arbeitnehmerschutzgesetz ist (dann könnte eine Begrenzung auf das Inland naheliegen, jedenfalls solange das Arbeitsstatut in Auslandsfällen nicht deutsches Recht ist), sondern eine Fortbildung des Gesellschafts- und Unternehmensrechts. Auf der anderen Seite kann man (gerade auch von diesem Standpunkt aus) nicht die Augen davor verschließen, daß das Funktionieren der deutschen Mitbestimmungskonzeption mit einer insgesamt verantwortungsbewußten Haltung der Arbeitnehmer und Gewerkschaften steht und fällt; und insofern ist es natürlich bedenklich, wenn in politisch nicht konsolidierten oder durch eine möglicherweise klassenkampfartige Polarisierung zwischen Arbeitgebern und Arbeitnehmern und ihren Organisationen gekennzeichneten Ländern belegene Unternehmensteile in die Mitbestimmung im deutschen Unternehmen einbezogen werden sollen[129]. Dieser Gesichtspunkt ist es auch, der bei einigen sich für eine Beschränkung der Mitbestimmungsrechte auf im Inland tätige Arbeitnehmer befürwortenden Autoren den Ausschlag gibt[130] und *Prager* zu seiner — methodisch freilich verfehlten[131] — „gesellschaftsrechtichen und zugleich sozialverhältnismäßigen Qualifikation" des Mitbestimmungsrechts veranlaßt.

---

126 Siehe hierzu oben § 7 III. sowie § 9 II. 2.

127 Siehe oben § 7 III.

128 Vgl. oben § 9 II. 2.

129 Siehe oben § 7 II.

130 Etwa *Ebenroth / Sura*, Transnationale Unternehmen, S. 617.

131 Siehe oben § 9 I. 2.

Zur Lösung des Problems sind drei Wege denkbar: Erstens die von dem überwiegenden Teil der Lehre und dem Landgericht Düsseldorf vorgenommene Begrenzung des Mitbestimmungsrechts auf das Inland (Lösungsmöglichkeit 1); zweitens eine den Grundgedanken *Pragers* aufgreifende, von dem Vorliegen „sozialer Äquivalenz" abhängige Erstreckung der Mitbestimmungsrechte auf ausländische Belegschaften im Einzelfall (Lösungsmöglichkeit 2); drittens die generelle Erstrekkung der Mitbestimmungsrechte auf ausländische Belegschaften, wobei die möglicherweise auftretenden Schwierigkeiten der angedeuteten Art auf reaktive Weise mit den Mitteln des auch für reine Inlandsfälle zur Verfügung stehenden Instrumentariums und/oder mit noch zu entwickelnden Behelfen zu bewältigen wären (Lösungsmöglichkeit 3). Von vornherein als Lösung unangemessen erscheint es, zwischen der Gewährung von „aktiven" Mitbestimmungsrechten einerseits und der Berücksichtigung von im Ausland arbeitenden Belegschaften oder im Ausland realisierten Umsätzen andererseits zu differenzieren[132]. Denn wenn man zu dem Schluß kommt, ausländische Belegschaften seien (generell oder im Einzelfall) an der Mitbestimmung im deutschen Unternehmen nicht zu beteiligen, so sind diese Belegschaften mitbestimmungsrechtlich gänzlich irrelevant. Es geht nicht an, die „Einheit von Zählen und Wählen" aufzuheben und im Ausland verwirklichte Größenmerkmale ausschließlich zugunsten oder zuungunsten (nämlich bei der Montanmitbestimmung) der deutschen Arbeitnehmer wirksam werden zu lassen[133]. Das gilt auch dann, wenn man die Mitbestimmung als Gegengewicht zu anonymisierten und differenzierten Organisationsstrukturen versteht[134]; denn dieser Gedanke erfordert gerade, daß alle von dieser Art der Organisation betroffenen Arbeitnehmer und nicht nur ein Teil an der Mitbestimmung teilnehmen.

Grundsätzlichen Bedenken begegnet die Lösungsmöglichkeit 1. Der einzige die Begrenzung der Mitbestimmung auf im Inland belegene Unternehmen rechtfertigende Grund liegt in den mit dem erheblichen Auseinanderklaffen verschiedener Sozialordnungen verbundenen Problemen. Also werden immer dann, wenn solche Hindernisse nicht bestehen, die Interessen der im Ausland tätigen Arbeitnehmer schlechthin ignoriert. So lag es beispielsweise in dem vom Landgericht Düsseldorf entschiedenen Fall. Zwar gibt es in den Niederlanden kein dem deutschen Mitbestimmungsrecht entsprechendes Modell der Arbeit-

---

132 Vgl. oben § 7 II. a. E.

133 So auch *Ebenroth / Sura*, Transnationale Unternehmen, S. 612; MünchKomm *(-Ebenroth)* nach Art. 10 RN 259; *Staudinger (-Großfeld)* IntGesR RN 323.

134 Vgl. *Lux*, Einleitung, S. 95 f.; ders., Mitbestimmungsgesetz, S. 67 ff.; *Prager*, S. 46 f.

nehmerbeteiligung im Aufsichtsrat. Die Arbeitnehmerseite kann aber mittels des vom sogenannten Unternehmensrat ausübbaren Vetorechts auf die Zusammensetzung des Aufsichtsrates Einfluß nehmen, und auch die „Rekrutierung“ der Aufsichtsratsmitglieder ist wegen des Kooptationsverfahrens nicht Sache allein der Anteilseigner[135]. Diese Umstände legen es nahe, daß die Entsendung von niederländischen Arbeitnehmer- und Gewerkschaftsvertretern in den Aufsichtsrat des deutschen Unternehmens einer angemessen funktionierenden Zusammenarbeit nicht entgegengestanden hätte[136]. Dementsprechend beruft sich das Gericht auf das gänzlich bedeutungslose Territorialitätsprinzip, auf die in Wahrheit nicht drohende Verletzung der niederländischen Souveränität sowie auf die allenfalls peripher interessierende Stellungnahme des Bundestagsausschusses für Arbeit und Sozialordnung[137]. Demnach ist festzuhalten: Lösungsalternative 1 kann grundsätzlich nicht befriedigen; sie ist nur dann zu erwägen, wenn eine andere Lösung, die die geschilderten Gefahren wirksam abwehrt, nicht gefunden werden kann.

Daher ist zu überlegen, ob eine Einbeziehung der im Ausland tätigen Arbeitnehmer in die Mitbestimmung im deutschen Unternehmen nach einer Prüfung im Einzelfall — etwa unter Rückgriff auf den Gedanken von *Prager* — geboten ist. Es erscheint auf den ersten Blick durchaus plausibel, auf das Vorliegen einer „gewissen Affinität“ der ausländischen Sozialordnung zur deutschen abzustellen. Bei näherem Hinsehen ergeben sich aber erhebliche Zweifel, auf welche Kriterien es hier entscheidend ankommen soll. Naheliegend wäre es zu prüfen, ob das ausländische Recht eine dem deutschen Recht ähnliche Unterteilung von Bereichen des strukturierten Konflikts (Tarifvertragssystem) und Bereichen der Kooperation kennt. Da eine in dieser Form durchgeführte Trennung fast nur dem deutschen Recht eigen ist, würden sich wohl häufig Probleme ergeben. Man muß sich aber auch fragen, ob die rechtliche Organisation — grob gesprochen — des Verhält-

---

[135] Zu der Situation in den Niederlanden vgl. die Übersicht bei *Waschke*, S. 99 ff. und *Hoffmann / Lehmann / Weinmann* Einleitung RN 104.

[136] Darüber hinaus wären die bedenklichen anderweitigen Folgen der Entscheidung vermieden worden. Es handelte sich nämlich um ein deutsch-niederländisches Gemeinschaftsunternehmen (VFW-Fokker mbH) mit Sitz in Deutschland, wobei Aufsichtsrat und Vorstand paritätisch von der deutschen und von der niederländischen Seite besetzt werden sollten. Die Teilnahme nur der deutschen Arbeitnehmer an der Mitbestimmung bewirkte eine deutsche $^3/_4$-Mehrheit im Aufsichtsrat.

[137] LG Düsseldorf DB 1979, S. 1451 f. Um so erstaunlicher ist, daß das Gericht diesen Rechtszustand (wohl im Hinblick auf die zerstörte Parität im Aufsichtsrat) als „unbefriedigend“ beklagt und die „politisch verantwortlichen Gremien“ zum Überdenken dieses Rechtszustandes auffordert, vgl. S. 1452; allgemein zum Problem der Gemeinschaftsunternehmen *Lutter*, Mitbestimmungsprobleme, S. 264 ff.

nisses zwischen „Kapital und Arbeit“ überhaupt der entscheidende Gesichtspunkt sein kann. Wie die Rechtsvergleichung lehrt, werden oft in verschiedenen Rechtsordnungen gleiche Interessenlagen und -konflikte in unterschiedlichen rechtlichen Strukturen mit gleichen oder ähnlichen Ergebnissen geregelt. Auch ist es durchaus möglich, daß innerhalb einer Kooperationsstruktur scharfe Konflikte ausgetragen werden, ebenso wie innerhalb einer Konfliktstruktur Kooperation stattfinden kann. Beispiel für das erste Phänomen ist die traditionell auf Konfrontation mit den Arbeitgebern ausgerichtete Haltung der französischen Gewerkschaften, die natürlich auch in Kooperationsstrukturen Konflikt hineinträgt[138]. Beispiele für das zweite Phänomen sind in den USA das oben[139] erwähnte Experimental Negotiation Agreement (ENA) in der Stahlindustrie, welches die eigentlichen Werkzeuge des Konflikts (Streik und Aussperrung) aus der Konfliktsstruktur verbannt, und die Zugeständnisse der Gewerkschaft im Fall Chrysler[140]. Für die „Rechtswirklichkeit“, für die gelebte Sozialordnung scheint es also besonders bedeutsam zu sein, ob sich Arbeitnehmer und Arbeitgeber über die Grundlagen des Wirtschaftssystems einig sind oder nicht. Ist dies nicht der Fall, wird unabhängig von den rechtlichen Strukturen Konflikt das Bild prägen. Besteht demgegenüber eine solche Einigkeit, wird — ebenfalls unabhängig von den rechtlichen Strukturen — ein Nebeneinander von Interessenübereinstimmung (das Wohl der Arbeitnehmer ist vom Wohl des Unternehmens abhängig, daher Kooperation) und Interessengegensätzen (vereinfacht: möglichst viel Lohn, möglichst gute Arbeitsbedingungen, möglichst sichere Arbeitsplätze einerseits, möglichst rentable Produktion andererseits, daher Konflikt) existieren. All dies läßt es als höchst unsicher erscheinen, worauf es bei der Frage der Vergleichbarkeit der ausländischen Sozialordnung mit der deutschen ankommen soll. Lediglich auf das fremde Recht zu schauen, reicht aus den genannten Gründen nicht aus; auch ist nicht auszumachen, wo Vergleichbarkeit (noch) gegeben oder nicht (mehr) gegeben ist. Auf die Haltung der ausländischen Arbeitnehmer und Gewerkschaften zu schauen, läuft in allen Fällen, in denen das Verhältnis zwischen „Arbeit und Kapital“ nicht durch scharfe Polarisierung gekennzeichnet ist, auf eine kaum durchzuführende Prognose hinaus; wie sich die Beteiligung der im Ausland tätigen Arbeitnehmer an der Mitbestimmung im deutschen Unternehmen im einzelnen auswirkt, kann man schwerlich voraussagen. Da es hier nicht um einen Gesetzesvorschlag, sondern um die angemessene („richtige“) Auslegung der Mitbe-

---

138 Hierzu vgl. *Waschke*, S. 126 ff. und bes. S. 139 f.

139 § 5 II. 2. a).

140 Vgl. oben § 5 I.

stimmungsgesetze geht, trifft zwar der Vorwurf nicht zu, ein solcher Ansatz werde rechtsstaatlichen Anforderungen nicht gerecht[141]. Aber die nicht hinwegzuleugnenden Unsicherheiten dieser Auslegung können kaum befriedigen, besonders dann nicht, wenn man die Situation der betroffenen Unternehmen bedenkt, die wegen des ungewissen Geltungsbereiches des Mitbestimmungsrechts (oder gar der ungewissen Mitbestimmungspflicht) einer erheblichen Rechtsunsicherheit ausgesetzt wären. Aus all diesen Erwägungen erscheint eine Einbeziehung der ausländischen Belegschaften in die Mitbestimmung im deutschen Unternehmen nach einer auf die Ausgestaltung der ausländischen Sozialordnung abstellenden Prüfung im Einzelfall nicht durchführbar[142].

Als Alternative zu Lösungsmöglichkeit 1 bleibt damit nur die grundsätzliche Erstreckung des Mitbestimmungsrechts auch auf Belegschaften im Ausland (Möglichkeit 3). Dies ist freilich nur dann diskutabel, wenn für den Fall, daß die Haltung der ausländischen Arbeitnehmer- und Gewerkschaftsvertreter eine dem gesetzlichen Modell entsprechende Mitbestimmungspraxis beträchtlich erschwert oder gar unmöglich macht, Vorkehrungen zum Ausschluß der betreffenden Belegschaft von der Mitbestimmung möglich sind. Denn es ist offensichtlich, daß der Ausbruch offenen Klassenkampfes oder eine völlige Indifferenz der Arbeitnehmerseite im Aufsichtsrat dem Zweck der Mitbestimmungsgesetze nicht entspricht. Demgemäß wäre es schon nicht statthaft, eine ausländische Belegschaft gegen ihren Willen in die Mitbestimmung im deutschen Unternehmen einzubeziehen. Dem kann dadurch Rechnung getragen werden, daß man Belegschaften, die sich — nach Aufklärung über den Inhalt des Mitbestimmungsrechts — mehrheitlich gegen eine Teilnahme an der Mitbestimmung aussprechen, von vornherein nicht einbezieht. Ein derartiges Vorhaben ließe sich — anders als im rein innerstaatlichen Bereich, wo die Beurteilung der Mitbestimmungsinteressen durch den Gesetzgeber verbindlich vollzogen wurde — mit dem teleologischen Argument rechtfertigen, daß ausländische, gegen die Mitbestimmung eingestellte Arbeitnehmer naturgemäß auch kein Interesse an ihr haben, daß also der sonst für die Einbeziehung der im Ausland tätigen Arbeitnehmer in die Mitbestimmung sprechenden Gesichtspunkt hier gerade wegfällt. Gleiches müßte gelten, wenn der betreffende ausländische Staat den auf seinem Staatsgebiet tätigen Arbeitnehmern die Teilnahme an der Mitbestimmung verbietet oder wenn dort Zustände herrschen, die einen ordnungsge-

---

141 So *Ebenroth / Sura*, Transnationale Unternehmen, S. 613, im Anschluß an *Staudinger (-Großfeld)* IntGesR RN 327.

142 Ebenso *Staudinger (-Großfeld)* IntGesR RN 327.

mäßen Wahlvorgang (Freiheit bei der Kandidatenaufstellung und Freiheit bei der Wahl) nicht zulassen[143].

Hat nun eine ausländische Belegschaft an den Wahlen zum Aufsichtsrat des deutschen Unternehmens teilgenommen und auch selbst Vertreter entsandt, so stellt sich die Frage, wie ein angemessenes Funktionieren des mitbestimmten Aufsichtsrates sichergestellt werden kann. Probleme ergeben sich namentlich, wenn die von der ausländischen Belegschaft entsandten Aufsichtsratsmitglieder klassenkämpferisches oder konfrontatives Verhalten an den Tag legen oder auch „nur" massiv ihre lokalen Interessen zu vertreten suchen. In einer solchen Situation können zunächst die allgemeinen, auch für jeden Inlandsfall maßgeblichen Mechanismen eingreifen. Aufgabe der von Arbeitnehmerseite entsandten Aufsichtsratsmitglieder ist weder die Förderung der Interessen der Arbeitnehmer schlechthin noch die Förderung klassenkämpferischer Zielsetzungen; die Arbeitnehmer- und Gewerkschaftsvertreter sind „nicht ständige Opposition, sondern Teilhaber einer großen Koalition"[144] und als solche zur Förderung des Unternehmenswohles verpflichtet[145]. Aufsichtsratsmitglieder, die sich als zur Erfüllung dieser Pflicht nicht fähig oder nicht willens zeigen, machen sich nach § 116 AktG schadensersatzpflichtig und können vor allem gemäß § 103 Abs. 3 AktG auf einen mit einfacher Mehrheit zu beschließenden Antrag des Aufsichtsrates durch das zuständige Gericht aus dem Amt entfernt werden. Wird ein solcher Schritt erforderlich, ist zugleich davon auszugehen, daß die Belegschaft des betreffenden ausländischen Unternehmensteiles die für die Teilnahme an der Unternehmensmitbestimmung erforderliche Einstellung nicht besitzt und von einer weiteren Teilnahme deshalb auszuschließen ist. Auch dies rechtfertigt sich aus der Teleologie der Mitbestimmungsgesetze, weil in einem solchen Fall ein von Mitbestimmungsgesetzen geschütztes Mitbestimmungsinteresse der im Ausland tätigen Arbeitnehmer nicht besteht.

Stellt man die Lösungsmöglichkeiten 1 und 3 gegenüber, so ergibt sich folgender Befund. Lösungsmöglichkeit 3 hat gegenüber Lösungsmöglichkeit 1 den Vorzug, daß dort, wo eine sinnvolle Teilnahme der ausländischen Belegschaften an der Mitbestimmung im deutschen Unternehmen möglich ist, diese auch — dem Zweck der Mitbestimmungs-

143 Ebenso *Däubler*, Mitbestimmung, S. 458 sowie oben § 10 I. Fn. 91.

144 *Lutter*, Mitbestimmungsprobleme, S. 255 f.

145 Fehl gehen insofern die Ausführungen von *Hoffmann / Lehmann / Weinmann* § 1 MitbestG RN 40, ausländische Arbeitnehmer- und Gewerkschaftsvertreter seien nicht die geeigneten Interpreten der Interessen der Arbeitnehmer deutscher Betriebe. Es geht nicht um die Interessen der Arbeitnehmer einzelner Betriebe. Die Mitbestimmungsregelungen sind keine Arbeitnehmerschutzgesetze.

gesetze entsprechend — stattfindet. Lösungsmöglichkeit 3 birgt aber anders als Lösungsmöglichkeit 1 die Gefahr in sich, daß für eine gewisse Zeit eine den unserem Recht zugrundeliegenden Vorstellungen entsprechende Mitbestimmungspraxis nicht sichergestellt ist. Wie häufig sich diese Gefahr realisieren würde, kann nicht gesagt werden, weil eine derartige, auf unbekannten Faktoren beruhende Prognose unmöglich ist. Das Risiko sollte dennoch nicht überschätzt werden: Mit Sicherheit werden die angedeuteten Verhaltensweisen ausländischer Arbeitnehmer- und Gewerkschaftsvertreter bei ihren deutschen Kollegen keine Resonanz finden, so daß diese unerwünschten Verhaltensweisen die Zusammenarbeit im Aufsichtsrat zwar stören, sie aber nicht entscheidend beeinflussen und aus den Angeln heben könnten. Diesem Nachteil der Lösungsmöglichkeit 3 kann daher gegenüber dem mit Lösungsmöglichkeit 1 verbundenen Nachteil, dem völligen Ausschluß aller in ausländischen Unternehmensteilen beschäftigter Arbeitnehmer von der Mitbestimmung im deutschen Unternehmen, kein entscheidendes Gewicht zukommen.

Was nun die Anwendung dieser Konzeption auf das Illustrationsbeispiel, die Wirtschaftsverflechtung zwischen der Bundesrepublik Deutschland und den USA, betrifft, so kann man sich trotz des Umstandes, daß amerikanische Arbeitnehmer und Gewerkschaften in ihrem Lande grundsätzlich[146] keine institutionalisierte Mitbestimmung anstreben, eine Teilnahme amerikanischer Belegschaften an der Mitbestimmung im deutschen Unternehmen durchaus vorstellen. Die Haltung der amerikanischen Arbeitnehmer und Gewerkschaften beruht nicht auf einem Streit um die wünschenswerte Wirtschaftsordnung, sondern auf Zweckmäßigkeitserwägungen. Weiterhin haben Arbeitnehmer und Gewerkschaften gezeigt, daß sie auch im eigenen Interesse Kooperation mit den Arbeitgebern — besonders in Krisenzeiten — zu üben in der Lage sind[147]; das nötige Verantwortungsbewußtsein mangelt ihnen also nicht. Da sie ferner nach dem deutschen dualen System der Verbandsorganisation nicht direkt am „management“ beteiligt wären — anders als nach dem amerikanischen board-System —, ist es keineswegs ausgeschlossen, daß sie an einer Teilnahme an der Mitbestimmung — gewissermaßen als sich nicht im eigenen Lande abspielendem Experiment — interessiert sind. Sollte dem — generell oder, wahrscheinlicher, im Einzelfall — nicht so sein, stünde es den amerikanischen Belegschaften frei, durch Mehrheitsentscheidung auf die Teilnahme an der Mitbestimmung im deutschen Unternehmen zu verzichten.

---

146 Zu den Ausnahmen oben § 5 I.

147 Vgl. auch oben § 5 I.

Nehmen die in amerikanischen Zweigniederlassungen oder Tochtergesellschaften deutscher Unternehmen beschäftigten Arbeitnehmer an der Mitbestimmung im deutschen Unternehmen teil, erleidet das Verfahren der Wahl der Arbeitnehmer- und Gewerkschaftsvertreter im Aufsichtsrat der deutschen Gesellschaft keine grundsätzlichen Modifikationen. Dennoch ist hier auf die Besonderheiten einzugehen, die im Rahmen eines nach dem Mitbestimmungsgesetz — dem angesichts der hier interessierenden Größenordnungen regelmäßig einschlägigen Gesetz[148] — durchzuführenden Wahlverfahrens auftreten können.

Daß die nicht vorhandene Unterscheidung von Arbeitern und Angestellten keine besonderen Probleme in der Durchführung des Wahlverfahrens mit sich bringt, wurde bereits oben[149] ausgeführt. Das für die Aufteilung der den einzelnen Arbeitnehmergruppen und den Gewerkschaften zustehenden Aufsichtsratsmandate (§ 7 Abs. 2 MitbestG), für das Vorschlagsrecht bezüglich der Kandidaten für die Aufsichtsratsmandate (§ 15 Abs. 4 MitbestG) und für die Wahl der unternehmensangehörigen Aufsichtsratsmitglieder der Arbeitnehmer (§ 15 Abs. 2 MitbestG) maßgebliche Prinzip der Trennung von Arbeitern und (nicht leitenden und leitenden) Angestellten wird mittels einer hypothetischen Anwendung des deutschen Sozialversicherungsrechts (das ja nur als Hilfsmittel zur Abgrenzung dient) ebenso befolgt wie der — für den Fall eines gegenteiligen Beschlusses durch die Arbeitnehmer bzw. Wahlmänner — Grundsatz der Wahl nach (den genannten) Gruppen (§§ 10 Abs. 1, 2, 15 Abs. 3 MitbestG). Das Vorschlagsrecht der Gewerkschaften hinsichtlich ihrer Vertreter im Aufsichtsrat (§ 16 Abs. 2 MitbestG) steht auch den in amerikanischen Unternehmensteilen vertretenen Gewerkschaften zu; existieren in dem jeweiligen Unternehmensteil mehrere „bargaining units", so wird das Vorschlagsrecht — entsprechend dem deutschen Prinzip der Einheitsgewerkschaft — von den mehreren Gewerkschaften gemeinschaftlich ausgeübt. Die (gerade in den interessierenden Fällen, die große räumliche Entfernungen aufweisen, besonders sinnvolle) indirekte Wahl durch Wahlmänner findet stets in Unternehmen und Konzernen mit mehr als 8000 Beschäftigten statt, soweit die Belegschaften nicht mehrheitlich die Direktwahl beschlossen haben; umgekehrt bedarf in Konzernen mit nicht mehr als 8000 Beschäftigten die indirekte Wahl durch Wahlmänner eines besonderen Beschlusses der Arbeitnehmer (vgl. § 9 MitbestG).

---

[148] Zur (aus faktischen Gründen nicht mehr sehr bedeutsamen) Montanmitbestimmung und zur (wegen der Existenz des MitbestG 1976 nicht mehr so bedeutsamen) „einfachen" Mitbestimmung nach den §§ 76 ff. BetrVG 52 siehe die oben § 7 II. berichteten Vorschläge *Däublers*.

[149] § 10 II.

Näher zu diskutieren sind die Probleme, die sich bei der Bestellung der Wahlvorstände ergeben. Zugrunde gelegt wird hier die Dritte Wahlordnung zum Mitbestimmungsgesetz[150] (3. WahlO), die u. a. dann Anwendung findet, wenn es um die Wahl der Aufsichtsratsmitglieder einer Konzernobergesellschaft geht (§ 1 Abs. 1 MitbestG); diese Entscheidung ist praxisnah, weil die relevanten deutschen Gesellschaften in aller Regel eine oder mehrere Tochtergesellschaften haben, gleichgültig, ob der in den USA belegene Unternehmensteil nun als Tochtergesellschaft oder als Zweigniederlassung organisiert ist.

Der vor Ort agierende unterste Teil der Wahlorganisation ist der mindestens aus drei Mitgliedern (vgl. § 6 Abs. 1 3. WahlO) bestehende Betriebswahlvorstand. Dieser wird vom Betriebsrat, bei Fehlen eines Betriebsrates von der Betriebsversammlung (mit Stimmenmehrheit) bestellt (§ 6 Abs. 4 3. WahlO). Da das amerikanische Recht einen Betriebsrat oder eine ihm auch nur entfernt ähnelnde Institution nicht kennt, liegt die Lösung in der Wahl durch die Betriebsversammlung und bereitet keine Probleme. Die mittlere Stufe der Wahlorganisation ist der Unternehmenswahlvorstand, der auf der Ebene des zum Konzern gehörenden Unternehmens gebildet wird. Hat ein Unternehmen nur einen Betrieb, so tritt der Betriebswahlvorstand an die Stelle des Unternehmenswahlvorstandes (§ 3 Abs. 2 S. 2 3. WahlO); besteht eine amerikanische Tochtergesellschaft demnach nur aus einem Betrieb, so ergeben sich im Verhältnis zu obigen Ausführungen keine Änderungen. Unterhält ein Unternehmen mehrere Betriebe, wird der Unternehmenswahlvorstand vom Gesamtbetriebsrat (§ 5 Abs. 4 S. 1 3. WahlO), bei Fehlen eines Gesamtbetriebsrates von dem Betriebsrat des nach der Zahl der wahlberechtigten Arbeitnehmer größten über einen Betriebsrat verfügenden Betriebes (§ 5 Abs. 4 S. 2 3. WahlO), bei Fehlen eines Betriebsrates im ganzen Unternehmen von der Betriebsversammlung des nach der Zahl der wahlberechtigten Arbeitnehmer größten Betriebes durch mehrheitliche Wahl (§ 5 Abs. 4 S. 4 3. WahlO) bestellt. Handelt es sich also um eine amerikanische Tochtergesellschaft mit mehreren Betrieben, kommt man auch hier zur Ersetzung des Betriebsrates durch die Betriebsversammlung. Handelt es sich dagegen bei dem amerikanischen Unternehmensteil um eine Zweigniederlassung eines deutschen Unternehmens, sind wegen der Existenz von Betriebsräten und Gesamtbetriebsrat in Deutschland und der Nichtexistenz solcher Einrichtungen in den USA Friktionen denkbar. Dem in Deutschland gebildeten Gesamtbetriebsrat die Bestellung des Unternehmenswahlvorstandes allein zu überlassen, erweckt Bedenken, weil eine Repräsentanz der amerikanischen Arbeitnehmer nicht, wie im Inlandsfall,

[150] Vom 23. 6. 1977, BGBl I S. 934.

aus faktischen Gründen scheitert (im Inlandsfall: scheitern kann), sondern eine solche Repräsentanz rechtlich unmöglich ist. Andererseits zeigt die soeben geschilderte „Stufenleiter" des § 5 Abs. 4 3. WahlO, daß das Gesetz bei der Bestellung des Unternehmenswahlvorstandes im Interesse einer funktionierenden Wahlorganisation die Nicht-Repräsentanz erheblicher Unternehmensteile hinnimmt. Da das Gesetz bei dieser Entscheidung stets an den nach der Zahl der wahlberechtigten Arbeitnehmer größten Betrieb anknüpft, ist dem Gesamtbetriebsrat die Befugnis zur Bestellung des Unternehmenswahlvorstandes zu belassen, solange nicht die Mehrheit der wahlberechtigten Arbeitnehmer in ausländischen Unternehmensteilen beschäftigt ist. In dem höchst seltenen Fall, daß ein Unternehmen in ausländischen Zweigniederlassungen mehr Arbeitnehmer als im Inland beschäftigt, wäre der nach der Zahl der wahlberechtigten Arbeitnehmer größte Betrieb, d. h. (je nachdem) dessen Betriebsrat oder Betriebsversammlung, zur Bestellung des Unternehmensvorstandes berechtigt. Die Spitze der Wahlorganisation stellt schließlich der für die rechtzeitige Einleitung der Wahl, ihre Durchführung sowie die Feststellung des Wahlergebnisses verantwortliche Hauptwahlvorstand dar. Der Hauptwahlvorstand wird vom Konzernbetriebsrat (§ 4 Abs. 4 S. 1 3. WahlO), bei Fehlen eines Konzernbetriebsrates gemeinsam vom Gesamtbetriebsrat bzw. Betriebsrat der Konzernspitze und vom Gesamtbetriebsrat bzw. Betriebsrat des nach der Zahl der wahlberechtigten Arbeitnehmer größten über einen Betriebsrat verfügenden abhängigen Unternehmens (§ 4 Abs. 4 S. 3 3. WahlO), bei Fehlen eines Gesamtbetriebsrates bzw. Betriebsrates in der Konzernspitze allein vom Gesamtbetriebsrat bzw. Betriebsrat des größten über einen Betriebsrat verfügenden abhängigen Unternehmens (§ 4 Abs. 4 S. 4 3. WahlO), schließlich umgekehrt bei Fehlen eines Betriebsrates in abhängigen Unternehmen allein vom Gesamtbetriebsrat bzw. Betriebsrat des herrschenden Unternehmens (§ 4 Abs. 4 S. 4 3. WahlO) bestellt. Die hier möglicherweise wieder auftauchenden Friktionen der soeben beschriebenen Art sind entsprechend dem oben Gesagten dahin aufzulösen, daß sämtliche in § 4 Abs. 4 3. WahlO vorgesehene Prozeduren solange unverändert durchgeführt werden, wie die Mehrzahl der konzernangehörigen wahlberechtigten Arbeitnehmer im Inland beschäftigt ist. Ist dem — ausnahmsweise — nicht so, ist der Hauptwahlvorstand gemeinsam vom Gesamtbetriebsrat oder Betriebsrat der Konzernspitze und von dem Gesamtbetriebsrat bzw. Betriebsrat oder aber von der Betriebsversammlung des nach der Zahl der wahlberechtigten Arbeitnehmer größten abhängigen Unternehmens zu bestellen. Diese zur Überwindung der auftretenden Schwierigkeiten vorgeschlagenen Lösungen mögen den Anschein haben, sich vom Gesetz weit zu entfernen. Dem ist indessen nicht so. Da das Gesetz selbst die

Betriebsversammlung als Ersatzgremium — also auch im reinen Inlandsfall — konzipiert und eine Überrepräsentanz bestimmter Belegschaften bei der Bestellung der Wahlvorstände nur innerhalb der durch das Größenkriterium gesteckten Grenzen gestattet, stellen die hier unterbreiteten Vorschläge Lösungen dar, welche die für reine Inlandsfälle gedachten Regelungen unter Beachtung der in ihnen enthaltenen Grundentscheidungen der sich aus der Internationalität des Sachverhalts ergebenden besonderen Situation anpassen — ein Vorgang, der auch sonst bei internationalen Fällen ständig vorkommt.

Die hier vertretene Antwort auf die Frage nach dem internationalen Anwendungsbereich des deutschen Mitbestimmungsrechts bei im Ausland belegenen Teilen inländischer Unternehmen läßt sich also wie folgt zusammenfassen. Die in einem ausländischen Unternehmensteil tätigen Arbeitnehmer nehmen an der Mitbestimmung im deutschen Unternehmen von vornherein nicht teil, wenn sie sich mehrheitlich hiergegen aussprechen, wenn der Belegenheitsstaat es ausdrücklich verbietet oder wenn die politische Lage im Belegenheitsstaat ordnungsgemäße Wahlen nicht zuläßt. Ausländische Belegschaften sind von der weiteren Teilnahme an der Mitbestimmung im deutschen Unternehmen auszuschließen, wenn von ihnen entsandte Aufsichtsratsmitglieder nach § 103 Abs. 3 AktG abberufen werden müssen, weil sie nicht die Eignung zu einer den dem deutschen Recht zugrundeliegenden Vorstellungen entsprechenden Mitarbeit im Aufsichtsrat aufweisen.

§ 11. Der Anwendungsbereich des deutschen Mitbestimmungsrechts bei im Inland belegenen Teilen ausländischer Unternehmen

I. Kollisionsrechtliche Ausgangslage

1. Inländische Zweigniederlassung

Die Frage der Unternehmensmitbestimmung richtet sich nach dem Personalstatut der betreffenden Gesellschaft. Für inländische Zweigniederlassungen ausländischer Unternehmen bedeutet dies: Wenn das ausländische Recht — wie meistens — eine Unternehmensmitbestimmung nicht kennt, oder aber eine solche kennt, im Ausland tätige Arbeitnehmer aber an ihr nicht teilnehmen läßt (wie etwa das niederländische Recht), haben die im Inland beschäftigten Arbeitnehmer keinerlei Mitbestimmungsrechte auf Unternehmensebene. Dieses Ergebnis ist unbestritten[151].

[151] Siehe oben § 8 I.

2. *Inländische Tochtergesellschaft*

Hier stellt sich die kollisionsrechtliche Ausgangslage differenzierter dar. Aufgrund des deutschen Personalstatuts der inländischen Tochtergesellschaft greifen bei ihr die Mitbestimmungsregelungen ein. Die Mitbestimmung in der deutschen Tochtergesellschaft wird indessen völlig entwertet, wenn eine — wegen ihres ausländischen Personalstatuts nicht mitbestimmungspflichtige — ausländische Konzernspitze mittels eines Beherrschungsvertrages unumschränkte Leitungsmacht ausübt.

II. Gewährleistung inländischer Mitbestimmungsinteressen

1. *Inländische Zweigniederlassung*

Daß die Mitbestimmung wegen des Fehlens eines deutschem Recht unterliegenden Rechtssubjektes nicht eingreift, hat vielfach rechtspolitische Bedenken hervorgerufen. Als einziger vertritt indessen *Däubler*[152] die Auffassung, es sei auf der Grundlage von § 12 Gewerbeordnung bereits de lege lata geboten, inländische Zweigniederlassungen ausländischer Unternehmen durch einen Rechtsformzwang oder eine entsprechende Anwendung von § 106 Versicherungsaufsichtsgesetz der deutschen Mitbestimmung zu unterwerfen. Er stützt sich dabei auf die Annahme, daß das Mitbestimmungsrecht des Arbeitnehmers Verfassungsrang habe, nämlich Bestandteil der durch Art. 1 GG garantierten Menschenwürde sei[153]. Dies läßt sich nicht ohne weiteres mit dem Argument abtun, man könne aus derart allgemeinen Rechtsprinzipien wie der Menschenwürde keine zwingenden Rechtssätze herleiten[154]; denn *Däubler* sucht an anderer Stelle[155] mit einer aufwendigen Verfassungsexegese den Verfassungsrang der Mitbestimmung zu begründen. Auf diese Ausführungen ist daher im folgenden näher einzugehen. Für die „Auslegung des Art. 1 GG und seine Konkretisierung für die Stellung des einzelnen im Produktionsprozeß“[156] geht *Däubler* zunächst von den in Rechtsprechung und Literatur üblichen Umschreibungen der Menschenwürde, die im wesentlichen die eigenverantwortliche Lebensgestaltung und die freie Selbstbestimmung in den Mittelpunkt stellen[157], aus und hebt hervor, daß im Grundsatz der Schutz der Menschenwürde

[152] Siehe oben § 8 III. 1.

[153] *Däubler*, Mitbestimmung, S. 475 mit Hinweis auf die Stellungnahme der Mitbestimmungskommission, BT-Drucksache VI/334, S. 56, 65.

[154] Vgl. *Wiedemann*, GesR § 11 I. 2 a) a. E., S. 595.

[155] Grundrecht, S. 129 ff.

[156] *Däubler*, Grundrecht, S. 130.

[157] Grundrecht, S. 130 mit Nachweisen.

anerkanntermaßen auch „Drittwirkung" — Wirkung im Privatrechtsverkehr — entfalte[158]. Während nun die in der Literatur einhellig als Verletzungen der Menschenwürde qualifizierten Erscheinungen — „Erniedrigung, Brandmarkung, Verfolgung und Ächtung", „Folter, Sklaverei, Vernichtung der künstlerischen und menschlichen Existenz, Zwangsarbeit und Menschenversuche" — (also Erscheinungen des nationalsozialistischen Regimes) heute kaum Bedeutung hätten, spiele das oberste Verfassungsprinzip als Maßstab der „heutigen Realität" keine nennenswerte Rolle[159]. Was die Stellung des einzelnen im Produktionsprozeß anbelange, so beschränkten sich die meisten Autoren auf abstrakte Aussagen etwa mit dem Inhalt, die Menschenwürde dürfe nicht am Fabriktor haltmachen[160]. Nur wenige Autoren problematisierten die Fremdbestimmung des Arbeitnehmers und forderten deren Beseitigung durch demokratische Teilhabe an Entscheidungen oder hielten die gesamte Arbeitsverfassung für grundgesetzwidrig[161]. Aus einem Vergleich zwischen dem — von der Rechtsprechung wegen Verstoßes gegen § 138 Abs. I BGB beanstandeten — Knebelungsvertrag und dem Arbeitsvertrag[162] folgert *Däubler*, daß die für die Unzulässigkeit des Knebelungsvertrages maßgeblichen Kriterien im Arbeitsleben eindeutig zuträfen: „Wer fast nur Befehle ausführt, die von anderen aus eigener Machtvollkommenheit gesetzt werden, der gestaltet nicht frei seine Umwelt und ‚verwirklicht nicht sich selbst in seinem Schaffen' — er wird gestaltet, er dient nicht eigener, sondern fremder Selbstverwirklichung"[163]. Im Hinblick auf die gebotene Auslegung der Menschenwürde meint *Däubler*, angesichts der Vagheit der Menschenwürde und auch der anderen Grundrechte helfe weder Wortlaut noch Systematik („Einheit der Verfassung") noch Topik weiter[164]. Erforderlich sei vielmehr eine entstehungsgeschichtliche Interpretation, wie sich — jedenfalls für die in Art. 1 und 20 GG festgelegten Grundprinzipien — aus der in Art. 79 Abs. 1 und 3 enthaltenen Ewigkeitsgarantie ergebe[165]. Das damit entscheidende Wertverständnis des Jahres 1949 kennzeichne das Grundgesetz als „Kontrastverfassung", welche einerseits eine klare Ablehnung des nationalsozialistischen Systems beinhalte, andererseits in einem „ambivalenten Verhältnis zur Weimarer Reichsverfassung" (WRV) deren Fehler vermeide und deren

---

158 Grundrecht, S. 132.

159 *Däubler*, Grundrecht, S. 133.

160 *Däubler*, Grundrecht, S. 133.

161 *Däubler*, Grundrecht, S. 134 mit Nachweisen.

162 *Däubler*, Grundrecht, S. 134 ff.

163 *Däubler*, Grundrecht, S. 135; Beispiele für die nach *Däubler* inkonsistente h. M. auf S. 136 ff.

164 Grundrecht, S. 140 ff.

165 *Däubler*, Grundrecht, S. 143 f.; zur Änderung der Interpretation der anderen Verfassungsnormen S. 145 ff.

positive Traditionen übernehme[166]. Damit sei im Grundgesetz zum einen eine Ablehnung (nicht nur der terroristischen Erscheinungen des Dritten Reiches, sondern auch) der nationalsozialistischen, durch das Führerprinzip geprägten Arbeitsverfassung enthalten[167], andererseits eine Anknüpfung an die die Menschenwürde der Arbeitnehmer im Wirtschafts- und Arbeitsleben betreffenden Vorschriften der WRV[168]. Schließlich werde das Wertebewußtsein des Jahres 1949 durch die in den Jahren 1946 - 1949 verabschiedeten Verfassungen der deutschen Länder[169] sowie durch die verfassungsrechtliche Entwicklung in Frankreich und Italien[170] reflektiert: Hier sei ebenfalls eine Ablehnung der faschistischen Ordnung und eine Garantie der Menschenwürde auch im Wirtschaftsleben zu konstatieren. Aus diesen Erwägungen heraus sei eine Interpretation des Art. 1 GG dahingehend geboten, daß „universelle oder auch nur wesentliche Teile der menschlichen Existenz erfassende Abhängigkeitsverhältnisse" verboten sind, soweit die Entscheidungsgewalt des Dritten nicht vom Betroffenen mitlegitimiert ist[171]. Daher dürfe es auch im Hinblick auf die Stellung des einzelnen im Produktionsprozeß keine Befehlsgewalt geben, die sich nicht auf eine Legitimation der Weisungsunterworfenen stützen kann[172]. Zwar könne es nach dem Grundgesetz keine — erst nach Abschaffung des kapitalistischen Systems mögliche — Selbstbestimmung der Arbeitnehmer geben, weil das Grundgesetz einen Kompromiß zwischen Arbeit und Kapital darstelle und keine Entscheidung für einen völlig demokratischen Aufbau von Staat *und* Gesellschaft beinhalte[173]. Gefordert sei nach dem Grundgesetz jedoch die Beteiligung des Betroffenen an der „Begründung und Ausübung von Herrschaft" durch Mitentscheidung[174].

---

166 *Däubler*, Grundrecht, S. 150 ff.

167 *Däubler*, Grundrecht, S. 151.

168 *Däubler*, Grundrecht, S. 152 f.; *Däubler* bezieht sich auf folgende Vorschriften der WRV: Art. 151 (1). Die Ordnung des Wirtschaftslebens muß den Grundsätzen der Gerechtigkeit mit dem Ziele der Gewährleistung eines menschenwürdigen Daseins für alle entsprechen. In diesen Grenzen ist die wirtschaftliche Freiheit des einzelnen zu sichern. — Art. 165 (1). Die Arbeiter und Angestellten sind dazu berufen, gleichberechtigt in Gemeinschaft mit den Unternehmern an der Regelung der Lohn- und Arbeitsbedingungen sowie an der gesamten wirtschaftlichen Entwicklung der produktiven Kräfte mitzuwirken ...

169 Hierzu *Däubler*, Grundrecht, S. 153 f.

170 Hierzu *Däubler*, Grundrecht, S. 154 f.

171 *Däubler*, Grundrecht, S. 155.

172 Ebd.

173 *Däubler*, Grundrecht, S. 157 ff.

174 *Däubler*, Grundrecht, S. 161. Zu der Bedeutung der — längst geklärten — Frage nach der Wirtschaftsverfassung des GG für die Mitbestimmung S. 163 ff.; zur (jedenfalls für das MitbestG 1976 seit der Entscheidung des Bundesverfassungsgerichts aus dem Jahre 1979 geklärten) Frage der Vereinbarkeit der Mitbestimmung mit Art. 14 GG, S. 171 ff.

Das nach *Däubler* in der Garantie der Menschenwürde durch Art. 1 GG enthaltene Verbot umfassender, von den Betroffenen nicht legitimierter Abhängigkeitsverhältnisse begegnet in dieser Form grundsätzlichen Bedenken. Führt man sich die mannigfaltigen Fälle der Fremdbestimmung des einzelnen durch den Staat vor Augen — von den verschiedenen Verboten mit Erlaubnisvorbehalt über das Steuerrecht[175] bis hin zur evidentesten Form der Fremdbestimmung, dem Strafvollzug —, so besteht die einzige erkennbare „Legitimation" für diese Freiheitsbeschränkungen in der Möglichkeit der Teilnahme an demokratischen Wahlen. Selbstverständlich sind alle diese Fälle der Fremdbestimmung u. a. dann unzulässig, wenn sie Grundrechte verletzen. Nur: bei der Interpretation der Grundrechte, also bei der Frage der Grundrechtsverletzung, kann es offenbar keine Rolle spielen, ob der Betroffene die Fremdbestimmung — über das geschilderte Maß hinaus — „legitimiert" hat. Gegen die Bedeutsamkeit einer Legitimation von Fremdbestimmung spricht auch der Umstand, daß das einzelne Rechtssubjekt — unbestrittenermaßen — nicht durch Einwilligung in die Verletzung seiner Menschenwürde die Verletzung rechtmäßig machen kann[176]. Eine Legitimation der Begründung von Fremdbestimmungsverhältnissen ist daher verfassungrechtlich irrelevant. Soweit *Däubler* nun eine Legitimation auch bei der Ausübung von Herrschaft — im Unterschied zur Begründung von Herrschaft — fordert[177], ist dem entgegenzuhalten, daß „Weisungen", die im Einzelfall der Mitwirkung (Einwilligung) des Betroffenen bedürfen, keine Weisungen, sondern bloße Aufforderungen sind; dann aber fehlt es überhaupt an einem Herrschaftsverhältnis. Das bedeutet: Eine „Legitimation" der Ausübung von Herrschaft ist begrifflich nicht möglich.

Betrachtet man die konkrete Ausgestaltung der Fremdbestimmung im Arbeitsverhältnis, sind zwei Aspekte zu trennen. Am unmittelbarsten in der Sphäre seiner Tätigkeit wird der einzelne Arbeitnehmer durch die dem Arbeitgeber zustehende Dispositionsbefugnis betroffen. Die Auswirkungen dieser Fremdbestimmung verschärfen sich dadurch, daß der Tätigkeitsbereich des einzelnen durch den (in allen Industriestaaten anzutreffenden) arbeitsteiligen Produktionsprozeß eng begrenzt ist und folglich kaum ein Bereich für eigenständige Entscheidungsmöglichkeiten verbleibt. Was diesen Aspekt der Fremdbestimmung betrifft, ist nicht ersichtlich, welche nennenswerte Änderungen die Unternehmensmitbestimmung überhaupt bewirken kann. Den zweiten Gesichts-

---

[175] Immerhin bedeutet dies, daß man einen — je nach Steuerlast unterschiedlich hohen — Prozentsatz seiner Arbeitszeit Zwecken widmet, die man nicht selbst bestimmt.

[176] Statt aller *Maunz / Dürig (-Dürig)* Art. 1 GG RN 22.

[177] Grundrecht, S. 161.

punkt der Fremdbestimmung machen die „unternehmerischen" Entscheidungen aus, an denen der Arbeitnehmer nicht beteiligt ist, die aber schwerwiegende Folgen bis hin zum Verlust des Arbeitsplatzes haben können. Wenngleich die Arbeitnehmer- und Gewerkschaftsvertreter in der Unternehmensmitbestimmung weniger an der Findung solcher Entscheidungen als an ihrer Kontrolle beteiligt sind, ist es möglich, daß eine Reihe von Entscheidungen anders ausfällt, als es ohne die Beteiligung der Arbeitnehmer- und Gewerkschaftsvertreter der Fall wäre, und die Arbeitnehmer werden dies auch begrüßen. Dennoch läßt die Beteiligung einzelner Arbeitnehmer sowie unternehmensfremder Gewerkschaftsvertreter im Aufsichtsrat, die überdies dem Unternehmenswohl verpflichtet sind, nicht die Fremdbestimmung wegfallen[178]; die „*soziale* Selbstbestimmung" der Arbeitnehmerschaft hebt zwar deren Objektposition auf (die Arbeitnehmerschaft wird zu einem nicht ganz gleichberechtigten Partner einer „großen Koalition"), ändert aber nichts daran, daß die Bestimmenden nach wie vor Fremde sind[179].

Die Alternative, die sich im Hinblick auf die Menschenwürde des einzelnen im Arbeitsprozeß tatsächlich stellt, kann daher einzig und allein Fremdbestimmung oder (individuelle) Selbstbestimmung sein. Selbstbestimmung der Arbeitnehmer erfordert nach Auffassung *Däublers*, daß „die Arbeitsergebnisse nicht privater, sondern gesellschaftlicher Aneignung unterliegen", setzt daher „umfassende und für alle gleiche Mitgestaltungsbefugnisse und damit eine demokratische Wirtschaftsverfassung" voraus[180]. Ein Gebot einer demokratischen Wirt-

---

178 Vgl. *Wiedemann*, GesR § 11 I. 2 a) a. E., S. 595.

179 So auch *Ramm*, S. 465 f., der im übrigen zutreffend betont, daß diese Fremdbestimmung dann besonders ausgeprägt sein kann, wenn es zur Ausbildung eines Funktionärstypus kommt, der als Interessenvertreter nicht mehr am Arbeitsprozeß teilnimmt und den Arbeitnehmern faktisch entfremdet ist.

180 *Däubler*, Grundrecht, S. 158. Als „mögliche Konkretisierung" weist *Däubler* in Fn. 163 auf Art. 21 der Verfassung der DDR von 1968 hin. Dort heißt es:

1 Jeder Bürger der DDR hat das Recht, das politische, wirtschaftliche, soziale und kulturelle Leben der sozialistischen Gemeinschaft und des sozialistischen Staates umfassend mitzugestalten. Es gilt der Grundsatz „Arbeite mit, plane mit, regiere mit!".

2 Das Recht auf Mitbestimmung und Mitgestaltung ist dadurch gewährleistet, daß die Bürger
alle Machtorgane demokratisch wählen, an ihrer Tätigkeit und an der Leitung, Planung und Gestaltung des gesellschaftlichen Lebens mitwirken;
Rechenschaft von den Volksvertretungen, ihren Abgeordneten, den Leitern staatlicher und wirtschaftlicher Organe über ihre Tätigkeiten fordern können;
mit der Autorität ihrer gesellschaftlichen Organisationen ihrem Wollen und ihren Forderungen Ausdruck geben;
sich mit ihren Anliegen und Vorschlägen an die gesellschaftlichen, staatlichen und wirtschaftlichen Organe und Einrichtungen wenden können;
in Volksabstimmungen ihren Willen bekunden.

schaftsverfassung ist aber, wie auch *Däubler* meint, im Grundgesetz gerade nicht ausgesprochen; dies zeige auch Art. 15 GG, der die Demokratisierung der Wirtschaft durch Vergesellschaftung der Produktionsmittel in das Ermessen des Gesetzgebers stelle und demzufoge keinen „Verfassungbefehl in dieser Richtung" enthalte[181]. Wenn das Grundgesetz nun aber nicht die Selbstbestimmung im Arbeitsleben fordert, ist die Annahme, es verbiete die Fremdbestimmung, schwerlich zutreffend.

Als wenig überzeugend erweist sich bei näherer Untersuchung auch *Däublers* Rückgriff auf die Weimarer Reichsverfassung. Was zunächst Art. 151 Abs. 1 WRV, der gewissermaßen die gedanklichen Grundlagen des Fünften Abschnitts „Das Wirschaftsleben" der Weimarer Reichsverfassung darstellte[182], angeht, so verlieh dieser in erster Linie einer schon zuvor längst verfolgten Richtlinie der Gesetzgebung Verfassungsrang: Der „reine Liberalismus" war (wenn er überhaupt jemals praktiziert worden war) bereits mit der von *Bismarck* begonnenen und im Kaiserreich ausgebauten Sozialgesetzgebung verschwunden[183]. Art. 165 WRV, der in seinen (von *Däubler* nicht näher untersuchten) Abs. 2 und 3 die Schaffung von Arbeitnehmervertretungen (Betriebsräten, Bezirksarbeiterräten und einem Reichsarbeiterrat) und paritätisch besetzten Wirtschaftsgremien (Bezirkswirtschaftsrat und Reichswirtschaftsrat) vorsah, gehörte zu jenen Vorschriften der Weimarer Reichsverfassung, die lediglich „Gesetzgebungsprogramm, also Zukunftsrecht" waren[184]. Die Verankerung von Mitbestimmungsrechten im Prinzip der Menschenwürde entsprach daher gerade nicht der unter der Weimarer Reichsverfassung gegebenen Rechtslage: Der Schutz der Menschenwürde kann kaum „Gesetzgebungsprogramm" sein. Demzufolge kann die Rechtslage unter der Weimarer Reichsverfassung die Wertvorstellungen des Grundgesetzgebers nicht in der von *Däubler* angenommenen Weise beeinflußt haben. Im Gegenteil: Wären die Wertvorstellungen des Grundgesetzgebers des von *Däubler* angenommenen Inhalts gewesen, so hätte es doch nahegelegen, daß er dies angesichts der früheren Rechtslage klar zu erkennen gegeben hätte.

All dies führt zu folgendem Ergebnis: Die Unternehmensmitbestimmung mag in sozialpolitischer, gesellschaftspolitischer, sozialethischer und sonstiger Hinsicht erwünscht sein; vom Grundgesetz als Bestandteil der Menschenwürde gefordert ist sie nicht.

---

181 *Däubler*, Grundrecht, S. 159.

182 Vgl. *Anschütz* Art. 151 WRV Anm. 1.

183 Ebd.; siehe auch *Maunz / Dürig (-Herzog)* Art. 20 GG VIII RN 8.

184 *Anschütz* Art. 165 WRV Anm. 1; in positives Recht wurden nur die Betriebsarbeiterräte (Betriebsräte) und der Reichsarbeiterrat umgesetzt. — Das GG hat nach allgemeiner Ansicht diese Tradition der Programmsätze nicht übernommen; vgl. statt vieler *Maunz / Dürig (-Herzog)* Art. 20 GG VIII Rn 6.

Nicht überzeugend ist es auch, wenn *Däubler* von seiner Ausgangsposition aus — dem Verfassungsrang der Mitbestimmung — zu dem Vorschlag kommt, die Verwirklichung der Mitbestimmung in inländischen Zweigniederlassungen ausländischer Unternehmen auf der Grundlage von § 12 Gewerbeordnung sicherzustellen. So wirft zum einen § 12 a GewO, der Gewerbebetriebe von Gesellschaften mit Sitz in einem Mitgliedsstaat der Europäischen Gemeinschaften ohne irgendwelche Voraussetzungen zuläßt, die Frage auf, mit welcher Rechtfertigung den in einer deutschen Zweigniederlassung eines österreichischen oder schweizerischen oder amerikanischen Unternehmens tätigen Arbeitnehmern Mitbestimmungsrechte eingeräumt werden können, wenn in einer deutschen Zweigniederlassung eines französischen Unternehmens tätige Arbeitnehmer auf diese Rechte verzichten müssen. Eine Rechtfertigung für eine derartige Ungleichbehandlung kann es nicht geben, weil für die Rechtsposition der betroffenen Grundrechtsträger das Domizil des Arbeitgebers gleichgültig ist. Vor allem kann man diese Ungleichbehandlung nicht, wie *Däubler*[185] meint, mit Hinweis auf Art. 24 GG rechtfertigen; diese Verfassungsvorschrift kann dem Gesetzgeber schwerlich die Möglichkeit eröffnen, in völkerrechtlichen Verträgen über Grundrechte seiner Bürger, schon gar nicht über das ein oberstes Verfassungsprinzip darstellende Grundrecht der Menschenwürde, (teilweise) zu disponieren. Dieselbe Problematik ergibt sich, wenn bilaterale Handels- und Freundschaftsverträge einen Verzicht auf die in § 12 GewO enthaltenen Beschränkungen enthalten[186]. Bei konsequenter Durchführung des Ansatzes von *Däubler* müßte man deshalb zu dem Schluß kommen, daß alle Regelungen, die voraussetzungslos die Errichtung inländischer Zweigniederlassungen ausländischer Unternehmen zulassen, verfassungswidrig sind. Denn solche Regelungen wären nur dann zulässig, wenn auch das ausländische Personalstatut dem „Grundrecht auf Mitbestimmung" Rechnung tragen würde, was aber nicht der Fall ist. Der Umstand, daß auch *Däubler* diesen — von seinem Konzept her eigentlich gebotenen — Schluß nicht zieht, spricht zusätzlich gegen die Existenz eines Grundrechts auf Mitbestimmung.

Als Ergebnis dieses Teils der Untersuchung ist mithin festzuhalten, daß es de lege lata keine Grundlage für die Durchsetzung der Mitbestimmungsinteressen der in deutschen Zweigniederlassungen ausländischer Unternehmen beschäftigten Arbeitnehmer gibt. Rechtspolitisch muß diese Sachlage freilich bei demjenigen Bedenken erwecken, der

---

185 Mitbestimmung, S. 475 Fn. 137.

186 Ein solcher Verzicht besteht im Verhältnis zu den USA allerdings nicht; vgl. Art. VII Abs. 1 und 3 des Freundschafts-, Handels- und Schiffahrtsvertrages vom 29. 10. 1954 und Nr. 9 des Protokolls des Vertrages (BGBl 1956 II S. 487).

unabhängig von seiner persönlichen Einstellung zur Frage der Unternehmensmitbestimmung Konzeptionen anstrebt, die „die Poitik des Gesetzes" angemessen verwirklichen sollen. Aus dem Blickwinkel der Mitbestimmungsinteressen ist es unbefriedigend, wenn in einem inländischen Großbetrieb tätige Arbeitnehmer deshalb nicht in den Genuß der Mitbestimmung kommen, weil das die Produktionsstätte betreibende Unternehmen eine ausländische Kapitalgesellschaft ist. Indessen ist auch die rechtspolitische Fragestellung vielschichtig. Nicht zur Lösung geeignet ist zunächst der Rückgriff auf § 106 Versicherungsaufsichtsgesetz. Dem steht schon die Funktion dieser Vorschrift entgegen: Das ausländische Versicherungsunternehmen soll veranlaßt werden, im Inland einen verantwortlichen Repräsentanten zu bestellen, damit die Versicherungsaufsicht wirksam ausgeübt werden kann[187]. Hier dagegen sollen nicht ausändische Unternehmen im Inland zur Befolgung von Pflichten gezwungen werden; es geht vielmehr darum, ob und wie die (nach geltendem Recht hier leerlaufenden) Mitbestimmungsinteressen der inländischen Arbeitnehmer gewahrt werden können. Auch ist es nicht sinnvoll, ein Partikel des Gesellschafts- und Mitbestimmungsrechts, den Aufsichtsrat, aus der Struktur der mitbestimmungspflichtigen Kapitalgesellschaft herauszunehmen und mit einer Einrichtung des Fremdenrechts, dem Hauptbevollmächtigen, zu koppeln; vor allem ist zu bedenken, daß der Hauptbevollmächtigte ja an die Weisungen „seines" Unternehmens gebunden ist. Die somit allein verbleibende Möglichkeit des Rechtsformzwanges erscheint zwar effizient, stellt aber eine recht massive Maßnahme dar, über deren politische Angemessenheit man streiten kann. Auch bedeutet sie möglicherweise nur eine Verlagerung des Problems: Soweit das ausländische Unternehmen mit der erzwungenen inländischen Tochtergesellschaft einen Beherrschungsvertrag abschließt, wird die Mitbestimmung in der Tochtergesellschaft aufgrund des weitestgehenden Funktionsverlustes ihrer Organe völlig entwertet. Dieser bisher merkwürdigerweise nicht beachtete Zusammenhang hat fogende Konsequenz: Stellt sich heraus, daß das geltende Recht die völlige Entwertung der Mitbestimmung in inländischen Tochtergesellschaften durch internationale Beherrschungsverträge zuläßt, so kann man rechtspolitisch nicht die Forderung erheben, die Mitbestimmung bei inländischen Zweigniederlassungen durchzusetzen, ohne gleichzeitig für die Konzernproblematik in analoger Weise Stellung zu beziehen; stellt sich demgegenüber heraus, daß das geltende Recht die völlige Entwertung der Mitbestimmung in deutschen Tochtergesellschaften durch internationale Beherrschungsverträge nicht zuläßt, spricht vieles dafür, auch in als Zweigniederlassungen organi-

[187] Vgl. *Goldberg / Müller* § 106 VAG RN 11 ff.

sierten inländischen Unternehmensteilen für das Eingreifen der Mitbestimmung zu sorgen. Über die Beurteilung der Konzernproblematik wird nun zu handeln sein.

2. Inländische Tochtergesellschaft

Im Hinblick auf den Problemkreis Mitbestimmung und internationaler Vertragskonzern verlangen die Ausführungen von *Däubler*, der den internationalen Beherrschungsvertrag aus einer Reihe von Gründen für unzulässig hält[188], beondere Aufmerksamkeit.

Däubler vertritt zunächst die Auffassung, internationale Beherrschungsverträge verletzten die nationale Souveränität[189]. Die allgemeine Problematik der sogenannten multinationalen Unternehmen ist bekannt[190], und *Däubler* ist Recht zu geben, wenn er feststellt, daß diese grenzüberschreitenden Wirtschaftseinheiten häufig die nationalen Steuerungsmechanismen unterlaufen. Allein die von *Däubler* hieraus gezogene Schlußfolgerung weckt Zweifel. Es trifft zwar — selbstverständlich — zu, daß eine Änderung rechtlicher und/oder tatsächlicher Verhältnisse zu einer Neuinterpretation überkommener Rechtsbegriffe nötigen kann[191]. Insofern kann man durchaus überlegen, ob — wie *Däubler* es für angemessen hält — der Souveränitätsbegriff von einem rechtlichen Formalbegriff im Sinne effektiver Unabhängigkeit nach außen und voller Regelungsmacht nach innen zu einem weiteren, wirtschaftliche und soziologische Gegebenheiten einbeziehenden Begriff weiterzuentwickeln ist[192]. Man muß bei diesen Erwägungen aber überprüfen, ob sich die damit verbundene Gleichbehandlung der durch die Neuinterpretation des Souveränitätsbegriffs erfaßten Phänomene und der auch dem herkömmlichen Souveränitätsbegriff unterfallenden Tatbestände rechtfertigen läßt. Eine solche Rechtfertigung ist deshalb nicht möglich, weil sich die beiden hier zu untersuchenden, „von außen" den Staat bedrängenden Typen von Tatbeständen in ihrer Wirkung auf die staatliche Entscheidungsfreiheit — und das ist das relevante Kriterium — grundlegend unterscheiden. Eingriffe fremder Staaten, wie etwa die Regelung von sich im Inland abspielenden Sachverhalten ohne Bestehen einer hinreichenden Verknüpfung mit dem regelnden Staat, zeichnen sich dadurch aus, daß sie die *Funktion* der staatlichen Ent-

---

[188] Siehe oben § 8 III. 2.

[189] Oben § 8 III. 2.

[190] Zu den Vorteilen und Nachteilen der multinationalen Unternehmen *Froemer*, S. 16 ff., *Wildhaber*, S. 21 ff.

[191] Hierzu *Pawlowski* § 14 1. S. 195 ff.; zutreffend wird dort eindringlich auf die Bedeutung des Gleichheitsprinzips für diesen Sachverhalt betont.

[192] Zu dieser Strukturänderung auch *Wildhaber*, S. 26 f.

scheidung übernehmen und den betroffenen Staat so seiner Funktion berauben[193]. Demgegenüber stellen Aktivitäten der (Welt-)Wirtschaft, u. a. auch der sogenannten multinationalen Unternehmen, „nur" mögliche *Anlässe* für staatliche Entscheidungen dar, welche die Entscheidungs*funktion* in keiner Weise beeinträchtigen[194]. Auch im innerstaatlichen Bereich hat der Staat mit Umgehungen, Aushöhlungen und Verletzungen seines Rechts zu tun, die Anlässe zu neuen, nach Möglichkeit „besseren" Entscheidungen geben. Freilich verschärfen sich die Schwierigkeiten durch die Internationalität der hier interessierenden Phänomene. Es wurde allerdings zu Recht — leider nicht mit hinreichender Resonanz — darauf hingewiesen, daß jeder Staat, der nicht autark ist und am internationalen Handel teilnimmt, Einwirkungen „von außen" ausgesetzt ist, also auch dann, wenn sich die internationalen Wirtschaftsbeziehungen auf den Außenhandel beschränken, also eine internationale Wirtschafts*verflechtung* gerade nicht besteht[195]. Überhaupt ist die internationale Wirtschaftsverflechtung nur ein Teil der Summe dessen, was man als „weltpolitische Interdependenz" bezeichnet hat[196]. Weniger denn je kann man heute die Augen davor verschließen, daß sich außerordentlich wichtige (möglicherweise sogar die meisten) Probleme national überhaupt nicht lösen lassen, von internationalen Wirtschaftskrisen, Massenarbeitslosigkeit, Umweltverschmutzung, Kriegsgefahr bis zu der Bekämpfung von (hier längst ausgerotteten) Krankheiten, die durch intensive Reisetätigkeit aus entfernten Ländern importiert werden[197].

Weiterhin ist der Ansicht von *Däubler* entgegenzuhalten, daß ihre konsequente Durchführung die Souveränitäts- und Verfassungswidrigkeit nicht nur des internationalen Vertragskonzerns, sondern jedes internationalen Konzerns bedeuten würde. Denn da der internationale Konzern, wie *Däubler* selbst ausführt[198], nicht nur an das Mitbestimmungsrecht, sondern auch an die Währungs-, Steuer- und sonstige Politik rührt, trifft *Däublers* Argumentation auch auf den faktischen Konzern zu. Die Unzulässigkeit sämtlicher internationaler Konzerne wird aber von niemandem behauptet[199]. Eine solche Behauptung wäre auch nicht haltbar, denn der Gesetzgeber hat die internationale Wirtschaftsverflechtung nicht nur hingenommen[200], sondern vielfach auch

---

[193] *Erler*, S. 40 f.

[194] Vgl. *Erler*, S. 40 f.

[195] *Uri*, S. 5.

[196] *Huber*, S. 604 ff.

[197] Vgl. hierzu auch *Huber*, S. 614 ff.

[198] Mitbestimmung, S. 469.

[199] Auch *Däubler* hält die Bekämpfung der Internationalisierung der Wirtschaft nicht für sinnvoll, vgl. Mitbestimmung, S. 461.

gefördert, z. B. durch die Mitgliedschaft in den Europäischen Gemeinschaften und die zahlreichen Handels- und Freundschaftsverträge. All dies ergibt: Der Versuch, den internationalen Beherrschungsvertrag als Verletzung der staatlichen Souveränität zu qualifizieren und so seine Unzulässigkeit zu beweisen, schlägt fehl[201].

Däubler hat gegen die Zulässigkeit des internationalen Vertragskonzerns weiterhin das vom Reichsgericht[202] auch auf juristische Personen angewendete, sich aus § 138 Abs. 1 BGB ergebende Selbstentmündigungsverbot und dessen verfassungsrechtliche Verankerung in Art. 19 Abs. 3 GG vorgebracht[203]. Auf den ersten Blick erscheint es plausibel, im Wege einer teleologischen Reduktion darauf abzustellen, ob die Selbstentmündigung der juristischen Person Individualinteressen beeinträchtigt, und dann den Beherrschungsvertrag im innerstaatlichen Bereich mit Blick auf den Schutz von Minderheitsaktionären, Gläubigern und Arbeitnehmern zuzulassen, im internationalen Bereich aber mit Blick auf den nicht gewährleisteten Schutz der Mitbestimmungsinteressen der Arbeitnehmer für unzulässig zu erachten. Dieser Gedankengang erfordert indessen eine nähere Begründung. Die in Art. 19 Abs. 3 GG garantierte Grundrechtssubjektivität dient nämlich nicht schlechthin dem Schutz der Interessen von Personen, die irgendwie vom Schicksal der juristischen Person betroffen sind; ebensowenig geht es um die Verselbständigung von sozialen Kollektiven zu „um ihrer selbst willen" vom einzelnen Grundrechtsträger abgetrennten Wertgrößen[204]. Zweck der Grundrechtssubjektivität juristischer Personen ist einzig und allein der effiziente Schutz der Grundrechte des einzelnen, der an zur gemeinschaftlichen personalen Entfaltung geschaffenen Zusammenschlüssen teilnimmt[205]. Da es sich hier um die Zulässigkeit

200 Dafür spricht schon die ausdrückliche Zulassung inländischer Zweigniederlassungen ausländischer Gesellschaften, worauf *Koppensteiner*, S. 249 hinweist.

201 Zweifel hat diesbezüglich *Däubler* selbst, der seine Ausführungen als „nur vorläufig skizzierte und eingehender Überprüfung bedürftige Erwägungen" bezeichnet, Mitbestimmung, S. 471.

202 RGZ 82, S. 308.

203 Vgl. oben § 8 III.

204 Umstritten ist deshalb die Grundrechtssubjektivität von „entpersönlichten" juristischen Personen, von Gebilden also, bei denen das personale Substrat nicht mehr oder kaum mehr zu erkennen ist. Seit längerem ist z. B. die rechtsfähige Stiftung Gegenstand dieser Diskussion; in jüngerer Zeit wird dagegen die Grundrechtssubjektivität „wirtschaftsrechtliche(r) Organisationsformen wie Schachtelgesellschaften und Überkreuzgesellschaften" angezweifelt, vgl. *Maunz / Dürig (-Dürig)* Art. 19 Abs. 3 RN 6. Demgegenüber meint *Schmidt*, S. 33 ff., daß juristische Personen stets, also auch bei Fehlen jeden personalen Bezuges, Grundrechtssubjektivität genießen.

205 H. M.: BVerfGE 21, S. 362, 369 (seitdem st. Respr.); *Maunz / Dürig (-Dürig)* Art. 19 Abs. 3 RN 1 und 6; *Rüfner*, S. 308; *Rupp-v. Brünneck*, S. 357 ff.; a. A.: namentlich BK *(-v. Mutius)* Art. 19 Abs. 3 RN 30 ff., der der h. M. ein im

der durch den (internationalen) Beherrschungsvertrag bewirkten Selbstentmündigung im Lichte der hiervon berührten Arbeitnehmerinteressen dreht, hängt die Richtigkeit der Argumentation mit der Grundrechtssubjektivität der abhängigen Gesellschaft davon ab, ob diese Grundrechtssubjektivität einen inneren Bezug eben (auch) zu den hier interessierenden Belangen der Arbeitnehmer aufweist. In diesem Zusammenhang tritt zunächst das Problem auf, daß die Arbeitnehmer keine Mitglieder des von der Selbstentmündigung betroffenen Verbandes sind: Die Mitgliedschaft wird ausschließlich durch das Anteilseigentum vermittelt[206]. Es wäre aber vorschnell, schon deswegen die Arbeitnehmer von der „Sphäre der Grundrechtssubjektivität" der Gesellschaft auszuschließen. Denn bei den den Mitbestimmungsgesetzen unterliegenden Gesellschaften ist die Gruppe der Arbeitnehmer (je nach dem anwendbaren Mitbestimmungsregime unterschiedlich intensiv) in die gesellschaftsrechtliche Struktur einbezogen[207]; die Arbeitnehmer spielen im „Leben" dieser Gesellschaften eine ähnlich bedeutsame Rolle wie die Mitglieder (Anteilseigner). Daher ist trotz Fehlens einer mitgliedschaftlichen Stellung im eigentichen Sinne ein personaler Bezug gegeben, der für die Erstreckung der „Sphäre der Grundrechtssubjektivität" auf die Gruppe der Arbeitnehmer hinreicht. Ist damit geklärt, daß die Selbstentmündigung einer juristischen Person eine Verletzung ihrer Grundrechtssubjektivität grundsätzlich auch wegen ihrer Auswirkungen auf die in die gesellschaftsrechtliche Struktur eingebundenen Arbeitnehmer darstellen kann, ist nunmehr zu prüfen, ob dies wirklich der Fall ist. Geht man mit der h. M. davon aus, daß Art. 19 Abs. 3 GG eine „Erstreckung der Grundrechtsfähigkeit" auf den Verband anordnet[208], kommt es darauf an, ob der Abschluß eines internationalen Beherrschungsvertrages den durch grundrechtlich verfestigte Interessen der Arbeitnehmer vermittelten Ausschnitt der Grundrechtssubjektivität der abhängigen Gesellschaft berührt. Hier schließt

---

Grundgesetz nicht nur nicht zum Ausdruck gebrachtes, sondern im Gegenteil in Art. 19 Abs. 3 GG abgelehntes rein individualistisches Grundrechtsverständnis vorwirft (vgl. RN 31 ff.). Dieser Angriff auf die h. L. kann aber angesichts der Ausführungen bei *Maunz / Dürig (-Dürig)*, Art. 19 Abs. 3, RN 3, nicht überzeugen; die h. M. verkennt keineswegs die Gemeinschaftsgebundenheit des Individuums: „Es soll durch Art. 19 Abs. 3 jenes — gewissermaßen überschießende — durchaus *personale* Kräfte- und Wirkungspotential nicht grundrechtlich verlorengehen, das (seinswissenschaftlich unbezweifelbar) dadurch ‚mehr' entsteht, daß Einzelmenschen im Verband (‚in Gemeinschaft') agieren."

206 Deswegen kann es entgegen *Däubler* für die Zulässigkeit der Selbstentmündigung im Lichte von Art. 19 Abs. 3 GG nicht darauf ankommen, ob die Gläubiger der Gesellschaft hinreichend geschützt sind.

207 Durch „Integration der Arbeit in die Rechtsform", vgl. *Schilling*, S. 549. Siehe auch oben § 9 II. 2.

208 *Maunz / Dürig (-Dürig)* Art. 19 Abs. 3 GG RN 3.

sich der Kreis: Da der hier zu beachtende Gesichtspunkt das Interesse der Arbeitnehmer an der Unternehmensmitbestimmung ist, kann die Konstruktion *Däublers* überhaupt nur dann tragfähig sein, wenn man von der Existenz eines Grundrechts auf Mitbestimmung ausgeht. Denn nur ein verfassungsrechtlich verfestigtes Interesse an Mitbestimmung kann für die Bestimmung der Reichweite der Grundrechtssubjektivität der abhängigen Gesellschaft in Betracht kommen. Daß das von *Däubler* angenommene Grundrecht auf Mitbestimmung nicht existiert, wurde schon oben[209] ausgeführt. Entgegen *Däubler* ist somit festzuhalten: Art. 19 Abs. 3 GG ist kein rechtlicher Gesichtspunkt, der im Hinblick auf die Schlechterstellung der Arbeitnehmer im internationalen Vertragskonzern zum Beweis der Unzulässigkeit internationaler Beherrschungsverträge geeignet ist. Gleiches gilt für das Selbstentmündigungsverbot nach § 138 Abs. 1 BGB: Die in diesem Zusammenhang beanstandete Freiheitsentäußerung[210] hat zwar Folgen für die Mitbestimmungsinteressen der Arbeitnehmer; die durch § 138 Abs. 1 BGB geschützte Entscheidungsfreiheit wird aber gerade nicht (auch nur teilweise) durch die Mitbestimmungsinteressen der Arbeitnehmer vermittelt.

Einzugehen ist schließlich auf die ebenfalls von *Däubler* vertretene und wohl auch den Ausführungen von *Bernstein / Koch* zugrundeliegende Auffassung, wonach internationale Beherrschungsverträge wegen eines sich aus einer teleologischen Interpretation der Mitbestimmungsvorschriften ergebenden Umgehungs- und Aushöhlungsverbotes unzulässig sind[211]. Da der „internationale" Beherrschungsvertrag nach unbestrittener Ansicht dem Recht der abhängigen Gesellschaft, also deutschem Recht unterliegt[212], sind hier mangels einer besonderen, den internationalen Beherrschungsvertrag für „unzulässig" (nichtig) erklärenden Norm allgemeine Vorschriften heranzuziehen. Nach § 134 BGB ist ein „Rechtsgeschäft, das gegen ein gesetzliches Verbot verstößt, ... nichtig, wenn sich nicht aus dem Gesetz ein anderes ergibt". Daher ist zu prüfen: Erstens, ob der internationale Beherrschungsvertrag gegen ein gesetzliches Verbot verstößt, und zweitens, ob er deswegen nichtig ist oder ob eine andere Rechtsfolge eintritt[213].

Hinsichtlich des Verstoßes gegen ein gesetzliches Verbot sind zwei Konstellationen denkbar. Der internationale Beherrschungsvertrag könnte zum einen unmittelbar von einem gesetzlichen Verbot erfaßt

---

209 § 11 II. 1.

210 *Staudinger (-Dilcher)* § 138 BGB RN 30.

211 Siehe oben § 8 II.

212 Vgl. oben § 9 I. 3.

213 Nicht immer werden diese beiden Gesichtspunkte klar getrennt, siehe etwa *Palandt (-Heinrichs)* § 134 BGB Anm. 2 a). Richtig dagegen MünchKomm *(-Mayer-Maly)* § 134 BGB RN 48 und *Staudinger (-Dilcher)* § 134 BGB RN 2 ff.

sein; zum anderen könnte er aber auch als sogenanntes Umgehungsgeschäft zu qualifizieren sein, welches zwar „an sich" nicht verboten ist, aber im konkreten Fall zu einem widerrechtlichen Ergebnis führt[214]. Diese Unterscheidung ist auch praktisch bedeutsam, denn anders als im Fall des direkten Verstoßes gegen ein gesetzliches Verbot, wo das Vorliegen des objektiven Verstoßes ausreicht und es auf die subjektive Komponente nicht ankommt[215], kann ein Umgehungsgeschäft nach Rechtsprechung und h. M. nur bei Umgehungsabsicht angenommen werden[216]. Eine Umgehungsabsicht ist aber häufig nur schwer nachzuweisen; so auch hier, können für die Strukturierung eines Konzerns meistens auch wirtschaftliche Gründe angeführt werden[217].

Für das Vorliegen eines Verstoßes gegen ein gesetzliches Verbot i. S. v. § 134 BGB ist nicht erforderlich, daß ein Rechtsgeschäft ausdrücklich von einer bestimmten Vorschrift verboten wird; es genügt, wenn das Rechtsgeschäft gegen ein eindeutig im Gesetz zum Ausdruck kommendes Prinzip verstößt[218]. Die Existenz eines solchen Prinzips ist dabei insbesondere durch teleologische Auslegung der in Betracht kommenden Vorschriften zu ermitteln[219]. Gegen eine den Mitbestimmungsgesetzen ein (stillschweigendes) Umgehungs- und Aushöhlungsverbot beilegende Interpretation scheint von vornherein das zugunsten der Zulässigkeit internationaler Beherrschungsverträge vorgebrachte Argument zu sprechen, der Gesetzgeber habe auch für den rein innerstaatlichen Bereich im allgemeinen und für den Konzern im besonderen (§ 5 Abs. 3 MitbestG) durch die Nichteinbeziehung der Personenhandelsgesellschaften eine Schwächung der Mitbestimmung hingenommen[220]. Dem hat *Däubler* zu Recht entgegengehalten, daß diese Gesellschafts-

---

[214] Umstritten ist in der Literatur die dogmatische Einordnung des Umgehungsgeschäfts. Während etwa RGRK *(-Krüger-Nieland / Zöller)* § 134 BGB RN 2 und *Staudinger (-Dilcher)*, § 134 BGB RN 11, annehmen, daß es sich hier um ein Problem der Auslegung der Verbotsnorm handelt, wird insbesondere in MünchKomm *(-Mayer-Maly)*, § 134 BGB RN 12 ff., die Auffassung vertreten, das Umgehungsgeschäft sei ein Sonderfall des Verbotsverstoßes; dies ergebe sich u. a. aus der Existenz der §§ 8 AGBG, 6 AbzG, 8 FernunterrichtsG, 6 SteueranpassungsG, die alle besondere Umgehungsverbote enthielten. Praktisch ist der Streit wenig bedeutsam.

[215] BGHZ 37, S. 363 (366); 51, S. 255 (262); MünchKomm *(-Mayer-Maly)* § 134 BGB RN 20, 108.

[216] BGHZ 5, S. 133 (136); 8, S. 23 (32); BGH NJW 1958, S. 383; 1960, S. 524; MünchKomm *(-Mayer-Maly)* § 134 BGB RN 20; a. A.: BAG 10, S. 65 (70); *Palandt (-Heinrichs)* § 134 BGB Anm. 4.

[217] So auch *Hoffmann / Lehmann / Weinmann* § 1 MitbestG RN 13 a. E.

[218] BGHZ 51, S. 252 (262).

[219] MünchKomm *(-Mayer-Maly)* § 134 BGB RN 47 ff., 57.

[220] So MünchKomm *(-Ebenroth)* nach Art. 10 RN 368; *Staudinger (-Großfeld)* IntGesR RN 402; *Koppensteiner*, S. 249 f. (allerdings vom Rechtszustand Anfang der 70er Jahre ausgehend und Reserve bezüglich der weiteren Rechtsentwicklung anmeldend).

formen nicht beliebig gewählt werden können, daß etwa das Erfordernis der Inanspruchnahme des Kapitalmarktes die Wahl einer solchen Organisationsform ausschließen könne[221]. Sind im übrigen für die Wahl einer Personenhandelsgesellschaftsform keine wirtschaftlichen Gründe ersichtlich, liegt die Annahme einer unzulässigen Umgehung nahe[222]. Der entscheidende Gesichtspunkt ist jedoch, daß die Nichteinbeziehung der Personenhandelsgesellschaften in die Mitbestimmung auf der Ansicht beruht, die Eigenschaft der Gesellschafter als persönlich haftende Mitunternehmer sei mit der Mitbestimmung der Arbeitnehmer unvereinbar[223]. Obwohl es vom Standpunkt der Mitbestimmungsinteressen der Arbeitnehmer gleichgültig ist, wer Eigentümer des Unternehmens und wie er rechtlich organisiert ist, kommt doch in den Mitbestimmungsgesetzen der Grundsatz zum Ausdruck, daß die Mitbestimmung („wenigstens") in allen *Kapitagesellschaften* ab einer gewissen Größenordnung *lückenlos* verwirklicht werden soll. Dies zeigt sich auch darin, daß die an sich aus jedem Beherrschungsvertrag folgende Entwertung der Mitbestimmung in der nunmehr von außen dominierten Gesellschaft dadurch vermieden wird, daß die herrschende Gesellschaft ihrerseits mitbestimmungspflichtig gemacht wird. Und die Existenz von § 5 Abs. 3 MitbestG spricht nicht für die Lückenhaftigkeit der Mitbestimmung, sondern im Gegenteil für ihre Lückenlosigkeit: Wenn die Konzernspitze eine (niemals mitbestimmungspflichtige) Personenhandelsgesellschaft ist, soll die Mitbestimmung wenigstens in der am höchsten in der Konzernhierarchie stehenden Kapitalgesellschaft stattfinden. Wenngleich es sich hier — angesichts der in dieser Gesellschaft gerade nicht vorhandenen Leitungsmacht und des daraus folgenden Fehlgehens der Mitbestimmung — um einen „untauglichen Versuch" handelt[224], wird doch der Grundsatz der lückenlosen Verwirklichung der Mitbestimmung in Kapitalgesellschaften deutlich. Auch wird dieser Grundsatz nicht dadurch widerlegt, daß ausländische Kapitalgesellschaften nicht der Mitbestimmung unterfallen und § 5 Abs. 3 nach h. M. auf die einer ausländischen Konzernspitze am nächsten stehende inländische Kapitalgesellschaft Anwendung findet[225]. Denn die Nichtanwendung der Mitbestimmungsvorschriften auf ausländische Kapitalgesellschaften folgt nicht daraus, daß die §§ 1 ff. MitbestG von Aktiengesellschaften, Gesellschaften mit beschränkter Haftung, Kommandit-

---

221 Mitbestimmung, S. 473; angesichts von Erscheinungen wie der Publikumskommanditgesellschaft muß man diese Aussage allerdings relativieren.

222 Ebenso *Hoffmann / Lehmann / Weinmann* § 1 MitbestG RN 13.

223 BVerfGE 50, S. 290 (348); vgl. ferner *Wiedemann* GesR § 11 II. 1 a), S. 608 ff. m. w. N. sowie *Fitting / Wlotzke / Wißmann* § 1 MitbestG RN 10.

224 Vgl. die Kritik bei GK *(-Schneider)* § 5 MitbestG RN 99 ff.; *Hoffmann / Lehmann / Weinmann* § 5 MitbestG RN 66.

225 Statt vieler *Fitting / Wlotzke / Wißmann* § 5 MitbestG RN 56.

gesellschaften auf Aktien, bergrechtlichen Gewerkschaften und Genossenschaften sprechen und ausländische Gesellschaften unter diese Begriffe nicht fallen[226], sondern daraus, daß für diese Gesellschaften ihr ausländisches Personalstatut maßgeblich ist[227]. Der Grundsatz der lückenlosen Verwirklichung der Mitbestimmung kann sebstverständlich nur für solche Gesellschaften gelten, die überhaupt deutschem Recht unterliegen. Ist nun die herrschende Gesellschaft eine ausländische, so schlägt der im reinen Inlandskonzern eingreifende Mechanismus, der die lückenlose Durchführung der Mitbestimmung garantiert, fehl: Es kommt zur Entwertung der Mitbestimmung in der abhängigen Gesellschaft, ohne daß in der herrschenden Gesellschaft ein Ausgleich geschaffen wird. Angesichts des lückenlosen Geltungsanspruchs der Mitbestimmungsgesetze für (nochmals: inländische) Kapitalgesellschaften liegt daher in der Tat eine teleologische Auslegung dahin nahe, daß bei Fehlschlagen dieses Mechanismus wegen des ausländischen Personalstatuts der herrschenden Kapitalgesellschaft der Abschluß eines internationalen Beherrschungsvertrages verboten ist.

Zweifel an einem solchen Verbot ergeben sich aber aus einer Betrachtung der gesamten Rechtsordnung, also auch der konzernrechtlichen Aspekte. Zugunsten der Zulässigkeit internationaler Beherrschungsverträge wird nämlich geltend gemacht, der Gesetzgeber halte den Vertragskonzern im Hinblick auf den Schutz der außenstehenden Aktionäre und auch der Gläubiger für gegenüber dem sogenannten faktischen Konzern vorzugswürdig, weshalb ein Verbot des Beherrschungsvertrages im internationalen Bereich widersinnig sei[228]. Es trifft gewiß zu, daß die Rechte von Minderheitsaktionären und Gläubigern im Vertragskonzern besser geschützt sind[229]. Es darf aber nicht übersehen werden, daß das Gesetz (trotz der Bevorzugung des Vertragskonzerns) die faktische Konzernverbindung — innerhalb der durch die §§ 311 - 319 AktG gesteckten Grenzen — zuläßt[230]. Demnach muß für

[226] So aber *Fitting / Wlotzke / Wißmann* § 1 MitbestG RN 14; *Hoffmann / Lehmann / Weinmann* § 1 MitbestG RN 8, die allerdings hinzufügen, daß dies „auch (?) nach internationalprivatrechtlichen Grundsätzen" gilt. Hier zeigt sich die Verwirrung, die von der Vermengung von Kollisionsrecht und Sachrecht sowie von Schlagwörtern bewirkt wird.

[227] Insofern ist die Anwendung von § 5 Abs. 3 MitbestG auf Konzerne mit ausländischer Konzernspitze bedenklich. Die „normale" Konzernmitbestimmung scheitert nicht daran, daß die ausländische Gesellschaft eine andere als die in § 1 Abs. 1 Nr. 1 MitbestG aufgezählten ist, sondern daß sie ein ausländisches Personalstatut hat.

[228] Vgl. oben § 8 II.

[229] Statt vieler *Emmerich / Sonnenschein* § 8 A, S. 197 ff.

[230] Im einzelnen ist freilich höchst umstritten, wie intensiv die danach erlaubte Leitungsmacht der „herrschenden" Gesellschaft sein darf. Streit herrscht vornehmlich im Hinblick auf die Zulässigkeit von Rechtsgeschäften und Maßnahmen, bei denen die Nachteilsermittlung nicht oder kaum möglich

die hier interessierende Fragestellung davon ausgegangen werden, daß die Interessen der außenstehenden Aktionäre und der Gläubiger durch die einschlägigen Vorschriften auch im faktischen Konzern (wenn auch nicht optimal, aber doch) hinreichend geschützt sind. Damit wird aber der Wertungswiderspruch zwischen im rein innerstaatlichen Bereich angestrebtem Schutz einerseits und dem Verbot internationaler Beherrschungsverträge andererseits relativiert. Wenn er auch unter Ausklammerung der Mitbestimmungsfrage nach wie vor Befremden hervorrufen muß, kann er doch insgesamt nicht dazu zwingen, den (optimalen) Schutz der einen durch den internationalen Konzern betroffenen Gruppe zu Lasten der anderen zu verwirklichen. Das heißt: Dieses Argument ist möglicherweise bei der (sogleich folgenden) Ermittlung der angemessenen Rechtsfolgen zu berücksichtigen; es kann aber nicht mit Erfolg gegen das grundsätzliche Verbot des Abschlusses eines Beherrschungsvertrages mit einer ausländischen Kapitalgesellschaft ins Feld geführt werden. An der Existenz dieses grundsätzlichen Verbotes sollte daher kein Zweifel bestehen.

Aus dem Grund des Verbotes — Fehlschlagen des im rein innerstaatlichen Bereich funktionierenden Mechanismus zur Sicherung der Mitbestimmungsinteressen — folgt zunächst, daß ein Beherrschungsvertrag mit einer ausländischen Personenhandelsgesellschaft von dem Verbot nicht erfaßt wird; denn im Vertragskonzern mit einer Personengesellschaft als Konzernspitze greift der Mechanismus auch im rein innerstaatlichen Bereich nicht ein[231]. Denkbar ist ferner, daß ein ausländisches Personalstatut seinerseits ein Mitwirkungsrecht der konzernangehörigen Arbeitnehmer vorsieht und auch auf (vom Heimatstaat aus gesehen) ausländische Belegschaften erstreckt; in der Praxis wird allerdings ein solcher Schutz der Mitbestimmungsinteressen durch das ausländische Recht kaum vorkommen, so daß hierauf nicht näher einzugehen ist. Das Verbot wäre auch dann nicht verletzt, wenn vertraglich ein dem gesetzlichen Mechanismus im Inlandskonzern entsprechendes oder gleichwertiges Mitwirkungsrecht der Arbeitnehmer der abhängigen Gesellschaft gesichert wäre. Auch diese Möglichkeit sollte aber nicht überschätzt werden, denn es erscheint überaus zweifelhaft, ob eine ausländische Konzernspitze zur Hinnahme von Arbeitnehmervertretern aus deutschen Unternehmensteilen bereit ist, und mit einem hinter dem im innerstaatlichen Bereich gegebenen Niveau weit zurückbleibenden Minimum an Mitbestimmung kann man sich von dem hier entwickelten Ausgangspunkt her nicht zufriedengeben.

---

ist. Hierzu *Emmerich / Sonnenschein* § 8 B VII, S. 206 mit zahlreichen Nachweisen.

[231] Im Hinblick auf die Anwendung von § 5 Abs. 3 MitbestG bestehen hier keine Bedenken.

Zu überlegen ist schließlich, ob man in Anlehnung an den von *v. Zitzewitz* (freilich de lege ferenda) unterbreiteten Vorschlag das Verbot als nicht verletzt ansehen sollte, wenn drei Viertel der von der Untergesellschaft beschäftigten Arbeitnehmer dem Abschluß des Beherrschungsvertrages zugestimmt haben[232]. Ein solches Zustimmungserfordernis würde die „Parteien" des Beherrschungsvertrages dazu zwingen, die Arbeitnehmerinteressen zu berücksichtigen und beispielsweise „den Schutz vor Massenentlassungen, Betriebsstillegungen, Abbau der Sozialleistungen"[233] zu gewährleisten. Bedenken hiergegen ergeben sich zunächst daraus, daß bei dieser Konstruktion inländische Arbeitnehmer auf ihr Mitbestimmungsrecht — wenn auch gegen eine Gegenleistung — verzichten würden; die Unternehmensmitbestimmung ist aber zwingendes Recht. Dieser Weg ist auch deshalb nicht gangbar, weil ein solches Zustimmungserfordernis seitens der Arbeitnehmer im reinen Inlandsfall nicht besteht, das Zustimmungserfordernis aber die Möglichkeit eröffnet, stärkeren Einfluß auszuüben, als es im Wege der institutionalisierten Mitbestimmung der Fall ist; das Zustimmungserfordernis könnte also eine durch nichts zu rechtfertigende Besserstellung der Arbeitnehmer eines Unternehmens mit ausländischer Konzernspitze gegenüber den in einem reinen Inlandskonzern tätigen Arbeitnehmern darstellen. Es ist daher auch als rechtspolitische Forderung verfehlt, solange gleiche Kautelen nicht auch im reinen Inlandskonzern gelten bzw. angestrebt werden[234].

Ist damit geklärt, daß den Mitbestimmungsgesetzen in der Tat ein Verbot des internationalen Beherrschungsvertrages mit ausländischen Kapitalgesellschaften entnommen werden muß, bedeutet dies noch nicht, daß der Beherrschungsvertrag deswegen (zur Gänze) nichtig ist; die Nichtigkeit ergibt sich nach der in § 134 BGB enthaltenen Auslegungsregel erst dann, wenn die Auslegung der Verbotsvorschrift keine andere Rechtsfolge als geboten erkennen läßt[235]. Betrachtet man ausschließlich die mitbestimmungsrechtliche Seite, spricht allerdings alles

---

232 *v. Zitzewitz*, S. 254. Keineswegs zugestimmt werden kann im übrigen der (von einem verfehlten ordre public-Verständnis herrührenden) Ansicht, das Verbot des internationalen Beherrschungsvertrages gelte nicht für die „nur" dem BetrVG 1952 unterfallenden Unternehmen, vgl. S. 255. Auf die „sozialpolitische Wertigkeit" kommt es überhaupt nicht an. Richtig die Ausführungen *Däublers*, Mitbestimmung, S. 473, wonach die Mitbestimmungsrechte nach dem BetrVG 1952 denselben Schutz beanspruchen wie die stärker ausgebildeten Mitbestimmungsrechte.

233 *v. Zitzewitz*, S. 256.

234 Hierzu *Reich / Lewerenz*, S. 274; *Werner*, S. 467 f.; ferner *Mertens*, S. 327; gefordert wird die Bindung von Beherrschungsverträgen an die Zustimmung der Arbeitnehmer- und Gewerkschaftsvertreter im mitbestimmten Aufsichtsrat.

235 MünchKomm (*-Mayer-Maly*) § 134 BGB RN 101.

für die Rechtsfolge der vollständigen Nichtigkeit des internationalen Beherrschungsvertrages. Denn dann verbleiben der ausländischen Konzernspitze nur die nach den §§ 311 - 319 AktG erlaubten Möglichkeiten der Einflußnahme, so daß der mitbestimmte Aufsichtsrat der deutschen Konzerngesellschaft seine Funktionen weitgehend behalten würde. Es ist nun aber an diesem Ort — also bei der Festlegung der sich aus dem Verbotsverstoß ergebenden Rechtsfolgen — geboten, die Interessen der ebenfalls von der Gestaltung der Konzernbeziehungen betroffenen Minderheitsaktionäre und Gläubiger der abhängigen Gesellschaft zu berücksichtigen. Denn anders als bei der Rechtsfrage, ob überhaupt ein Verbot besteht, kann bei der Festlegung der Rechtsfolgen eines Verstoßes gegen das Verbot den Interessen aller von dem Rechtgeschäft betroffenen Gruppen Rechnung getragen werden.

Hierbei könnte auf die von *Koppensteiner* erwogene Lösung[236] zurückgegriffen werden. Die Wahrung der Mitbestimmungsinteressen wäre sichergestellt, wenn Rechtsgeschäfte und Maßnahmen, die von der Konzernspitze angeordnet werden, der Zustimmung des Aufsichtsrates der abhängigen Gesellschaft bedürften und dessen Weigerung, die Zustimmung zu erteilen, weder durch eine Wiederholung der Weisung seitens der Konzernspitze noch durch einen von einer Dreiviertel-Mehrheit der Hauptversammlung getragenen Beschluß hinfällig gemacht werden könnte. Entgegen *Koppensteiner*[237] würde es sich dabei aber nicht um eine Modifikation der §§ 308 Abs. 3 und 111 Abs. 3 S. 3 AktG handeln; dies deshalb, weil es hier nicht um bestimmte Arten von Geschäften oder Maßnahmen geht, die aufgrund Satzung oder Aufsichtsratsbeschluß der Zustimmung durch den Aufsichtsrat bedürfen, sondern um eine sich aus der Teleologie des Verbotes des internationalen Beherrschungsvertrages ergebende Einschränkung der Weisungsmacht der (ausländischen) Konzernspitze. Eine solche Rechtsfolge würde auch die Belange der Minderheitsaktionäre und Gläubiger der abhängigen Gesellschaft wahren, denn die im Recht der Unternehmensverträge enthaltenen Regelungen zu deren Schutz würden nicht tangiert. Allerdings muß die Frage gestellt werden, ob eine derartige Beschränkung der Befugnisse der Konzernspitze nicht einen zu weitgehenden Eingriff in das Recht des Beherrschungsvertrages bedeutet. *Koppensteiner* weist zu Recht darauf hin, daß das unternehmerische Weisungsrecht der Konzernspitze im System des Beherrschungsvertrages das Korrelat zu ihren „sehr weitgehenden Verpflichtungen“ bildet und eine Beschneidung des Weisungsrechts die Rechte der Obergesellschaft daher erheblich mindert[238]. Bei genauerem Hinsehen können der-

---

[236] Vgl. oben § 8 III.
[237] S. 251.
[238] S. 251.

artige Bedenken jedoch keinen Bestand haben. Im rein innerstaatlichen Bereich ist nämlich auch die Konzernspitze mitbestimmungspflichtig, so daß aufgrund des dort bereits ansetzenden Arbeitnehmereinflusses die Mitbestimmungsinteressen der Arbeitnehmer (zumindest: auch) der abhängigen Gesellschaft schon im Stadium des Zustandekommens der Weisungen, genauer: im Rahmen der Aufsicht über die Geschäftsführung in der Konzernspitze zum Ansatz kommen. Wird die Weisungsmacht demgegenüber von einer ausländischen Kapitalgesellschaft ausgeübt, fehlt ein solcher Arbeitnehmereinfluß „auf höchster Ebene". Es ist deshalb bei der Beurteilung des Stellenwertes des der herrschenden Kapitalgesellschaft im System des Beherrschungsvertrages zukommenden Weisungsrechts von vornherein nur auf denjenigen Grad an „Ungebundenheit" (Freiheit von Arbeitnehmereinfluß) bei der Erteilung von Weisungen auszugehen, den eine mitbestimmte Konzernobergesellschaft genießt[239]. Ist somit bei ausländischen Konzernobergesellschaften gewissermaßen ein Überschuß an „Ungebundenheit" gegeben, kann es nicht das System des Rechts des Beherrschungsvertrages aus den Angeln heben, wenn die sonst bereits bei der Erteilung von Weisungen (wenn auch indirekt) zum Zuge kommende Bindung beim Empfänger der Weisung sozusagen nachgeholt wird. Man muß sich in diesem Zusammenhang auch klarmachen, daß die Arbeitnehmervertreter im Aufsichtsrat der abhängigen Gesellschaft die Weisungen der Konzernspitze nicht schlechthin bekämpfen dürfen, sondern sich — wie sonst auch — am „Unternehmenswohl" zu orientieren haben[240], wobei das Unternehmenswohl durch die im Beherrschungsvetrag dokumentierte enge Eingebundenheit in den Konzern modifiziert wird. Insofern kann keine Rede davon sein, daß das konzernrechtliche Weisungsrecht durch das hier entwickelte Vetorecht aufgehoben wird[241]. Die Einschränkung der Leitungsmacht der ausländischen Konzernspitze ist vielmehr diejenige sich aus dem Verbot des internationalen Beherrschungsvertrages ergebende Rechtsfolge, die zur Erreichung der Zwecke sowohl des Mitbestimmungsrechts als auch des Konzernrechts am geeignetsten erscheint. Es ist gewiß richtig, daß diese Lösung aus der Sicht der Konzernspitze den Abschluß eines Beherrschungsvertrages, der ja im reinen Inlandskonzern erwünscht ist, weniger attraktiv macht. Die Einschränkung des Weisungsrechts der Konzernspitze — die aus den soeben genannten Gründen auch nicht überschätzt werden sollte — erscheint aber durchaus angemessen, wenn man sich die einzig mögliche Alternative,

239 Zutreffend und plastisch die Formulierung *v. Zitzewitz'*, S. 252, der Aufsichtsrat der herrschenden Gesellschaft trete „funktionell an die Stelle des entmachteten Aufsichtsrats". Vgl. hierzu auch *Lutter*, Mitbestimmungsprobleme, S. 273.

240 Vgl. schon oben § 10 II.

241 So aber *v. Zitzewitz*, S. 253.

die völlige Unwirksamkeit internationaler Beherrschungsverträge, vergegenwärtigt. Damit ist festzuhalten, daß die skizzierten Einwände gegen die hier vertretene Lösung nicht stichhaltig sind. Das geltende Recht beinhaltet demzufolge ein grundsätzliches Verbot internationaler Beherrschungsverträge und sieht als Rechtsfolge des Verbotes die Beschränkung der Weisungsbefugnis der Konzernspitze vor.

§ 12. Zusammenfassung

Die Unternehmensmitbestimmung — Beteiligung von Arbeitnehmer- und Gewerkschaftsvertretern an Gesellschaftsorganen — ist trotz der Wandlungen des (deutschen) Gesellschaftsrechts, die sich unter dem Stichwort „Weiterentwickung des Gesellschaftsrechts zu einem umfassenden Unternehmensrecht" vollziehen, als gesellschaftsrechtliches Institut zu qualifizieren und richtet sich demzufolge nach dem Personalstatut der jeweiligen Gesellschaft[242], wobei das Personalstatut mit den herkömmlichen (in den hier interessierenden Fällen regelmäßig zum selben Ergebnis führenden) Auffassungen an den tatsächlichen Verwaltungssitz bzw. an das Recht des Gründungsstaates anzuknüpfen ist[243]. Das sogenannte Territorialitätsprinzip ist (hier) bedeutungslos[244]. Eine „gesellschaftsrechtliche und gleichzeitig sozialverhältnismäßige Qualifikation" der Mitbestimmung ist wegen der damit verbundenen Vermischung der unterschiedlichen Funktionen von Kollisionsrecht und Sachrecht nicht möglich[245].

Für die kollisionsrechtliche Fragestellung nach dem internationalen Anwendungsbereich des deutschen Mitbestimmungsrechts bei im Ausland belegenen Zweigniederlassungen und Tochtergesellschaften deutscher Unternehmen hat dies zur Folge, daß im Ausland befindliche Belegschaften an der Unternehmensmitbestimmung im deutschen Unternehmen teilnehmen[246]. Unter dem Gesichtspunkt der Souveränität der betroffenen ausländischen Staaten begegnet die Einbeziehung der im Ausland tätigen Arbeitnehmer in die Mitbestimmung im deutschen Unternehmen keinerlei Bedenken[247]. Dem (deutschen) Sachrecht, d. h. den Mitbestimmungsgesetzen, ist eine sachliche oder persönliche Bezugnahme, die einen generellen Ausschluß ausländischer Belegschaften von der Mitbestimmung im deutschen Unternehmen erzwingt oder nahelegt,

---

[242] Siehe oben § 9 II. 2.
[243] Siehe oben § 9 II. 3.
[244] Siehe oben § 9 I. 1.
[245] Siehe oben § 9 I. 2.
[246] Siehe oben § 10 I.
[247] Siehe oben § 10 I.

nicht zu entnehmen[248]. Gleiches gilt für eine sachliche oder persönliche Bezugnahme, welche die Erstreckung der Mitbestimmungsrechte auf im Ausland tätige Arbeitnehmer im Einzelfall von dem Bestehen einer gewissen Affinität der jeweiligen ausländischen Sozialordnung zur deutschen abhängig macht; auch lassen sich überzeugende Kriterien zur Konkretisierung einer solchen Abgrenzung nicht entwickeln[249]. Dem Zweck der Mitbestimmungsgesetze — vertrauensvolle Zusammenarbeit von Anteilseignervertretern und Arbeitnehmervertretern im Aufsichtsrat und Einbeziehung der Arbeitnehmer in den Entscheidungsprozeß im Unternehmen — wird nur eine Auslegung gerecht, die grundsätzlich die Mitbestimmung auf in ausländischen Teilen deutscher Unternehmen tätige Arbeitnehmer erstreckt und nur in Fällen, in denen eine sinnvolle Zusammenarbeit im Aufsichtsrat nicht möglich ist, die im Ausland tätigen Arbeitnehmer von der Mitbestimmung ausschließt[250]. Danach nehmen die im Ausland tätigen Arbeitnehmer von vornherein nicht an der Mitbestimmung im deutschen Unternehmen teil, wenn sie sich durch Mehrheitsentscheid gegen eine Teilnahme aussprechen, wenn der betreffende ausländische Staat ihre Teilnahme verbietet oder wenn dort Zustände herrschen, die eine ordnungsgemäße Teilnahme (freie Wahlen) nicht zulassen[251]. Weiterhin ist eine ausländische Belegschaft von der (weiteren) Teilnahme an der Mitbestimmung im deutschen Unternehmen auszuschließen, wenn etwa von ihr entsandte Aufsichtsratsmitglieder z. B. durch klassenkämpferisches Gebahren oder durch massive Vertretung lokaler Interessen ihre Verpflichtung auf das Unternehmenswohl dauernd mißachten und ihre gerichtliche Abberufung gemäß § 103 Abs. 3 AktG erforderlich wird[252]. Die damit bestehende Gefahr einer vorübergehenden Störung der Zusammenarbeit im Aufsichtsrat ist angesichts des Umstandes, daß ein völliger Ausschluß der im Ausland tätigen Arbeitnehmer von der Mitbestimmung im deutschen Unternehmen mit dem Zweck der Mitbestimmungsgesetze in weit schwerwiegenderem Gegensatz steht als die erwähnte Gefahr, durchaus hinzunehmen.

Was die kollisionsrechtliche Situation bei ausländischen Unternehmen und deren in der Bundesrepublik Deutschland belegenen Teilen betrifft, so finden die Mitbestimmungsgesetze auf die ausländische Gesellschaft wegen der Maßgeblichkeit ihres (ausländischen) Personalstatuts unbestrittenermaßen keine Anwendung[253]. Für inländische Zweignie-

---

[248] Siehe oben § 10 II.
[249] Siehe oben § 10 II.
[250] Siehe oben § 10 II.
[251] Siehe oben § 10 II.
[252] Siehe oben § 10 II.
[253] Siehe oben § 11 I.

derlassungen hat dies zur Folge, daß wegen Fehlens eines dem inländischen Recht unterliegenden Rechtssubjekts keine Unternehmensmitbestimmung stattfindet, denn das für die ausländische Gesellschaft maßgebliche Recht kennt entweder keine Unternehmensmitbestimmung (so ist es meistens) oder erstreckt eine existierende Unternehmensmitbestimmung nicht auf (von dem Heimatstaat der ausländischen Gesellschaft gesehen) im Ausland tätige Arbeitnehmer[254]. Demgegenüber unterliegt die inländische Tochtergesellschaft aufgrund ihres deutschen Personalstatuts den Mitbestimmungsgesetzen; die Mitbestimmung in der deutschen Tochtergesellschaft läuft jedoch leer, wenn ein Beherrschungsvertrag besteht und die Organe der abhängigen Gesellschaft deshab ihre Funktionen weitgehend eingebüßt haben[255].

An der rechtspolitisch zweifelhaften Rechtslage bei der inländischen Zweigniederlassung ausländischer Unternehmen läßt sich auf der Grundlage der lex lata nichts ändern; insbesondere ist es nicht möglich, von der Annahme eines (nicht existierenden) Grundrechts auf Mitbestimmung ausgehend die hier interessierenden Produktionsstätten mit Hilfe von § 12 GewO der Mitbestimmung zu unterwerfen[256]. Die durch das Leerlaufen der Mitbestimmung in der beherrschungsvertraglich gelenkten inländischen Tochtergesellschaft provozierte Frage nach der „Zulässigkeit" des internationalen Beherrschungsvertrages ist wegen der unbestrittenen Maßgeblichkeit des Rechts der abhängigen Gesellschaft — also deutschen Rechts — keine kollisionsrechtliche, sondern eine sachrechtliche Frage[257] und nach § 134 BGB zu beurteilen; danach ist den Mitbestimmungsgesetzen aufgrund des dort zum Ausdruck kommenden Grundsatzes der lückenlosen Durchführung der Mitbestimmung in (selbstverständlich: inländischen) Kapitalgesellschaften ein Verbot des Beherrschungsvertrages mit ausländischen Kapitalgesellschaften zu entnehmen[258]. Das Verbot des internationalen Beherrschungsvertrages führt in Anwendung der Auslegungsregel in § 134 BGB wegen der Interessen der von dem internationalen Konzern ebenfalls betroffenen Minderheitsaktionäre und Gläubiger der abhängigen Gesellschaft aber nicht zur Nichtigkeit des Vertrages, sondern zur Einschränkung des der ausländischen Konzernspitze zustehenden Weisungsrechts dergestalt, daß Weisungen der Zustimmung des Aufsichtsrates der abhängigen Gesellschaft bedürfen und die Verweigerung der Zustimmung weder durch Wiederholung der Weisung seitens der Konzernspitze noch durch Beschluß der Hauptversammlung gegenstandslos

---

254 Siehe oben § 11 I. 1.

255 Siehe oben § 11 I. 2.

256 Siehe oben § 11 II. 1.

257 Siehe oben § 9 I. 3.

258 Siehe oben § 11 II. 2.

gemacht werden kann[259]. Es handelt sich hierbei nicht um einen übermäßigen Eingriff in das System des Rechts des Beherrschungsvertrages, weil im reinen Inlandskonzern die Mitbestimmung bereits bei der Konzernspitze und somit auf der Ebene der die Weisungen erteilenden Gesellschaft ansetzt, der Weisungsempfänger sozusagen „mitbestimmungsrechtlich gefilterte" Weisungen erhält[260]. Auch ist zu berücksichtigen, daß die Arbeitnehmervertreter im Aufsichtsrat der abhängigen Gesellschaft die von der Konzernspitze angeordneten Maßnahmen oder Rechtsgeschäfte nicht schlechthin bekämpfen dürfen, sondern wie stets auf das Unternehmenswohl verpflichtet sind[261].

Die geschilderte Rechtslage im internationalen Vertragskonzern, die eine völlige Entwertung der Mitbestimmung durch internationale Beherrschungsverträge nicht hinnimmt, läßt das Nichteingreifen der Mitbestimmung in inländischen Zweigniederlassungen ausländischer Unternehmen, besonders wenn es sich um Großbetriebe handelt, in rechtspolitischer Sicht als höchst bedenklich erscheinen. Aus dem Blickwinkel der betroffenen Arbeitnehmerinteressen ist eine Durchsetzung der Mitbestimmung auch bei inländischen Zweigniederlassungen ohne jeden Zweifel geboten. Allerdings drohen hier erhebliche Konflikte mit anderen rechtspolitischen Gesichtspunkten, insbesondere mit der (auch internationalen) Wirtschaftsfreiheit. Denn anders als bei der Problematik des internationalen Beherrschungsvertrages, wo eine behutsame Lösung möglich und auch nur ein Teil der konzernrechtlichen Strukturen betroffen ist, bedeutet die — allein in Betracht kommende — Einführung eine Rechtsformzwanges einen außerordentlich massiven Eingriff in das Recht der Niederlassungen und in die für den Bereich der EG garantierte Niederlassungsfreiheit[262]. Man kann sehr darüber streiten, ob die Durchsetzung der Mitbestimmung in diesen Fällen den dafür zu zahlenden Preis rechtfertigen würde.

---

259 Siehe oben § 11 II. 2.

260 Siehe oben § 11 II. 2.

261 Siehe oben § 11 II. 2.

262 Vgl. hierzu *Prager*, S. 64 f.

Schlußbetrachtung

I. Zur Untersuchung

Die auf dem Boden der in Deutschland (und in Europa) herrschenden Methode der Behandlung von Fällen mit „internationalem Einschlag" — Trennung von Kollisionsrecht und Sachrecht, Bildung (allseitiger) Kollisionsnormen — geführte und auf den sogenannten Methodenstreit im IPR nur am Rande eingehende Untersuchung hat gewissermaßen beiläufig gezeigt, daß diese Methode (und ihre „richtige" Handhabung) dem hier behandelten Problem nicht nur gewachsen ist, sondern allein garantiert, daß die tatsächlich bedeutsamen Gesichtspunkte erstens überhaupt und zweitens an der richtigen Stelle — d. h. auf der richtigen Ebene der Problemlösung — zur Sprache kommen. Für denjenigen, der — auch heute noch — (jedenfalls) bei „sozialpolitischen" Gesetzen das völlige Versagen des „herkömmlichen" Kollisionsrechts feststellen zu können glaubt, muß dies merkwürdig erscheinen: „sozialpolitischere" Gesetzgebung als die zur Unternehmensmitbestimmung ist kaum denkbar. Indessen kann das „Funktionieren" des „herkömmlichen" Kollisionsrechts kaum verwundern. Schon einem Gesetz oder einer Vorschrift „sozialpolitischen" oder „sozialordnungsrechtlichen" Charakter beizumessen, wirkt zwar plastisch und ist in der ideologischen, also von apriorischen Glaubenssätzen ausgehenden und daher die wahren (Rechts-)Fragen verschleiernden Diskussion gewiß wirksam, aber ohne den geringsten Gewinn für die Sache. Denn letztlich ist jedes nicht bloß organisatorische Fragen (etwa, ob auf der Straße rechts oder links gefahren wird) betreffende Recht „sozialpolitisch". Selbst der viel zitierte „Nachtwächterstaat" nimmt in „sozialpolitischen" Fragen — auf das entschiedenste — Stellung: Er hält das „freie Spiel der Kräfte" für die „beste" „Sozialpolitik" und „regelt" das Zusammenleben der Menschen dadurch, daß er vieles ihnen überläßt. Wird eine bestimmte Gruppe von Menschen, etwa Arbeitnehmer, Verbraucher, oder — zugunsten der Menschen — eine bestimmte Institution, etwa der „freie Wettbewerb", durch ein Gesetz „geschützt", so spricht nichts dagegen, daß internationale Fälle, in denen die geschützten Interessen in irgendeiner Weise berührt werden, mit Hilfe des „herkömmlichen" Kollisionsrechts „richtig" zu lösen sind. Im Gegenteil: Die Kollisionsnormen, welche die angemessene Berücksichtigung des von der lex fori als rechtlich bedeutsam anerkannten Faktors Auslandsberührung verwirklichen sollen, sind eben keine „technischen", beliebig wählbaren Regeln; vielmehr beruhen sie auf einer sorgfältigen Analyse des einschlägigen Rechtsverhältnisses und der in dem jeweiligen konkreten Zusammenhang zum Tragen kommenden „internationalprivatrechtlichen" (vielleicht besser: kollisionsrechtlichen) Interessen. So ist im Fall der Unternehmensmitbestimmung eine gesellschaftsrechtliche Qualifikation deshalb geboten, weil die Mitbestimmungsgesetze keine Arbeitnehmerschutzgesetze, sondern Bestandteil der (modifizierten) gesellschaftsrechtlichen Strukturen sind. Wären dagegen die Arbeitnehmer- und Gewerkschaftsvertreter im Aufsichtsrat von der Bindung an das „Unternehmenswohl" befreit und zur Vertretung beliebiger Interessen befugt, wäre die Situation eine völlig andere. Wenn die „herkömmliche" Kollisionsrechtswissenschaft gerade bei „modernen" Gesetzen häufig (noch) keine überzeugenden Lösungen anzubieten vermag, liegt das nicht daran, daß das „herkömmliche" Kollisionsrechtssystem in seinen Grundlagen verfehlt ist, sondern daran, daß das Kollisionsrecht (noch) nicht hinreichend verfeinert ist, daß verkrustete Dogmen, wie etwa früher das sogenannte Territorialitätsprinzip, die wahren Probleme verdecken, und daß auch über viele Fragen für die Entwicklung von allgemein akzeptierten und überzeugenden Konzeptionen (noch) nicht lange genug nachgedacht worden ist.

Daher ist auch für diese „modernen" Rechtsmaterien die für das „klassische" Privatrecht (heute wieder) allgemein anerkannte Forderung zu erheben, das „herkömmliche" Kollisionsrecht von verkrusteten Dogmen zu befreien, es weiterzuentwickeln und zu verfeinern.

II. Ausblick

Was die hier behandelte Problematik — den internationalen Anwendungsbereich des deutschen Mitbestimmungsrechts — angeht, ist deren eine (für die h. M. im Ergebnis auch allein relevante) Seite — das Schicksal der Mitbestimmung in inländischen Teilen ausländischer Unternehmen — in dem im Laufe der Untersuchung bereits angeklungenen übergreifenden Zusammenhang zu sehen: Jede „nationale Eigenart" — und eine solche ist die deutsche Unternehmensmitbestimmung zweifellos — ist einer mehr oder minder starken Erosion ausgesetzt, wenn der Sachverhalt, auf den sich die „nationale Eigenart" bezieht, durch einen hohen Grad an Internationalität geprägt ist. Nun hat der in Deutschland zuerst entwickelte Gedanke der Unternehmensmitbestimmung in einer Reihe von europäischen Ländern Denkanstöße gegeben, die teilweise auch (nicht unbedingt mit dem deutschen „Modell" übereinstimmende) Gesetzgebungsvorhaben nach sich zogen. Und auf der Ebene der Europäischen Gemeinschaften gibt es ebenfalls — freilich sehr schleppend verlaufende — Bestrebungen in dieser Richtung. Aber auch eine gewisse Rechtsangleichung und Erfolge auf Gemeinschaftsebene können das Problem nur entschärfen, nicht lösen, denn die Einflüsse von außerhalb der Gemeinschaft würden weiterhin diese Erosion bewirken. Die Einflüsse von außen abzustellen, ist zwar vielleicht theoretisch möglich, aber ernstlich nicht zu erwägen. In anderen Bereichen, evident z. B. beim Umweltschutz, ist es vollkommen ausgeschlossen, die Einflüsse von außen abzustellen. All dies bestärkt den oft erschallenden Ruf nach (stärkerer) internationaler Zusammenarbeit und (stärkerer) Vereinheitlichung des Rechts. Die im Zuge der gegenwärtigen „Krisen" verstärkt zu beobachtende Tendenz zur Durchsetzung von eigenen Interessen seitens einzelner Staaten und Gruppen von Staaten läßt hier jedoch Skepsis aufkommen. Sollte die Zukunft diese Skepsis bestätigen, wäre dies angesichts der gegenwärtigen Lage allerdings weniger im Hinblick auf die Unternehmensmitbestimmung — deren Bedeutung für die deutsche Rechtsordnung weder abzuleugnen noch herabzumindern ist — als im Hinblick auf andere, im übrigen von den meisten Staaten als „brennend" empfundene Fragen zu beklagen.

Literaturverzeichnis

Anschütz, Gerhard: Die Verfassung des Deutschen Reiches, Kommentar, 10. Aufl., Berlin 1929

Bache, Wolfgang: Der internationale Unternehmensvertrag im deutschen Kollisionsrecht, Bad Homburg/Berlin/Zürich 1969

Badura, Peter / *Rittner*, Fritz / *Rüthers*, Bernd: Mitbestimmungsgesetz 1976 und Grundgesetz, München 1977

Bayer, Wilhelm F.: Der Anwendungsbereich des Mitbestimmungsgesetzes, Referat, ZGR 6 (1977), S. 173 ff.

Beitzke, Günther: Kollisionsrecht von Gesellschaften und juristischen Personen, in: Vorschläge und Gutachten zur Reform des deutschen internationalen Personen- und Sachenrechts, Tübingen 1972, S. 94 ff.
(zitiert: *Beitzke*, Kollisionsrecht)

— Normenkollision im Arbeitsrecht, DB 1958, S. 225 f.
(zitiert: *Beitzke*, Normenkollision)

Bellstedt, Christoph: Der territoriale Anwendungsbereich des Mitbestimmungsgesetzes, DB 1977, S. 1326 ff.

Bernstein, Herbert / *Koch*, Harald: Internationaler Konzern und deutsche Mitbestimmung, ZHR 143 (1979), S. 522 ff.

Birk, Rolf: Auslandsbeziehungen und Betriebsverfassungsgesetz, in: Festschrift für Ludwig Schnorr von Carolsfeld, Köln/Berlin/Bonn/München 1972, S. 61 ff.
(zitiert: *Birk*, Auslandsbeziehungen)

— Mitbestimmung und Kollisionsrecht, RIW/AWD 1975, S. 589 ff.
(zitiert: *Birk*, Mitbestimmung)

— Die multinationalen Korporationen im internationalen Arbeitsrecht, in: Internationalrechtliche Probleme multinationaler Korporationen, BerDGesVR Heft 18 (1978), S. 263 ff.
(zitiert: *Birk*, Multinationale Korporationen)

Bleckmann, Albert: Europarecht, 3. Aufl., Köln/Berlin/Bonn/München 1980

Blumberg, Phillip I.: Reflections on Proposals for Corporate Reform through Change in the Composition of the Board of Directors: „Special Interest" or „Public Directors", Boston U.L.Rev. 53 (1973), S. 547 ff.

Bodenheimer, Edgar: The Need for Reorientation in American Conflicts Law, in: Internationales Recht und Wirtschaftsordnung, Festschrift für Frederick A. Mann, München 1977, S. 123 ff.

Boettcher, Erik / *Hax*, Karl / *Kunze*, Otto / *Nell-Breuning*, Oswald v. / *Ortlieb*, Heinz-Dietrich / *Preller*, Ludwig: Unternehmensverfassung als gesellschaftspolitische Forderung, Berlin 1968
(zitiert: Sechser-Bericht)

Boldt, Gerhard: Die Holding-Novelle zum Mitbestimmungsgesetz Bergbau und Eisen, RdA 1956, S. 241 ff.

Bonner Kommentar: Kommentar zum Bonner Grundgesetz, Bd. 2 (Art. 13 bis 19), Hamburg 1950 ff.
(zitiert: BK [-Bearbeiter])

Braga, Sevold: Internationalprivatrecht, Kollisionsrecht, Normengrenzrecht, in: Festschrift für Ludwig Schnorr von Carolsfeld, Köln/Berlin/Bonn/ München 1972, S. 89 ff.

Brilmayer, Lea: Interest Analysis and the Myth of Legislative Intent, Mich.L.Rev. 78 (1980), S. 392 ff.

Bullinger, Martin: Öffentliches Recht und Privatrecht. Studien über Sinn und Funktionen der Unterscheidung, Stuttgart/Berlin/Köln/Mainz 1968

Bundesminister der Justiz (Hrsg.): Bericht über die Verhandlungen der Unternehmensrechtskommission, Bonn 1980
(zitiert: Bericht der Unternehmensrechtskommission)

Däubler, Wolfgang: Grundprobleme des internationalen Arbeitsrechts, RIW/ AWD 1972, S. 1 ff.
(zitiert: *Däubler*, Grundprobleme)

— Das Grundrecht auf Mitbestimmung, Bremen/Tübingen 1973
(zitiert: *Däubler*, Grundrecht)

— Mitbestimmung und Betriebsverfassung im Internationalen Privatrecht, RabelsZ 39 (1975), S. 444 ff.
(zitiert: *Däubler*, Mitbestimmung)

Dietz, Rolf / *Richardi*, Reinhard: Betriebsverfassungsgesetz, Kommentar, 6. Aufl., München 1981; 5. Aufl., München 1973

Dopffel, Helmut P. / *Drobnig*, Ulrich / *Siehr*, Kurt: Reform des deutschen Internationalen Privatrechts, Tübingen 1980

Drobnig, Ulrich: Kritische Bemerkungen zum Vorentwurf eines EG-Übereinkommens über die Anerkennung von Gesellschaften, ZHR 129 (1967), S. 93 ff.

Duden, Konrad: Zur Methode der Entwicklung des Gesellschaftsrechts zum „Unternehmensrecht“, in: Gesellschaftsrecht und Unternehmensrecht, Festschrift für Wolfgang Schilling, Berlin/New York 1973, S. 109 ff.
(zitiert: *Duden*, Entwicklung)

— Zur Mitbestimmung in Konzernverhältnissen nach dem Mitbestimmungsgesetz, ZHR 141 (1977), S. 145 ff.
(zitiert: *Duden*, Mitbestimmung)

Ebenroth, Carsten Th.: Konzernkollisionsrecht im Wandel außenwirtschaftlicher Ziele, in: Konstanzer Universitätsreden, 1978
(zitiert: *Ebenroth*, Konzernkollisionsrecht)

— Unternehmensrecht und Internationales Privatrecht, in: Freiheit und Verantwortung im Recht, Festschrift für Arthur Meier-Hayoz, Bern 1982, S. 101 ff.
(zitiert: *Ebenroth*, Unternehmensrecht)

Ebenroth, Carsten Th. / *Sura*, Achim: Das Problem der Anerkennung im internationalen Gesellschaftsrecht, RabelsZ 43 (1979), S. 315 ff.
(zitiert: *Ebenroth / Sura*, Anerkennung)

— / — Transnationale Unternehmen und deutsche Mitbestimmung, ZHR 144 (1980), S. 610 ff.
(zitiert: *Ebenroth / Sura*, Transnationale Unternehmen)

Emmerich, Volker / *Sonnenschein*, Jürgen: Konzernrecht, 2. Aufl., München 1977

Erler, Georg: Staatssouveränität und internationale Wirtschaftsverflechtung, in: Zum Problem der Souveränität, BerDGesVR, Heft 1 (1957), S. 29 ff.

Fabricius, Fritz / *Kraft*, Alfons / *Thiele*, Wolfgang / *Wiese*, Günther: Betriebsverfassungsgesetz, Gemeinschaftskommentar, 1. Bd., Berlin und Neuwied 1973 ff.
(zitiert: GK-BetrVG [-Bearbeiter])

Fikentscher, Wolfgang: Probleme des Internationalen Gesellschaftsrechts, MDR 1957, S. 71 ff.

Fitting, Karl / *Auffahrt*, Fritz / *Kaiser*, Heinz: Betriebsverfassungsgesetz, Kommentar, 14. Aufl., München 1984; 12. Aufl., München 1977

Fitting, Karl / *Wlotzke*, Otfried / *Wißmann*, Hellmut: Mitbestimmungsgesetz, Kommentar, 2. Aufl., München 1978

Flume, Werner: Um ein neues Unternehmensrecht, Schriftenreihe der Juristischen Gesellschaft e. V. Berlin, Heft 64, Berlin/New York 1980

Francescakis, Phokion: Lois d'application immédiate et règles de conflit, Riv.dir.int.priv.proc. 1967, S. 691 ff.

Froemer, Friedhelm (Hrsg.): Multinationale Unternehmen. Eine Bestandsaufnahme mit Einführung und Dokumentation der Meinungen, Forderungen und Vereinbarungen, Leverkusen 1977

Galperin, Hans / *Löwisch*, Manfred: Betriebsverfassungsgesetz, Kommentar, Bd. I, 6. Aufl., Heidelberg 1982

Galperin, Hans / *Siebert*, Wolfgang: Betriebsverfassungsgesetz (1952), Kommentar, 4. Aufl., Heidelberg 1963

Gamm, Otto-Friedrich v.: Kartellrecht, Kommentar zum Gesetz gegen Wettbewerbsbeschränkungen und zu Art. 85, 86 EWGV, Köln/Berlin/Bonn/München 1979

Gemeinschaftskommentar: Gemeinschaftskommentar zum Mitbestimmungsgesetz, von Fritz Fabricius, Hans-Christoph Matthes, Peter-Hubert Naendrup, Klaus Rumpff, Uwe H. Schneider, Herbert Westerrath, Neuwied 1976 ff.
(zitiert: GK [-Bearbeiter])

Gessler, Ernst: Die Mitbestimmung in Holdinggesellschaften des Bergbaus und der Eisen und Stahl erzeugenden Industrie, BB 1956, S. 625 ff.

Goldberg, Alfred / *Müller*, Helmut: Versicherungsaufsichtsgesetz — Gesetz über die Beaufsichtigung der privaten Versicherungsunternehmungen; Gesetz über die Errichtung eines Bundesaufsichtsamtes für das Versicherungswesen, Bundesaufsichtsgesetz; Kommentar; Berlin/New York 1980

Grasmann, Günther: Internationale Probleme der Mitbestimmung, ZGR 2 (1973), S. 317 ff.
(zitiert: *Grasmann*, Int. Probleme)

— System des Internationalen Gesellschaftsrechts, Herne/Berlin 1970
(zitiert: *Grasmann*, System)

Groeben, Hans / *Boeckh*, Hans / *Thiesing*, Jochen / *Ehlermann*, Claus-Dieter: Kommentar zum EWG-Vertrag, Bd. 1, 3. Aufl., Baden-Baden 1983

Großfeld, Bernhard: Die Anerkennung der Rechtsfähigkeit juristischer Personen, RabelsZ 31 (1967), S. 1 ff.

Gutzwiller, Peter M.: Ziel und Methode des IPR, SchwJbIntR 25 (1968, 1970), S. 161 ff.

Habscheid, Walther J.: Territoriale Grenzen der staatlichen Rechtsetzung, 2. Referat, in: Territoriale Grenzen der staatlichen Rechtsetzung, BerDGesVR, Heft 11 (1973), S. 47 ff.

Hagburg, Eugene C. / *Levine,* Marvin L.: Labor Relations, St. Paul, Minnesota, 1978

Halloran, Michael J. / *Hammer,* Douglas L.: Section 2115 of the New California General Corporation Law — the Application of California Corporation Law to Foreign Corporations, UCLA L.Rev. 23 (1977), S. 1282 ff.

Hanau, Peter / *Ulmer,* Peter: Mitbestimmungsgesetz, Kommentar, München 1981

Hay, Peter: Reflections on Conflict-of-Laws Methodology, in: Reflections on Conflict-of-Laws Methodology: A Dialogue, Hastings L.J. 32 (1980, 1981), S. 1609, 1644 ff.

Heini, Anton: Neuere Strömungen im amerikanischen internationalen Privatrecht, SchwJbIntR 19 (1962, 1964), S. 31 ff.

Hoffmann, Dietrich / *Lehmann,* Jürgen / *Weinmann,* Heinz: Mitbestimmungsgesetz, Kommentar, München 1978

Huber, Hans: Weltweite Interdependenz — Gedanken über die grenzüberschreitenden gesellschaftlichen Verhältnisse und die Rückständigkeit des Völkerrechts, in: Hans Huber, Rechtstheorie — Verfassungsrecht — Völkerrecht, ausgewählte Aufsätze 1950 - 1970, Bern 1971, S. 601 ff.

Joerges, Christian: Besprechung von Egon Lorenz: Zur Struktur des internationalen Privatrechts, AcP 178 (1978), S. 572 ff.
(zitiert: *Joerges,* Bespr. Lorenz)

— Zum Funktionswandel des Kollisionsrechts — Die „Governmental Interest Analysis" und die „Krise des Internationalen Privatrechts", Berlin/Tübingen 1971
(zitiert: *Joerges,* Funktionswandel)

— Die klassische Konzeption des Internationalen Privatrechts und das Recht des unlauteren Wettbewerbs, RabelsZ 36 (1972), S. 421 ff.
(zitiert: *Joerges,* Klassische Konzeption)

Kegel, Gerhard: Internationales Privatrecht, 4. Aufl., München 1977
(zitiert: *Kegel,* IPR)

— Die selbstgerechte Sachnorm, in: Gedächtnisschrift für Albert A. Ehrenzweig, Karlsruhe/Heidelberg 1976, S. 76 ff.
(zitiert: *Kegel,* Sachnorm)

Kheel, Theodore: Labor Law, Vol. 1 & 5, New York 1972 ff.

Klocke, Detlef: Deutsches Konzernkollisionsrecht und seine Substitutionsprobleme, Baden-Baden 1974

Kötter, Hans-Wilhelm: Mitbestimmungsergänzungsgesetz, Kommentar, Berlin 1958

Kötz, Hein: Zur Anerkennung der Rechtsfähigkeit nach liechtensteinischem Recht gegründeter juristischer Personen, GmbHRdSch 1965, S. 69 ff.

Kopp, Ferdinand: Kollisionsrecht im öffentlichen Recht, DVBl 1967, S. 469 ff.

Koppensteiner, Hans-Georg: Internationale Unternehmen im deutschen Gesellschaftsrecht, Frankfurt a. M. 1971

Krenn, Peter: Anknüpfung von Exportkartellen im deutschen und österreichischen internationalen Privatrecht, RIW/AWD 1976, S. 487 ff.

Kronke, Herbert: Rechtstatsachen, kollisionsrechtliche Methodenentfaltung und Arbeitnehmerschutz im internationalen Arbeitsrecht, Tübingen 1980

Krug, Karl: Kennzeichnung des Unternehmenszweckes eines Konzerns auch durch im Ausland belegene Konzernunternehmen?, NJW 1956, S. 1585 ff.

Kübler, Friedrich / *Schmidt*, Walter / *Simitis*, Spiros: Mitbestimmung als gesetzespolitische Aufgabe. Zur Verfassungsmäßigkeit des Mitbestimmungsgesetzes 1976, Baden-Baden 1978
(zitiert: *Kübler / Schmidt / Simitis*, Mitbestimmung als gesetzespolitische Aufgabe)

Kühne, Gunther: Choice of Law in Products Liability, Cal.L.Rev. 60 (1972), S. 1 ff.

Kunze, Otto: Unternehmensverband und Unternehmensrecht, in: Festschrift für Konrad Duden, München 1977, S. 201 ff.

Larenz, Karl: Methodenlehre der Rechtswissenschaft, 5. Aufl., Berlin/Heidelberg/New York 1983

Latty, Elvin R.: Pseudo Foreign Corporations, Yale L.J. 65 (1955, 1956), S. 137 ff.

Lorenz, Egon: Die Reform des deutschen IPR. Bemerkungen zu ihren Grundlagen, ZRP 1982, S. 148 ff.
(zitiert: *Lorenz*, Reform)

— Zur Struktur des internationalen Privatrechts — Ein Beitrag zur Reformdiskussion, Berlin 1977
(zitiert: *Lorenz*, Struktur)

Luchterhandt, Hans-Friedrich: Deutsches Konzernrecht bei grenzüberschreitenden Konzernverbindungen, Stuttgart 1971

Lutter, Marcus: Der Anwendungsbereich des Mitbestimmungsgesetzes — Koreferat, ZGR 6 (1977), S. 195 ff.
(zitiert: *Lutter*, Anwendungsbereich)

— Mitbestimmungsprobleme im internationalen Konzern, in: Festschrift für Konrad Zweigert, Tübingen 1981, S. 251 ff.
(zitiert: *Lutter*, Mitbestimmungsprobleme)

Lux, Hans-Joachim: Die Einleitung der Arbeitnehmerwahl nach dem Mitbestimmungsgesetz, DB 1977, S. 905 ff.
(zitiert: *Lux*, Einleitung)

— Mitbestimmungsgesetz, Kommentar, Stuttgart/Wiesbaden 1977
(zitiert: *Lux*, Mitbestimmungsgesetz)

Mann, Frederick A.: Bemerkungen zum internationalen Privatrecht der Aktiengesellschaft und des Konzerns, in: Wirtschaftsfragen der Gegenwart, Festschrift für Carl Hans Barz, Berlin/New York 1974, S. 219 ff.
(zitiert: *Mann*, Bemerkungen)

— Conflict of Laws and Public Law, Rec. des Cours 132 (1972 I), S. 107 ff.
(zitiert: *Mann*, Conflict)

— Eingriffsgesetze und Internationales Privatrecht, in: Rechtswissenschaft und Gesetzgebung, Festschrift für Eduard Wahl, Heidelberg 1973, S. 139 ff.
(zitiert: *Mann*, Eingriffsgesetze)

Martens, Klaus-Peter: Allgemeine Grundsätze zur Anwendbarkeit des Mitbestimmungsgesetzes, AG 1976, S. 113 ff.
(zitiert: *Martens*, Grundsätze)

— Mitbestimmung, Konzernbildung und Gesellschaftereinfluß, ZHR 138 (1974), S. 179 ff.
(zitiert: *Martens:* Mitbestimmung)

Maunz, Theodor / *Dürig*, Günter: Kommentar zum Grundgesetz, Bd. 1 und Bd. 2, 5. Aufl., München 1978 ff.
(zitiert: *Maunz / Dürig* [-Bearbeiter])

Meilicke, Heinz: Korporative Versklavung deutscher Aktiengesellschaften durch Beherrschungs- und Gewinnabführungsverträge gegenüber in- und ausländischen Unternehmen, in: Berliner Festschrift für Ernst E. Hirsch, Berlin 1968, S. 99 ff.

Meilicke, Heinz / *Meilicke*, Wienand: Kommentar zum Mitbestimmungsgesetz 1976, Heidelberg 1976

Mertens, Hans-Joachim: Angleichung des Gesellschaftsrechts, europäische Handelsgesellschaft und europäischer Konzern, JR 1970, S. 321 ff.

Millspaugh, Peter E.: The Corporate Democracy Act — A Renaissance or Death Knell for the Corporate World?, Corp.L.Rev. 4 (1981), S. 291 ff.

Münchner Kommentar: Münchner Kommentar zum Bürgerlichen Gesetzbuch, Bd. 1, Allgemeiner Teil (§§ 1 - 240), AGB-Gesetz, München 1978; Bd. 7, Einführungsgesetz — Internationales Privatrecht, München 1983
(zitiert: MünchKomm [-Bearbeiter])

Nell-Breuning, Oswald v.: Rechtsformzwang für Großunternehmen?, in: Recht und Rechtsleben in der Sozialen Demokratie, Festgabe für Otto Kunze, Berlin 1969, S. 143 ff.

Neuhaus, Paul H.: Abschied von Savigny?, RabelsZ 46 (1982), S. 4 ff.
(zitiert: *Neuhaus*, Abschied)

— Die Grundbegriffe des Internationalen Privatrechts, 2. Aufl., Tübingen 1976; 1. Aufl., Tübingen 1962
(zitiert: *Neuhaus*, Grundbegriffe)

Neumayer, Karl-Heinz: Zur positiven Funktion der kollisionsrechtlichen Vorbehaltsklausel, in: Vom Deutschen zum Europäischen Recht, Festschrift für Hans Dölle, Bd. II, Tübingen 1963, S. 179 ff.

Palandt, Otto: Bürgerliches Gesetzbuch mit Einführungsgesetz und Nebengesetzen, Kurzkommentar, 43. Aufl., München 1984
(zitiert: *Palandt* [-Bearbeiter])

Pawlowski, Hans-Martin: Methodenlehre für Juristen, Heidelberg/Karlsruhe 1981

Prager, Matthias: Grenzen der deutschen Mitbestimmung (inklusive Betriebsverfassung) im deutsch-schweizerischen Unternehmensrecht, Zürich 1979

Raiser, Thomas: Grundgesetz und paritätische Mitbestimmung. Die Vereinbarkeit der Entwürfe eines Gesetzes über die Mitbestimmung der Arbeitnehmer mit dem Grundgesetz, Berlin 1975
(zitiert: *Raiser*, Grundgesetz und paritätische Mitbestimmung)

— Mitbestimmungsgesetz, Kommentar, Berlin 1977
(zitiert: *Raiser*, Mitbestimmungsgesetz)

— Das Unternehmen als Organisation. Kritik und Erneuerung der juristischen Unternehmenslehre, Berlin 1969
(zitiert: *Raiser*, Unternehmen)

Ramm, Thilo: Die Mitbestimmung als Teil der Arbeits- und Wirtschaftsverfassung der Bundesrepublik Deutschland und der Deutschen Demokratischen Republik, in: Festschrift für Konrad Duden, München 1977

Rehbinder, Eckard: Das auf multinationale Unternehmen anwendbare Recht, in: Deutsche zivil- und kollisionsrechtliche Beiträge zum IX. Internationalen Kongreß für Rechtsvergleichung in Teheran 1974, Tübingen 1974, S. 122 ff.
(zitiert: *Rehbinder*, Multinationale Unternehmen)

— Die amerikanischen Restriktionen für Direktinvestitionen in Europa und das deutsche Kollisionsrecht, RIW/AWD 1969, S. 346 ff.
(zitiert: *Rehbinder*, Restriktionen)

Reich, Norbert / *Lewerenz*, Karl-Jochen: Das neue Mitbestimmungsgesetz, AuR 1976, S. 261 ff.

Reichsgerichtsräte-Kommentar: Das Bürgerliche Gesetzbuch, mit besonderer Berücksichtigung der Rechtsprechung des Reichsgerichts und des Bundesgerichtshofes, Kommentar, Bd. 1, §§ 1 - 240, 12. Aufl., Berlin/New York 1982
(zitiert: RGRK [-Bearbeiter])

Rheinstein, Max: How to Review a Festschrift, Am.J.Comp.L. 11 (1962), S. 632 ff.

Rittner, Fritz: Wirtschaftsrecht, Heidelberg/Karlsruhe 1979

Rudolf, Walter: Territoriale Grenzen der staatlichen Rechtsetzung, 1. Referat, in: Territoriale Grenzen der staatlichen Rechtsetzung, BerDGesVR, Heft 11 (1973), S. 7 ff.

Rüfner, Wolfgang: Zur Bedeutung und Tragweite des Art. 19 Abs. 3 des Grundgesetzes, AöR 89 (1964), S. 261 ff.

Rupp-v. Brünneck, Wiltraut: Zur Grundrechtsfähigkeit juristischer Personen, in: Festschrift für Adolf Arndt, Frankfurt/M. 1969, S. 349 ff.

Sandrock, Otto: Ein amerikanisches Lehrstück für das Kollisionsrecht der Aktiengesellschaften, RabelsZ 42 (1978), S. 227 ff.
(zitiert: *Sandrock*, Lehrstück)

— Die Konkretisierung der Überlagerungstheorie in einigen zentralen Einzelfragen. Ein Beitrag zum internationalen Gesellschaftsrecht, in: Festschrift für Günther Beitzke, Berlin/New York 1979, S. 669 ff.
(zitiert: *Sandrock*, Konkretisierung)

— Die Multinationalen Korporationen im Internationalen Privatrecht, in: Internationalrechtliche Probleme multinationaler Korporationen, BerD GesVR, Heft 18 (1978), S. 169 ff.
(zitiert: *Sandrock*, Multinationale Korporationen)

Schilling, Wolfgang: Rechtsform und Unternehmen — Ein Beitrag zum Verhältnis von Gesellschafts- und Unternehmensrecht, in: Festschrift für Konrad Duden, München 1977, S. 537 ff.

Schmidt, Walther W.: Grundrechte und Nationalität juristischer Personen. Eine Untersuchung über den Grundrechtsschutz der inländischen und ausländischen juristischen Personen in der Bundesrepublik Deutschland, Heidelberg 1966

Scholz, Rupert: Paritätische Mitbestimmung und Grundgesetz. Verfassungsrechtliche Fragen zur gesetzlichen Einführung der paritätischen Unternehmensmitbestimmung, Berlin 1974
(zitiert: *Scholz*, Paritätische Mitbestimmung und Grundgesetz)

Schurig, Klaus: Kollisionsnorm und Sachrecht. Zu Struktur, Standort und Methode des internationalen Privatrechts, Berlin 1981

Soergel, Hans Th. / *Siebert*, Wolfgang: Kommentar zum Bürgerlichen Gesetzbuch mit Einführungsgesetz und Nebengesetzen, Bd. 8, Einführungsgesetz, bearbeitet von Gerhard Kegel, 11. Aufl., Stuttgart/Berlin/Köln/Mainz 1984
(zitiert: *Soergel / Siebert* [-Kegel])

Staudinger, Julius v.: Kommentar zum Bürgerlichen Gesetzbuch, Buch 1, Allgemeiner Teil, §§ 90 - 240, bearbeitet von Hermann Dilcher, 12. Aufl., Berlin 1980
(zitiert: *Staudinger* [-Dilcher])

— Kommentar zum Bürgerlichen Gesetzbuch, Einführungsgesetz, Internationales Gesellschaftsrecht, bearbeitet von Bernhard Großfeld, 12. Aufl., Berlin 1980
(zitiert: *Staudinger* [-Großfeld] IntGesR)

Steindorff, Ernst: Einzelfragen zur Reichweite des Mitbestimmungsgesetzes, ZHR 141 (1977), S. 457 ff.
(zitiert: *Steindorff*, Einzelfragen)

— Kommanditgesellschaft auf Aktien und Mitbestimmungsrecht, in: Beiträge zum Zivil- und Wirtschaftsrecht, Festschrift für Kurt Ballerstedt, Berlin 1975, S. 127 ff.
(zitiert: *Steindorff*, Kommanditgesellschaft)

Stucki, Hans-Ulrich: Der Grundsatz der Nichtanwendung fremden öffentlichen Rechts im schweizerischen Internationalen Privatrecht, Zürich 1971

Summers, Clyde W.: Employee Participation and Collective Decision Making in Private Enterprises, in: Mitbestimmung der Arbeitnehmer in Frankreich, Großbritannien, Schweden, Italien, den USA und der Bundesrepublik Deutschland, Frankfurt/M. 1978, S. 163 ff.
(zitiert: *Summers*, Employee Participation)

— Worker participation in corporate management — the United States version, J.comp. corp.Law 1 (1978), S. 157 ff.
(zitiert: *Summers*, Worker Participation)

— Worker Participation in the United States and the Federal Republic: A Comparative Study from an American Perspective, RdA 32 (1979), S. 257 ff.
(zitiert: *Summers*, Worker participation in the U.S. and in the Federal Republic)

Uri, Pierre: Multinationale Unternehmen und Staatliche Souveränität, Einleitungsreferat, in: Multinationale Unternehmen und Staatliche Souveränität, Österreichische Zeitschrift für Außenpolitik, 14. Jg. (Sonderheft), 1974, S. 3 ff.

Vischer, Frank: Die Wandlung des Gesellschaftsrechts zu einem Unternehmensrecht und die Konsequenzen für das Internationale Privatrecht, in: Internationales Recht und Wirtschaftsordnung, Festschrift für Frederick A. Mann, München 1980, S. 639 ff.

Vogel, Klaus: Der räumliche Anwendungsbereich der Verwaltungsrechtsnorm. Eine Untersuchung über die Grundlagen des sog. Internationalen Verwaltungs- und Steuerrechts, Frankfurt/M./Berlin 1965

Waschke, Hildegard: Mitbestimmungssysteme im Ausland. Ein Überblick über die Mitwirkung ausländischer Gewerkschaften in Betrieb, Unternehmen, Gesamtwirtschaft, Köln 1982

Wengler, Wilhelm: Das Gleichheitsprinzip im Kollisionsrecht, in: Eranion Maridakis, Athen 1964, S. 323 ff. (englische Fassung: L.Cont.Probl. 28 [1963], S. 822 ff., französische Fassung: Rec. crit. dr.i.p. 52 [1963], S. 203 ff.)
(zitiert: *Wengler*, Gleichheitsprinzip)

— Internationales Privatrecht, Teilbd. 1 und 2, Sonderausgabe von Bd. VI des BGB-RGRK, 12. Aufl., Berlin/New York 1981
(zitiert: *Wengler*, IPR)

— Sonderanknüpfung, positiver und negativer ordre public, JZ 1979, S. 175 ff.
(zitiert: *Wengler*, Sonderanknüpfung)

Werner, Horst S.: Konzernrechtliche Abhängigkeit und einheitliche Leitung im mitbestimmten Konzern, ZGR 5 (1976), S. 447 ff.

Wiedemann, Herbert: Gesellschaftsrecht, Bd. I, München 1980
(zitiert: *Wiedemann*, GesR)

— Internationales Gesellschaftsrecht, in: Internationales Privatrecht und Rechtsvergleichung im Ausgang des 20. Jahrhunderts, Festschrift für Gerhard Kegel, Frankfurt/M. 1977, S. 187 ff.
(zitiert: *Wiedemann*, IntGesR)

Wildhaber, Luzius: Multinationale Korporationen und Völkerrecht, in: Internationalrechtliche Probleme multinationaler Korporationen, BerDGesVR, Heft 18 (1978), S. 7 ff.

Zilias, Manfred: Die Behandlung ausländischer Konzernunternehmen im Rahmen der Holding-Novelle, NJW 1957, S. 325 ff.

Zitzewitz, Hendrik v.: Die Vereinbarkeit internationaler Vertragskonzerne mit dem Mitbestimmungsgesetz, Hamburg 1979

Zweigert, Konrad: Besprechung von Klaus Vogel: Der räumliche Anwendungsbereich der Verwaltungsrechtsnorm, RabelsZ 31 (1967), S. 366 ff.
(zitiert: *Zweigert*, Bespr. Vogel)

— Internationales Privatrecht und Öffentliches Recht, in: Fünfzig Jahre Institut für Internationales Recht an der Universität Kiel, Hamburg 1965, S. 124 ff.
(zitiert: *Zweigert*, IPR und Öffentliches Recht)

Verzeichnis sonstiger Materialien

„Die Entwicklung der Kapitalverflechtung der Unternehmen mit dem Ausland“, Monatsberichte der Deutschen Bundesbank, 34. Jg. Nr. 8, August 1982, S. 42 ff.

„DGB startet eine Kampagne zur Ausweitung der Mitbestimmung“, Die Welt, 13. Oktober 1982, S. 9.

„The price of peace at Chrysler“, Business Week, 12. November 1979, S. 93 f.

„In Waterloo, Workers Turn Capitalists“, U.S. News & World Report, 20. Juli 1980, S. 62 f.

„When workers strike the company they own“, Business Week, 22. September 1980, S. 39 ff.

Kolibri 360 GmbH
Ferdinand-Jühlke-Straße 7
99095 Erfurt, Deutschland
produktsicherheit@kolibri360.de

Druck:
CPI Druckdienstleistungen GmbH
im Auftrag der
Kolibri 360 GmbH
Ferdinand-Jühlke-Str. 7
99095 Erfurt